Südtirols schönste Almhütten

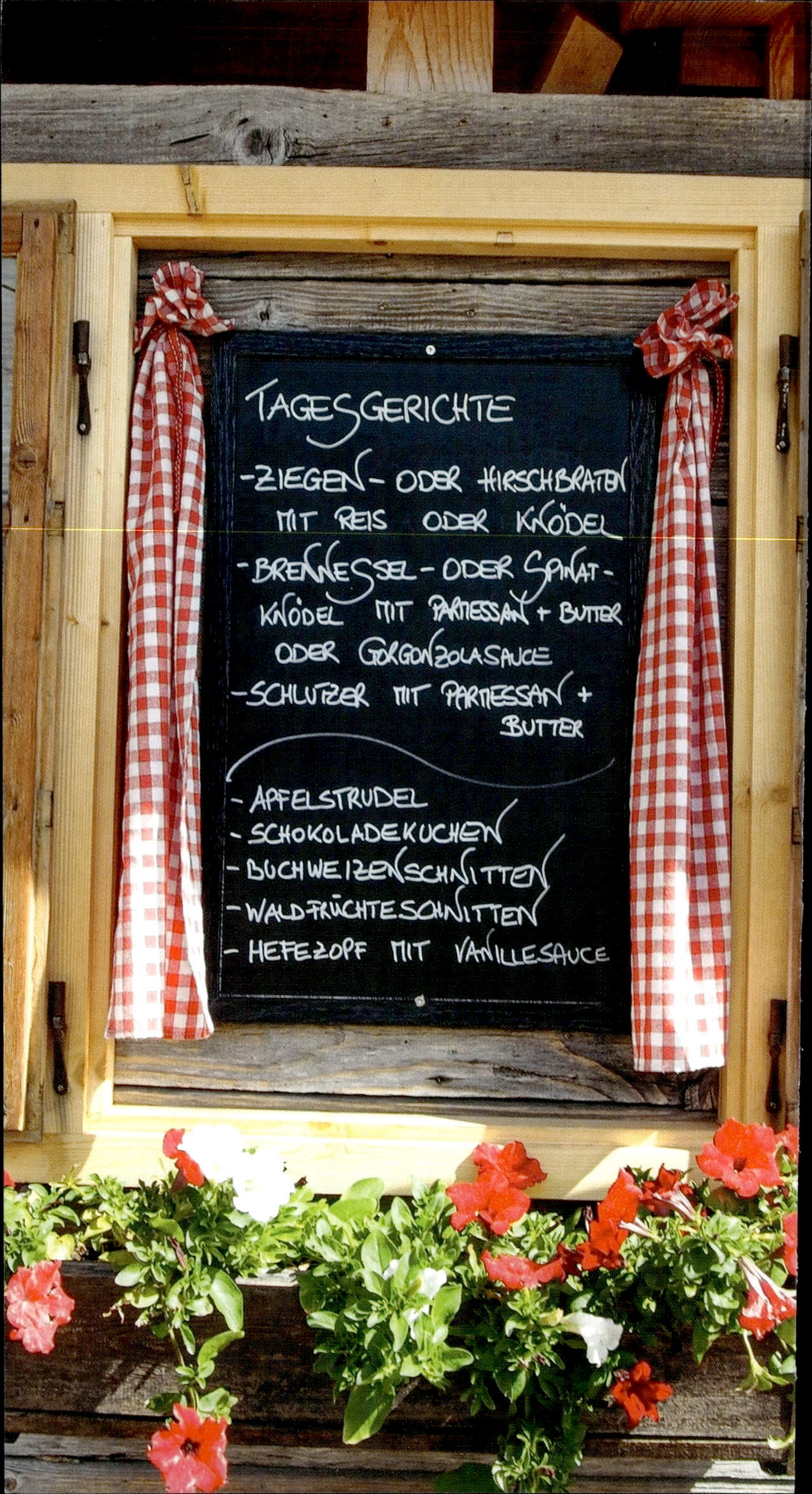
TAGESGERICHTE
-ZIEGEN- ODER HIRSCHBRATEN MIT REIS ODER KNÖDEL
-BRENNESSEL- ODER SPINAT-KNÖDEL MIT PARMESSAN + BUTTER ODER GORGONZOLASAUCE
-SCHLUTZER MIT PARMESSAN + BUTTER
- APFELSTRUDEL
- SCHOKOLADEKUCHEN
- BUCHWEIZENSCHNITTEN
- WALDFRÜCHTESCHNITTEN
- HEFEZOPF MIT VANILLESAUCE

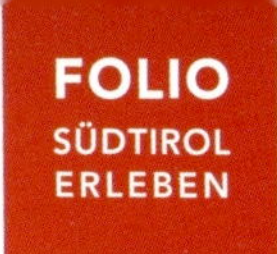

Oswald Stimpfl

Südtirols schönste Almhütten

Wandern, einkehren, genießen

Folio Verlag Wien – Bozen

HINWEIS

Die Auswahl der Almwirtschaften für diesen Führer traf der Autor nach seinen subjektiven Kriterien; sie war nicht an einen finanziellen Beitrag der jeweiligen Häuser gebunden.
Alle Angaben erfolgen nach bestem Wissen und Gewissen. Sämtliche Informationen wurden gewissenhaft recherchiert, doch Betreiber, Besitzer und vor allem Pächter können sich kurzfristig ändern. Daher empfehlen wir Ihnen, sich vorher bei den einzelnen Almen telefonisch zu informieren. Die beschriebenen Ausflüge werden auf eigenes Risiko unternommen; Autor und Verlag übernehmen keinerlei Haftung.

SYMBOLE

- Essen und Trinken
- Gehzeit
- Streckenlänge
- Höhenleistung
- Öffnungszeiten
- Anfahrt + Parkplatz

BILDNACHWEIS

Umschlagfoto: Kaserillalm, Foto Oswald Stimpfl
Christian Kolb: S. 11
Die Fotos auf den folgenden Seiten wurden von den betreffenden Betrieben zur Verfügung gestellt: S. 105, 114, 117, 120, 121, 135, 136
Alle anderen Fotos stammen von Oswald Stimpfl.

Lektorat: Petra Tappeiner
Grafikkonzept: no.parking, Vicenza
Satz und Druckvorstufe: Typoplus, Frangart
Kartografie: Athesia Tappeiner Verlag, Bozen
Printed in Italy
ISBN 978-3-85256-807-2
www.folioverlag.com

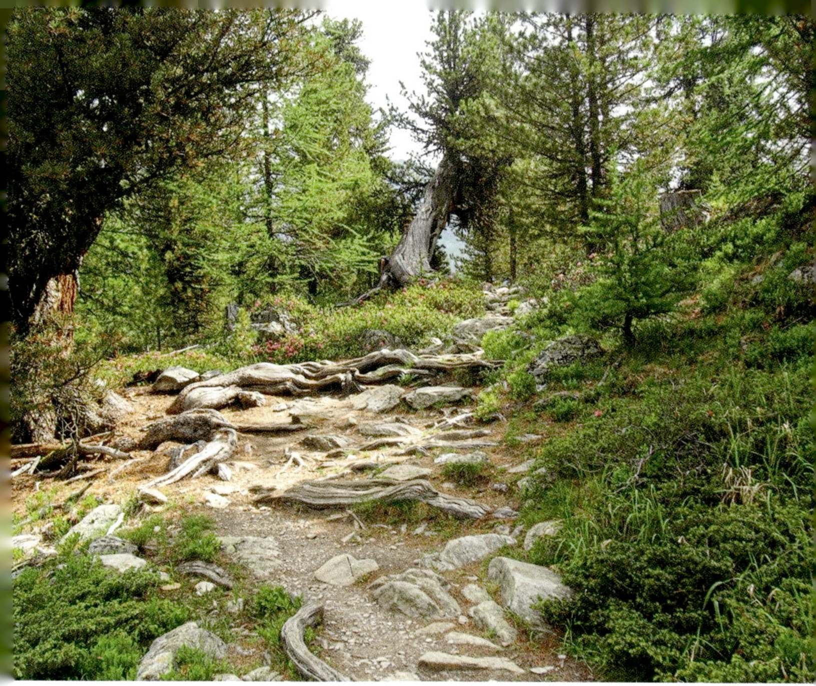

Inhaltsverzeichnis

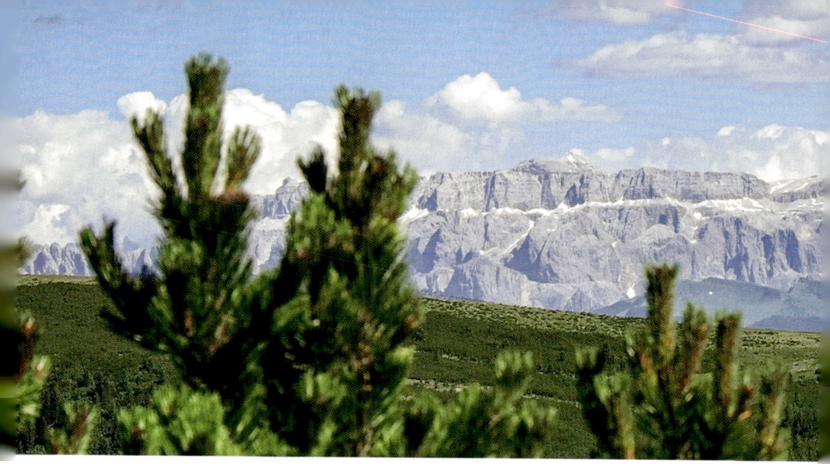

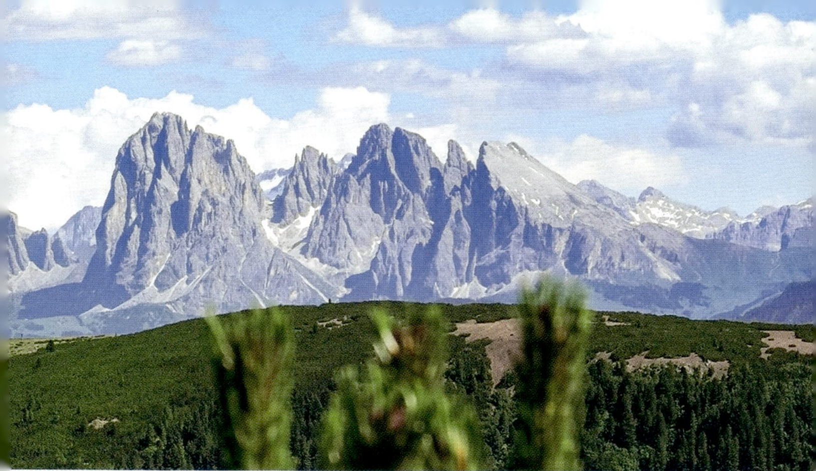

Vorausgeschickt

Ich war für Sie unterwegs und habe Südtirols schönste Almwirtschaften erwandert, geprüft und fotografiert. Das Ergebnis halten Sie hiermit in Händen: Es ist ein praktischer Führer, der Ihnen genussvolle Wanderungen zu 46 charakteristischen Hochalmen vorstellt. Die Auswahl ist mir nicht leicht gefallen – zu groß ist die Anzahl gut geführter Almen, und es werden sogar immer mehr!
Es war mir wichtig, Ziele auszuwählen, die auf einigermaßen leichten, gut markierten und nicht allzu langen Wegen für Jung und Alt zu erreichen sind und die vor allem durch ihre schöne Lage bestechen. Oft beschreibe ich auch einen Rundweg oder ein zusätzliches Wanderziel, gebe Hinweise auf Kurioses und Besonderes der Gegend, sodass Sie Einblick in die Vielfalt und Schönheit der Südtiroler Landschaft gewinnen. Neben Wegbeschreibungen und Angaben zum gastronomischen Angebot finden sie zu jeder Tour eine detaillierte Wanderkarte.
Dieses Buch ist kein Gourmetführer, obwohl es die Küche etlicher Almen und Hütten gut und gerne mit der Qualität mancher Restaurants aufnehmen könnte. Bei den meisten der vorgestellten Almen stellt die traditionelle Almwirtschaft mit der Viehhaltung einen wichtigen Wirtschaftsfaktor dar. Es wird möglichst viel Hausgemachtes angeboten, vom selbst geräucherten Speck bis hin zu Butter, Joghurt und Käse aus der Milch der Kühe, die auf der Alm grasen. Oder selbst gemachte Sirupe, Erdäpfel, Salate, Gemüse und Kräuter aus dem eigenen Garten.
Habe ich Sie neugierig gemacht? Gut! Dann lade ich alle Wanderfreunde zu einer Entdeckungsreise quer durch Südtirols Berg- und Almenwelt ein, viel Spaß – und guten Appetit!

Oswald Stimpfl

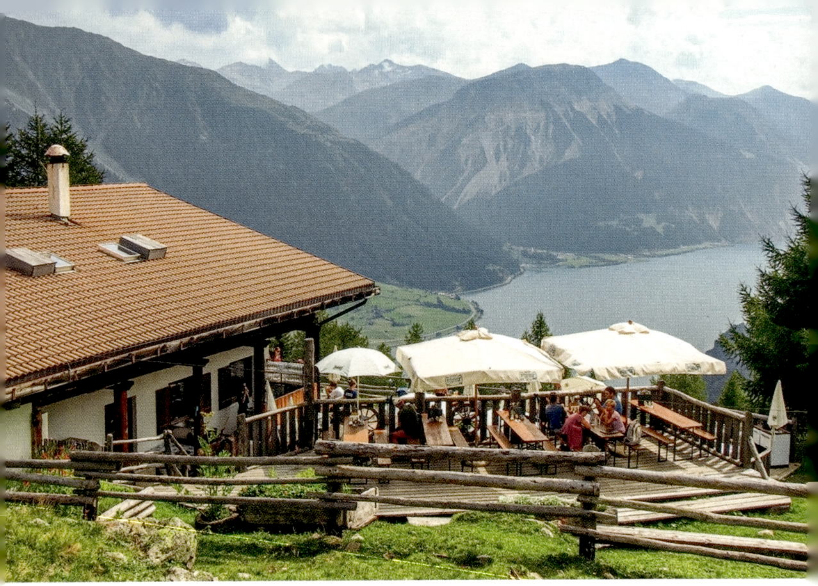

1 Reschner Alm, Reschen

Die Reschner Alm, von den Ortsansässigen „Rescheralm" genannt, ein viel besuchtes Ausflugsziel, liegt im äußersten Westen Südtirols, im österreichisch-schweizerischen Grenzgebiet, in 2015 m Seehöhe auf einer sonnigen Geländeverflachung. Von der Alm, die nur mehr zu Fuß erreichbar ist, – die Zufahrt für Autos ist nicht mehr erlaubt –, geht der Blick weit nach Süden, über den größten See Südtirols, den grünen Reschensee.

Die Alm ist im Besitz der Fraktion Reschen, Ausschank und Viehwirtschaft werden getrennt geführt. Im Sommer stehen neben Schafen und Galtvieh viele Melkkühe auf der Weide, deren Milch wird in einem modernen, einmaligen System durch eine unterirdische Rohrleitung zur Sennerei ins Tal geleitet und dort verarbeitet. Der Almausschank wird seit einigen Jahren von Fabian Rapp, seiner Partnerin Viana und ihrem Team betrieben. Fabian, Jahrgang 1985, ist gelernter Koch, seine Erfahrungen im In- und Ausland hat er auf die Reschner Alm gebracht.

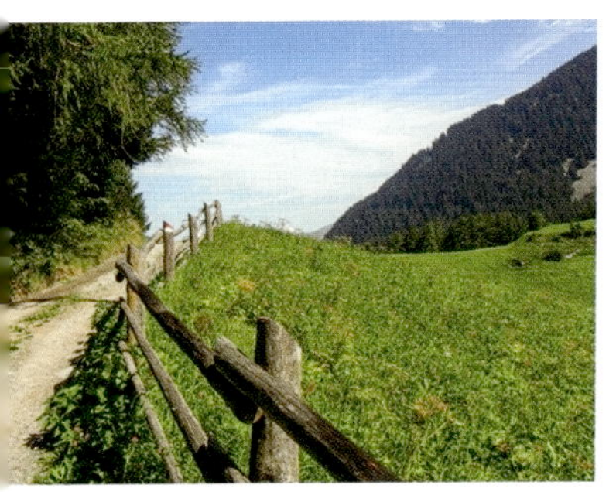

Aufgetischt wird Klassisches aus der Südtiroler Küche, von Kaiser-

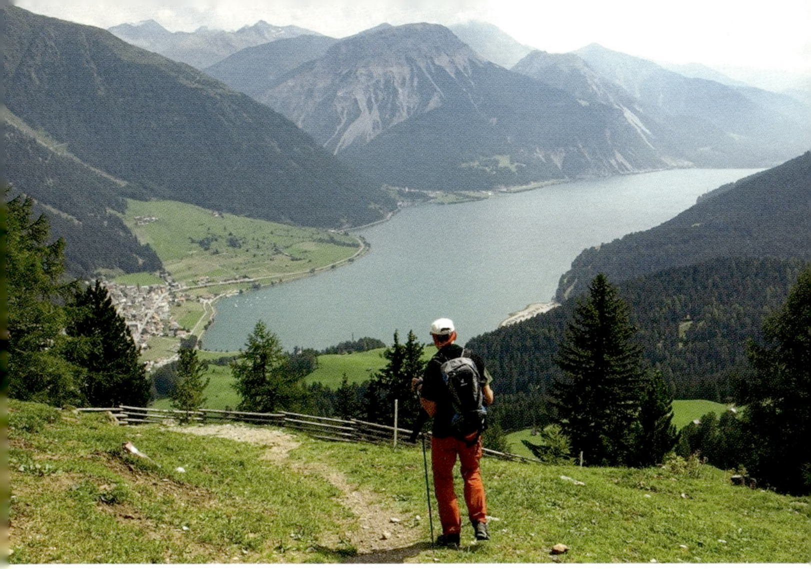

schmarrn über Spiegeleier mit Speck bis hin zu allerlei Knödelgerichten. Die Nudeln, auch Spaghetti und Makkaroni, werden rigoros im Haus produziert, Fleisch und Käse kommen ausschließlich von lokalen Produzenten, einen Großteil des Gemüses, des Salats und der Kräuter liefern die Gärten der Mütter und Großmütter der Wirtsleute. Fabian ist Jäger und sorgt selbst für einen Teil des Wildfleisches, etwa für den Hirschbraten oder das Gamsragout. Die im „Smoker" zubereiteten Spareribs sind auch beliebt. An Sonntagen wird der Grill angeworfen, dann gibt es saftige gegrillte Schweinshaxen. Unter den Tagesgerichten finden sich auch Schmankerln wie gebratener Ziegenkäse vom Grill mit Gartensalaten und Kartoffel-Speck-Dressing mit eingelegten Zwiebeln und mehr. Kuchenfans lieben den Mürbteigstrudel und die Blechkuchen mit Vinschger Marillen oder Sauerkirschen. Aus Kräutern wie Minze und Verbenen werden Tees und Sirups hergestellt.

DIE WALLFAHRTSKAPELLE „ZU UNSERER LIEBEN FRAU" AM VALLIERTECK

Laut Überlieferung waren im Jahr 1775 die beiden Kinder eines Bauern mitsamt einem Heuwagen in eine Schlucht gestürzt, die Zugtiere und die Kinder kamen mit dem Leben davon. Der Vater gelobte darauf, einen Bildstock zu errichten. 1886 wurde an dessen Stelle eine Kapelle erbaut, die zu einem beliebten Wallfahrtsort im Obervinschgau wurde. Ein im Jahre 1895 errichteter Kreuzweg führt vom Dorf zur Kapelle.

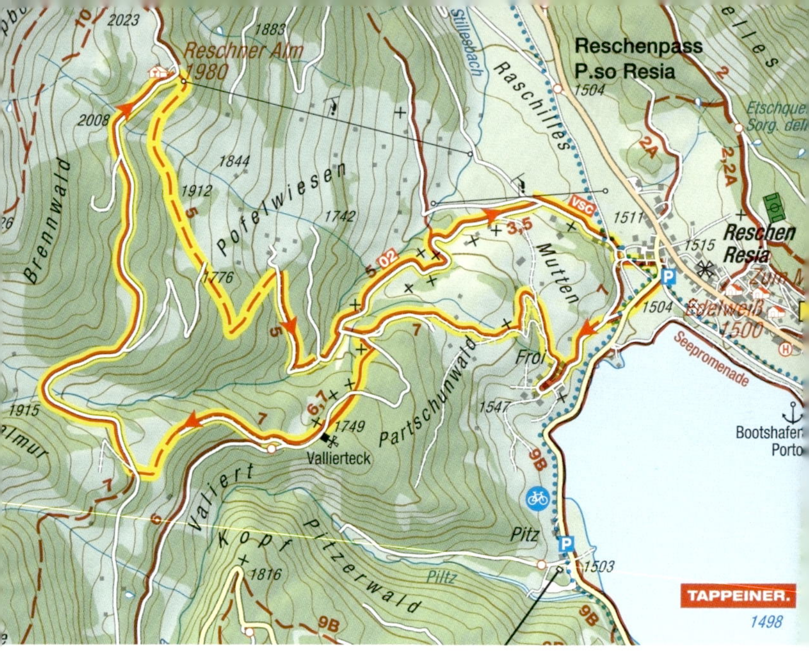

Der Ausgangspunkt der Rundwanderung ist der Ortsteil Altreschen. Über Wiesen steigt der Weg Nr. 7 zum Weiler Froi stetig an und erreicht das Wallfahrtskirchlein Vallierteck. Bald danach stoßen wir auf den breiten, relativ eben verlaufenden Zufahrtsweg, der uns in 1 Stunde 50 Minuten zur Alm bringt. Für den Abstieg schlagen wir den Wiesensteig Nr. 5 ein, der sich bald in einen neuen Forstweg verbreitert, auf dem wir zügig zum Ausgangspunkt zurückgelangen.
3 h 8,3 km 515 Hm

Der schnellste Weg zur Alm geht vom Parkplatz auf 1792 m an der LS102 Rojen über die Almzufahrt (Autoverkehr von 9–18 Uhr verboten) zur Alm.
1 h 3 km 220 Hm

INFOS IN KÜRZE

Reschner Alm
Fabian Rapp
Reschen
Tel. 331 5285818

Anf. Juni – Mitte Okt. und Ende Dez. – Mitte Apr. geöffnet, im Winter Mo. und Di. Ruhetag, im Sommer Mi. Ruhetag.

Auf der Staatsstraße am nördlichen Ortsrand von Reschen beim Gasthof „Schwarzer Adler" in die Dorfstraße einbiegen, in Seerichtung Parkplatz. Beim Kinderspielplatz beginnt der Wanderweg.

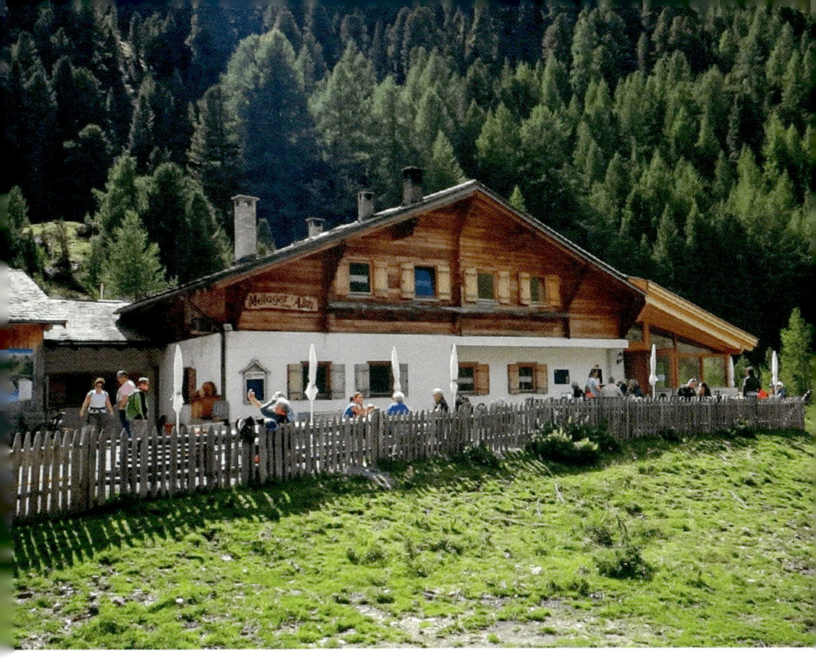

2 Melager Alm, Langtaufers

Langtaufers schmiegt sich ganz im Westen Südtirols an die Dreitausender der Ötztaler Alpen. Vom Talschluss dieses noch relativ unberührten und wenig besiedelten Hochtales grüßt der höchste Gipfel, die 3740 m hohe Weißkugel, deren Eispanzer und Gletscherzungen weit ins Tal hinunterreichen. Im Talboden rauscht der mächtige, vom Gletscherwasser getrübte Karlinbach, der größte Zufluss des Reschensees.

Am Rande von Wiesen und Lärchenwäldern liegt nahe der Streusiedlung Melag die gleichnamige Alm (1979 m), die Langtauferer Bauern gehört. Vor Jahrzehnten zerstörte ein Lawinenabgang die alte Almhütte, anschließend wurde neu und groß gebaut. Im August ist der leicht erreichbare Ort fest in der Hand von italienischen Gästen, an den Wochenenden kommen die Einheimischen zu Kaffee und Kuchen, im Winter Skitourengeher, Winterwanderer und Langläufer, Senioren lassen sich mit Pferden zur Alm kutschieren. Ausschank und Almwirtschaft sind getrennt: Ein Senner versorgt das Vieh und verarbeitet die Milch zu bestem Almkäse, um den Ausschank kümmern sich Alexander Auf der Klamm und sein freundliches und motiviertes Team.

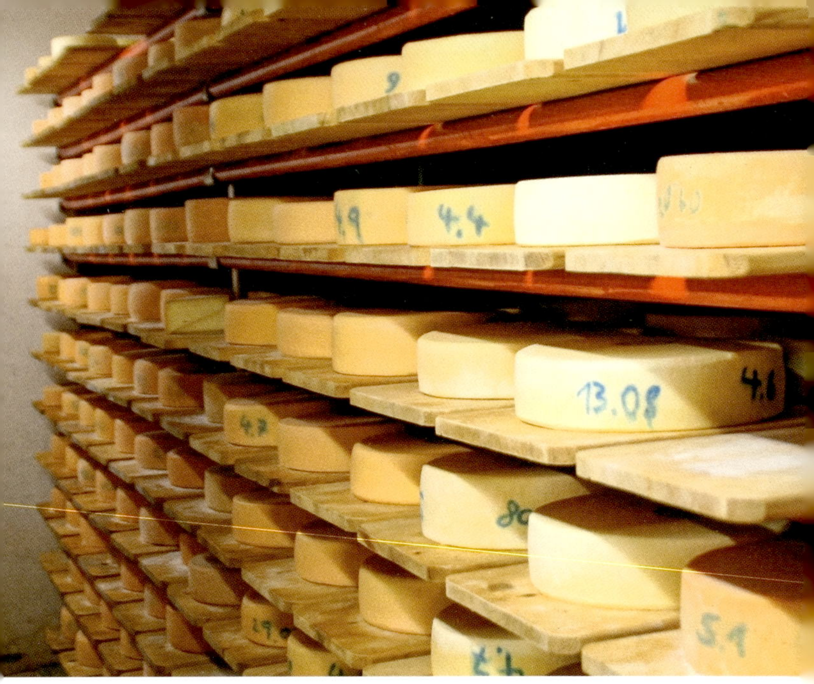

Alexander und Rosi servieren typische und einfache Gerichte und natürlich den vorzüglichen Käse, der auf dem Almteller neben Speck und Kaminwurzen nicht fehlen darf. Aus der Küche kommt traditionelle Hausmanns- und Hüttenkost, die Tagesgerichte sind auf einer großen Tafel mit Kreide angeschrieben. Beliebt sind das Knödeltris, die Hauswurst oder der Schweinebraten mit Röstkartoffeln. Groß ist die Auswahl an verschiedenen Torten: Buchweizen, Sacher, Malakoff (auf Kaffeebasis), Käsesahne und Schwarzwälder.

Vom Parkplatz im Weiler Melag den Wegweisern Nr. 2 und 5 taleinwärts folgen bis zur Bachbrücke. Rechts über den Karlinbach und nun dem Fahrweg Nr. 5 entlang des Karlinbaches zur Melager Alm (1970 m) gehen. Für den Rückweg folgen wir von der Alm bei der Info-Tafel des Langtauferer Gletscherlehrpfades den Schildern „Weißkugelhütte" für wenige Meter taleinwärts bis fast zur Talstation der Materialseilbahn zur Weißkugelhütte. Dort links über die Brücke und wieder links am Weg Nr. 2 entlang des Karlinbaches talaus zurück nach Melag.
Hinweg 40 min 2,3 km 75 Hm
Rundweg 1 h 20 min 4,9 km 95 Hm

Von Melag zur Weißkugelhütte

Von Melag am Ende der Fahrstraße (1933 m) nehmen wir den gut beschilderten Weg Nr. 2, der sich ins Tal hineinzieht, immer mit

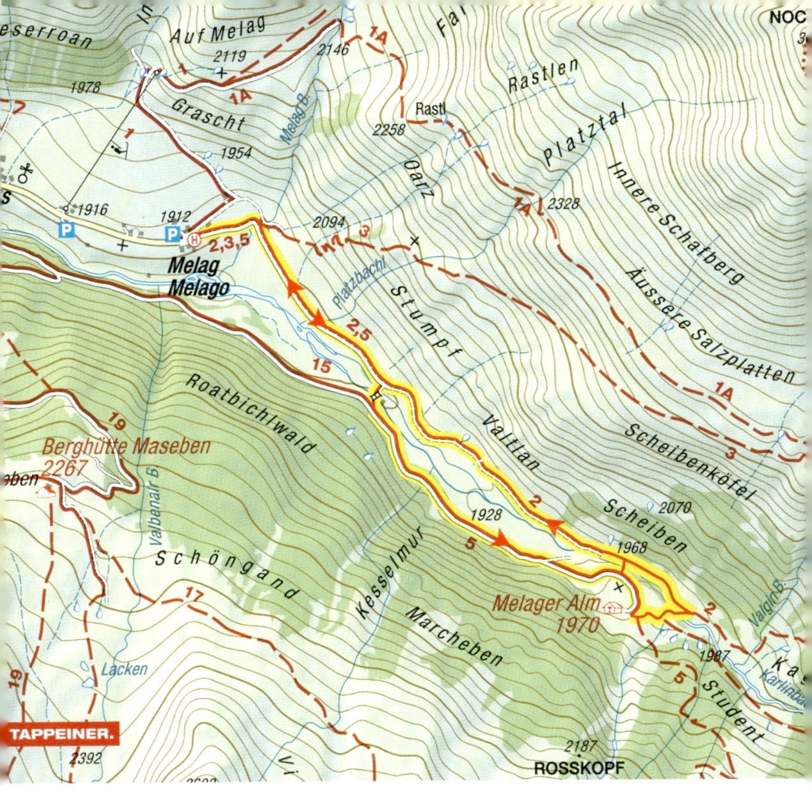

Blick auf die großartige Gletscherwelt, und im letzten Teil aufwärts bis zur 2545 m hoch gelegenen Weißkugelhütte führt (2½ Stunden). Ab der Hütte folgen wir dem Gletscherlehrpfad, der zur Melager Alm hinunterführt (1½ Stunden). Entlang des Steiges über und durch Moränenschutt, Bäche, Feuchtwiesen und zuletzt schütteren Wald erläutern Schautafeln die formende Kraft der Gletscher. Von der Alm gehen wir auf angenehmem Weg in einer halben Stunde nach Melag zurück. Warme Kleidung auch im Sommer nicht vergessen!

4½ h 12 km 730 Hm

INFOS IN KÜRZE

Melager Alm
Rosi und Alex Auf der Klamm
Melag
Langtaufers-Graun
Tel. 328 5383209

Von Anf. Juni bis Anf. Okt. täglich von 10 bis 18 Uhr, von Dez. bis Ostern täglich von 10 bis 17 Uhr geöffnet.

Von Graun ins Langtauferer Tal bis Melag im Talschluss, dort Parkplatz.

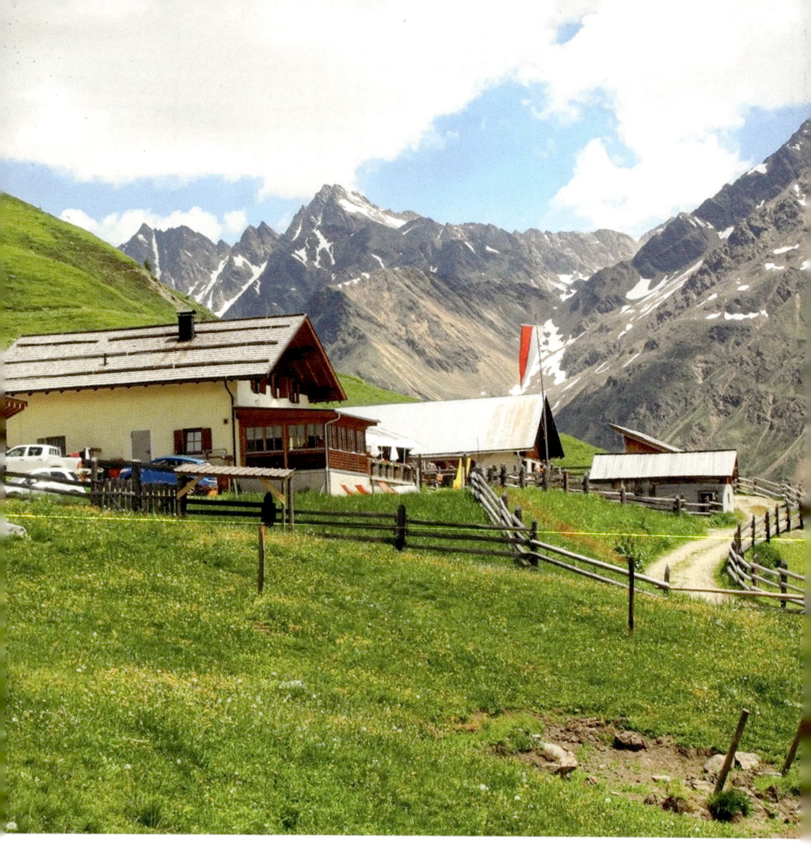

3 Planeiler Alm, Planeil bei Mals

Von den österreichischen Grenzbergen kommend mündet oberhalb von Mals das Planeiltal in die Malser Haide. Am äußeren Talrand liegt das Dörfchen Planeil, ein typisches romanisches Haufendorf mit ineinander verschachtelten Häusern und engen Gassen. Auf den darüber liegenden sonnigen Hängen breiten sich ausgedehnte Almwiesen aus, mittendrin liegt auf 2203 m die Planeiler Alm. Die Alm wird auch als Furglesalm bezeichnet, der Name leitet sich vom Flurnamen des Geländes ab.

Auf dem weiten Almgelände oberhalb von Planeil weiden fast 300 Rinder, darunter 70 Melkkühe, dann noch Pferde und rund 700 Schafe von Planeiler Bauern. Die Tiere werden im Juni aufgetrieben, dann fallen bis zu 1000 Liter Milch an, die in der Schaukäserei zu Butter, Käse und Joghurt verarbeitet werden. Die Alm wird seit

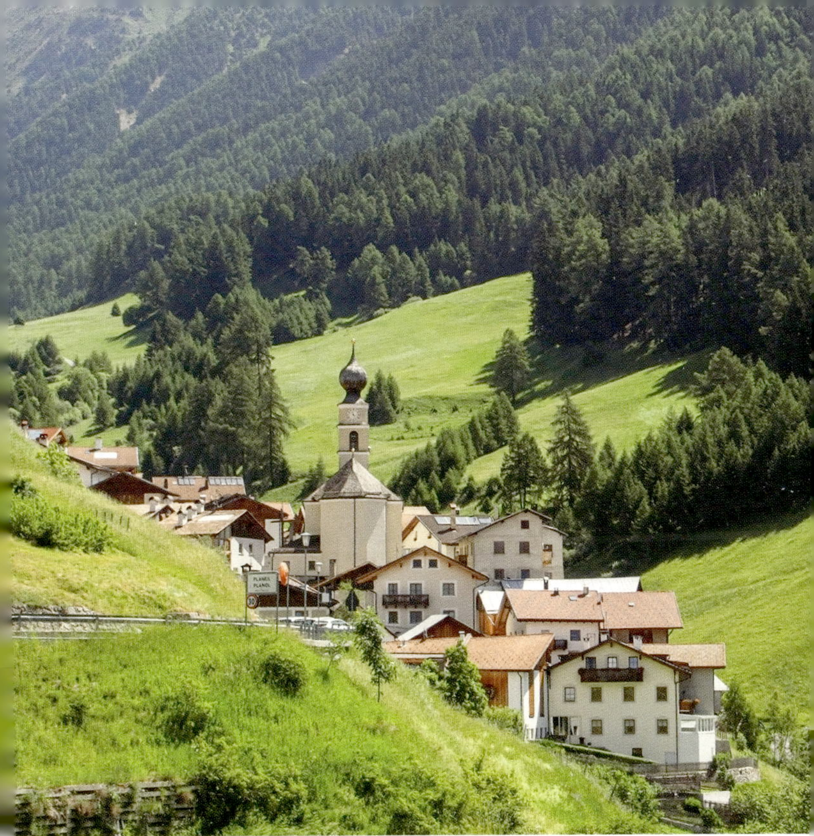

2018 von der Familie Steck geführt, alle Familienmitglieder sind im Einsatz. Vater Gilbert, gelernter Koch mit langjähriger Praxis in guten Häusern, steht in der Küche. Frau Steck kümmert sich um den Service, unterstützt von zwei ihrer Töchter, während Valerie, die dritte, die Käsemeisterin ist. Trotz ihres jugendlichen Alters hat sie mit ihrem Almkäse bei der Käseolympiade im österreichischen Galtür eine Silbermedaille errungen.

Auf der Speisekarte stehen typische Hüttengerichte: Es gibt Nudel-, Knödel- oder Frittatensuppe, Hauswurst mit Kraut, Knödel (drei Stück!) mit Salat, das Knödeltris (Brennnessel-, Käse- und Rote-Bete-Knödel), Gulasch und Kaiserschmarrn. Natürlich sei Käseliebhabern das „Kasbrettl“ mit selbst gemachten Käsesorten angeraten. An Sonntagen ist das Angebot an Fleischgerichten vielfältiger, auf der Anschlagtafel stehen je nach Saison und Verfügbarkeit zusätzliche Tagesgerichte. Neben verschiedenen Kuchen gibt es die typische Vinschger Schneemilch, eine Süßspeise bestehend aus Weißbrot, Sahne, Sultaninen, Pinienkernen, Zimt, Zucker und gehackten Nüssen.

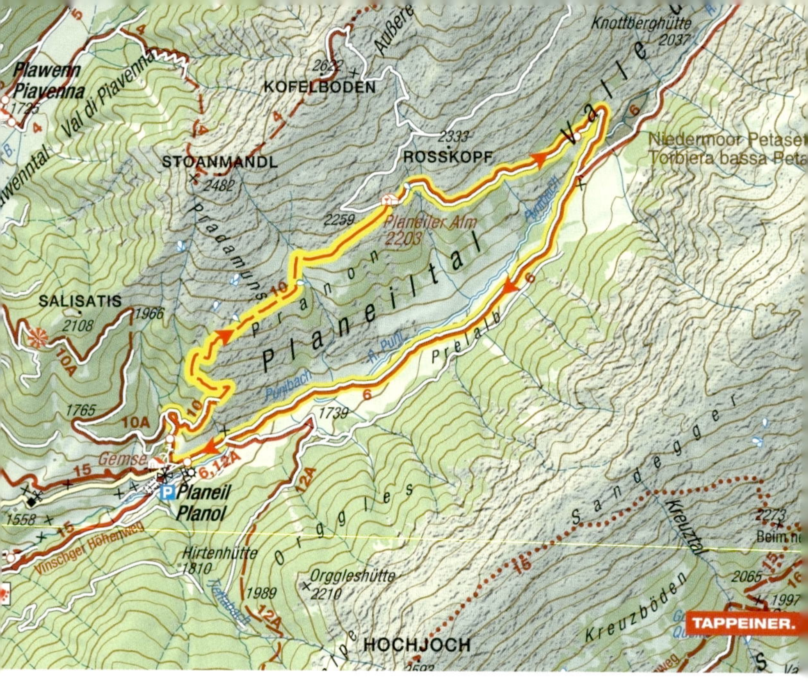

In Planeil schlagen wir nordwärts die steile Dorfgasse ein, auf einem neu trassierten, ebenfalls steilen Weg (Nr. 10) gewinnen wir rasch an Höhe, nach 45 Minuten erreichen wir die Wiesenhänge oberhalb der Waldgrenze. Die Aussicht wird immer weiter und umfassender, allmählich schiebt sich der Ortler mit seiner weißen Gletscherkappe ins Blickfeld. Im Sommer prangt hier eine bemerkenswerte alpine Flora mit auffallend vielen Kohlröschen und viel Arnika. Nach 1 Stunde 50 Minuten ist die Alm, die sich lange in einer Mulde versteckt hielt, erreicht. Der Rückweg führt über einen breiten Forstweg nordostwärts in den Talgrund, wendet dort und führt über Wiesenböden (Nr. 6) am Ufer des rauschenden Punibaches ins Dörfchen zurück.

3 h 20 min · 9,6 km · 600 Hm

INFOS IN KÜRZE

Planeiler Alm
Fam. Steck
Planziel, Mals
Tel. 349 3393399

Von Ende Mai bis Ende Okt. ohne Ruhetag geöffnet.

Am nördlichen Ortsende von Mals von der SS42 rechts auf die LS abbiegen, 6,4 km bis zum Parkplatz am Dorfeingang.

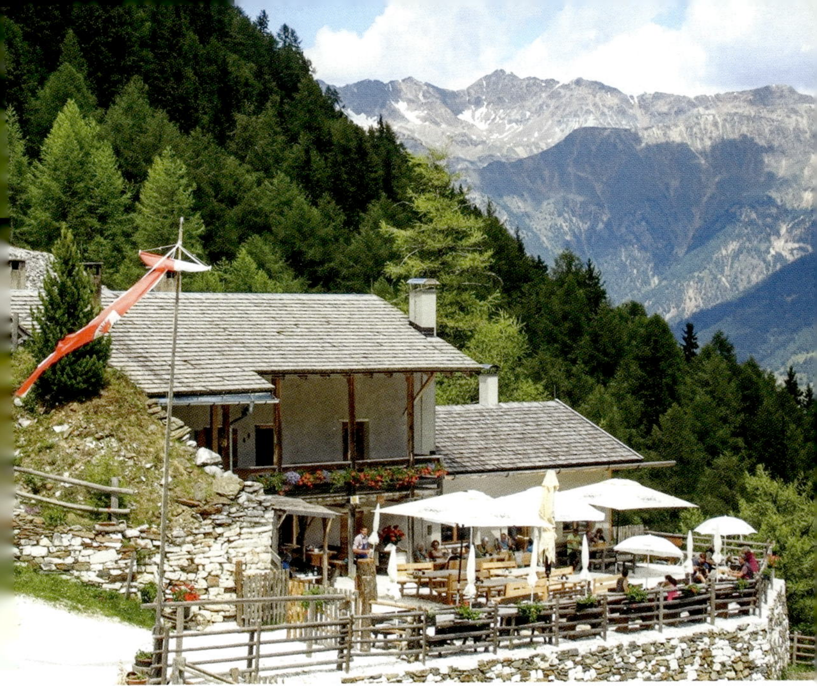

4 Göflaner Alm, Nörderberg

Im Vinschgau, auf der südlichen Talseite zwischen Laas und Schlanders, befinden sich im Gebiet des Nationalparks Stilfser Joch bedeutende Vorkommen von weißem Marmor, welche seit langer Zeit abgebaut werden. Unterhalb des Göflaner Marmorbruchs, dem höchsten Europas, liegt am Rand eines Wiesenbodens die Göflaner Alm.

Bis 1897, als der Marmorabbau an diesem Ort eingestellt wurde, diente das heutige Almgebäude den Arbeitern des Alpbruchs als Unterkunft. Das aus geschichteten Steinen gemauerte Haus neben den mächtigen Marmorabraumhalden hat so gar nichts von einer urigen Sennhütte an sich. Marmorstiegen führen ins Haus und auf die Terrasse, wo der schönste Platz ist, um die gute Hüttenkost zu genießen. 2014 wurde die Alm gründlich umgebaut, die inoxblitzende Küche würde jedem Restaurant Ehre machen, der Speisesaal ist hell und modern und keine rustikale Stubenimitation.

In der Küche werkelt Frau Claudia am Herd, ihre Käsenocken und das Nockentris sind die Lieblingsgerichte der Wanderer. Sonntags wird die Karte um ein Tagesgericht erweitert, da gibt es das Bauernbratl, ein Eintopf aus Hammelbraten mit Kartoffeln, oder

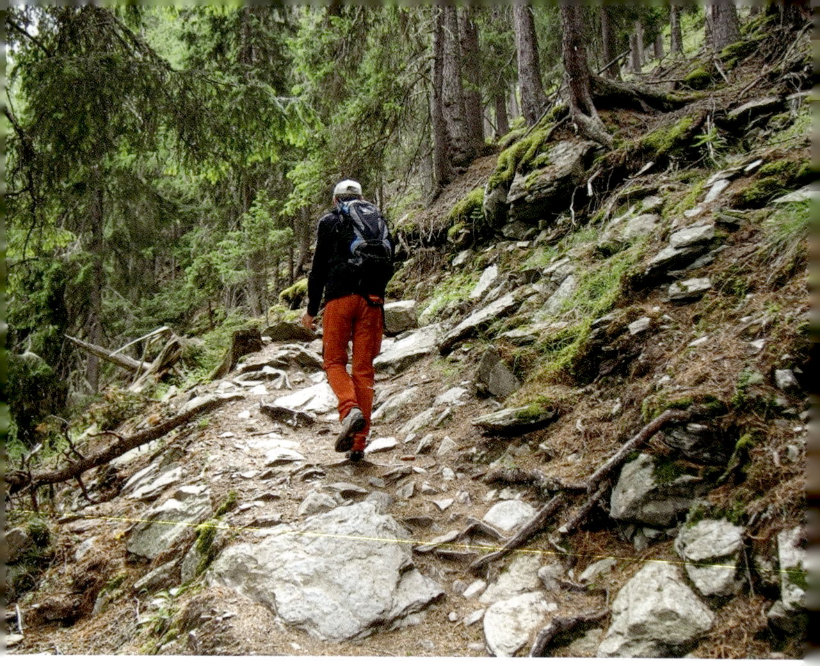

Rindsbraten mit Reis, Saures Rindfleisch, Pfifferlinge mit Knödeln. Allgemein gelobt wird auch der Apfelstrudel und der besonders saftige Buchweizenkuchen.

Beim Gasthaus Haslhof oberhalb von Göflan beginnt der Weg Nr. 2B, der nach den Wiesen mit der aufgelassenen Alm Weißkaser in einen schönen Waldsteig übergeht und im steten Auf und Ab den waldigen und felsdurchsetzten Hang quert. Nach einer Stunde erreichen wir die Hütte Kohlplätze (1666 m), einst ein Ort für die Gewinnung der Kohle, die in der Schmiede zur Reparatur und Schärfung der Werkzeuge benötigt wurde. Nun führt ein Waldsteig, Teil des neu angelegten Marmorthemenweges, streckenweise an einem aufgelassenen alten Waserwaal entlang in einer halben Stunde zur Göflaner Alm (1826 m). Rückweg wie Hinweg.

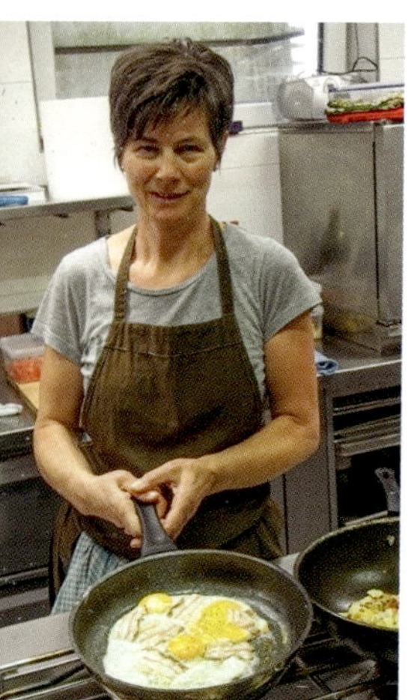

2 h 40 min (hin und zurück) 9,7 km 370 Hm

Zum Göflaner Marmorbruch

Wen der Marmorabbau interessiert, der sollte jetzt noch weitergehen: Von der Alm führt ein Steig (Nr. 3, Marmorthemenweg) in einer Stunde in die Nähe des gut sichtbaren Eingangs-

stollens des Marmorbruchs, wo noch immer geschäftiges Treiben herrscht. Der Marmor wird über die Werkstraße mit Lkws abtransportiert. Was unterhalb davon wie Schnee glänzt, ist das blendend weiße Abbruchmaterial. Auf dem Weg zum Bruch mit den aufgelassenen Werksgebäuden und der alten Kantine stehen Tafeln, welche die Arbeitsweise und die Geschichte des Marmorabbaues erklären. Auch ein Stück des Bremsweges, über den einst die tonnenschweren Blöcke abgeseilt wurden, ist nachgebaut. Rückweg wie Hinweg.
Hinweg ⌛ 1 h 40 min ⟼ 4,8 km ⛰ 285 Hm

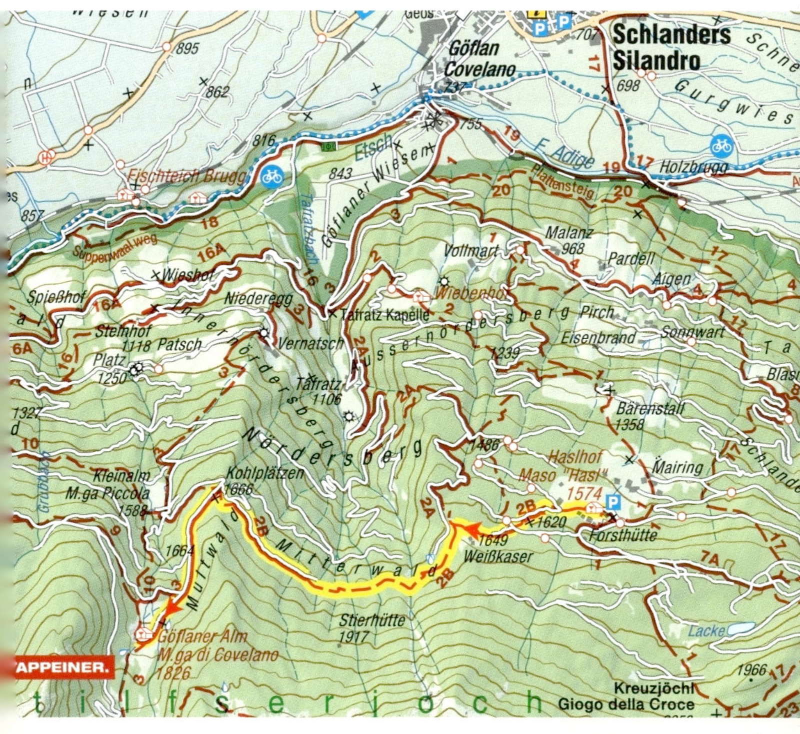

INFOS IN KÜRZE

Göflaner Alm
Fam. Tappeiner
Göflan, Schlanders
Tel. 335 7669967
www.goeflaneralm.jimdo.com

🕒 Von Mitte Mai bis Ende Okt. ohne Ruhetag geöffnet.

🚗 Von Göflan (737 m) mit dem Auto 8 km auf einer kurvenreichen Bergstraße bis zum Parkplatz beim Berggasthaus Haslhof (1574 m).

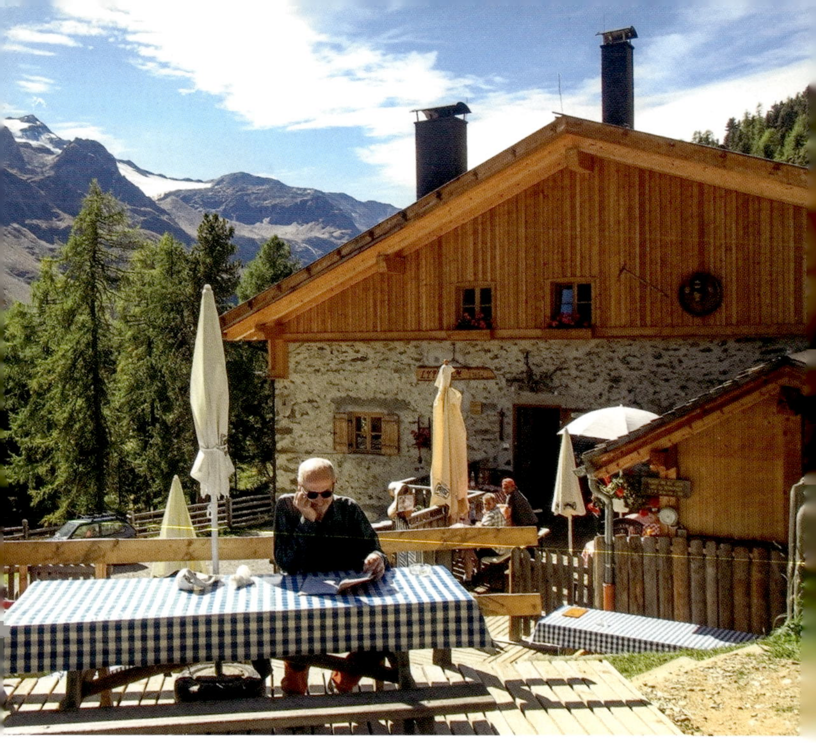

5 **Lyfialm, Martell**

Das Martelltal, ein Seitental des Vinschgaus, ist in seinem hinteren Teil von mächtigen Dreitausendern flankiert: auf der Südseite von den Venediger- und Rotspitzen, im Talschluss von Zufallspitze und Cevedale und auf der Nordseite von Schild-, Peder- und Lyfispitzen. Am Fuße Letzterer liegt die Lyfialm (2165 m), zu der wir eine kurze, aber äußerst lohnende Rundwanderung unternehmen.

Die Lyfialm ist uraltes Siedlungsgebiet, die Bezeichnung soll sich von „Livius", einem der ersten Almbesitzer vor vielen Jahrhunderten ableiten. Nun ist die Alm im Besitz der Gemeinde Martell, der Almausschank wird von der Familie Eberhöfer betrieben. Das stattliche gemauerte Haus wurde 1956 erbaut und 2015 renoviert, neben gemütlichen Gaststuben, Terrasse und Gastgarten bieten drei komfortable Zimmer Platz für Wanderer. Dieses Angebot wird im Winter gerne genutzt: Womöglich wurde am Abend ein Fleischfondue für die Gruppe bestellt und nach ausgiebigem Feiern auf der Hütte übernachtet … Ein eigenes E-Werk liefert Energie für wohlige Wärme im Haus.

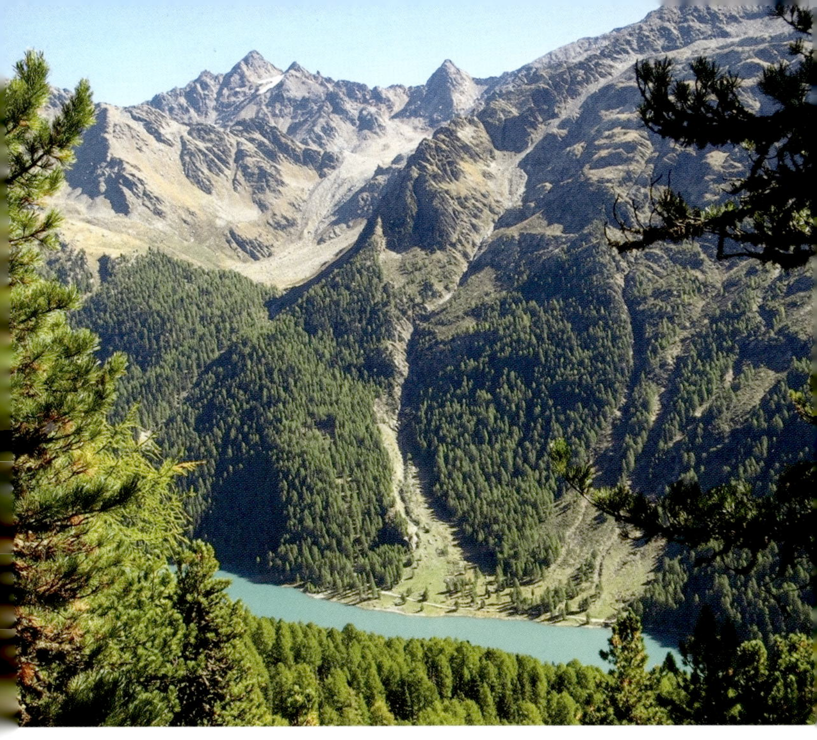

Die Küche bietet gute typische Hausmannskost wie Schöpsenbraten, Saure Suppe, Gulasch, Knödel oder Omeletten. Im Sommer sind die frischen Erdbeeren aus dem Tal mit Joghurt der Nachspeisenhit, gleich nach dem Apfelstrudel und den Bauernkrapfen. Die Sennerei wird gesondert betrieben, Butter und Käse werden im Verkaufslokal direkt vom Senner an Passanten verkauft.

Vom Parkplatz beim Gasthaus Enzian (2050 m) nehmen wir den breiten Weg Nr. 8 (Marteller Höhenweg), gehen zuerst zur Enzianalm, über eine Brücke und wandern dann auf einem steilen Steig (Nr. 39) zur Peder-Stieralm (2252 m). Der Blick zu den Bergriesen und Gletschern ist fantastisch! Jetzt geht der Steig Nr. 35 in einer Hangquerung in stetem Auf und Ab an knorrigen Zirbelkiefern und

DER MARTELLER WEIHNACHTSMARKT

Bei der Enzianalm, wenige Minuten vom Parkplatz am Ende der Fahrstraße entfernt, wird in der Adventszeit auf 2061 m der höchstgelegene Weihnachtsmarkt im Alpenraum veranstaltet. Infos: Tourismusverein Latsch-Martell, Tel. 0473 623109

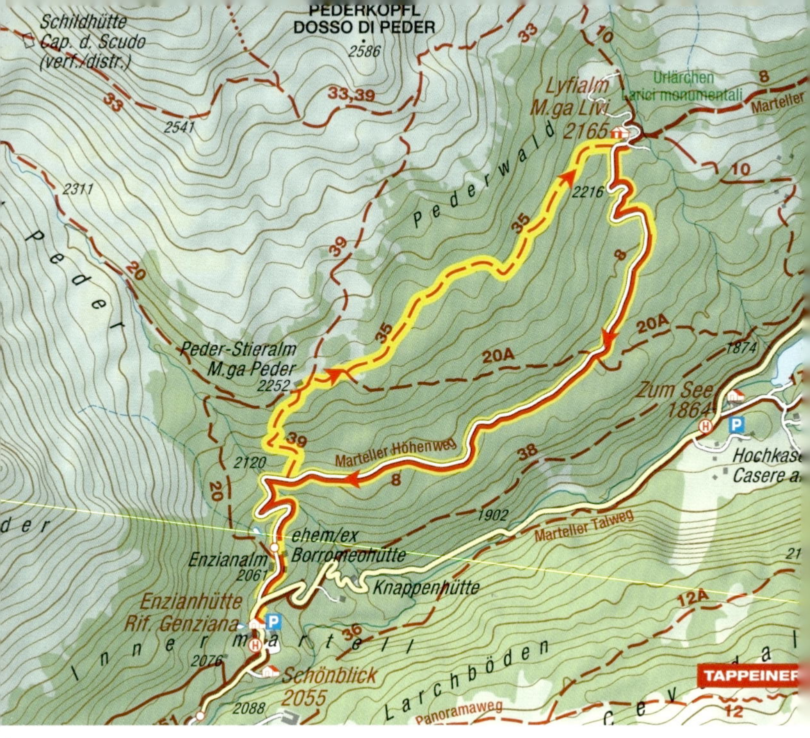

bizarren Felsformationen vorbei zur Lyfialm, zwischendurch erhaschen wir einen Blick auf den grünen Zufritt-Stausee im Talgrund. Der Rückweg führt von der Lyfialm über den Weg Nr. 8 durch schütteren Wald zurück zum Parkplatz.
zur Alm 1 h 15 min; Rundweg 2 h 20 min 6,4 km 300 Hm

Der einfachste Weg geht vom Parkplatz beim Gasthaus Enzian auf breiter, im Winter gespurter Straße (Nr. 8) zur Lyfialm. Der Weg ist auch für Kinderwagen geeignet.
1 h 40 min (hin und zurück) 8 km 100 Hm

INFOS IN KÜRZE

Lyfialm
Fam. Eberhöfer
Hintermartell 204,
Martelltal
Tel. 333 2770100
www.lyfialm.it

Von Ende Mai bis Anf. Okt. und von Anf. Dez. bis Anf. März (je nach Schneelage) geöffnet, Mo. Ruhetag. Im Winter Do., Fr., Sa. und So., im August durchgehend geöffnet.

Im Talschluss von Martell, nach dem Gasthaus Enzian, gebührenpflichtiger Parkplatz, wenige Schritte davor beginnt der Fußweg (Nr. 8) zur Alm.

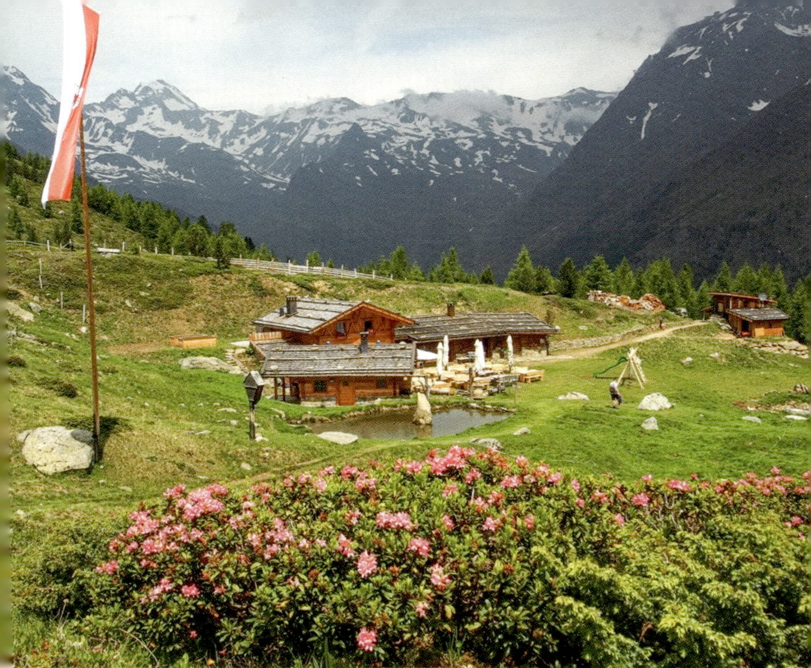

6 Berglalm, Schnalstal

Flankiert von mächtigen Bergriesen zieht sich das Schnalstal von Naturns fast 30 km lang bis zu den Gletschern der Ötztaler Alpen hin. Trotz der Enge hat es mit seinen typischen hölzernen Bergbauernhöfen, dem türkisen Vernagtsee und der großartigen Bergkulisse seinen besonderen Reiz. Eine Wanderung zur urigen Berglalm auf 2214 m verspricht unberührte Berglandschaft, schönste Ausblicke und gute Hüttenkost.

Die Berglalm, vor wenigen Jahren umgebaut und erweitert, ist im Besitz zweier Bauern aus dem Tal, die im Sommer rund 30 Stück Galtvieh auftreiben. Seit Jahren bewirtschaften Karoline und Ehrenfried Weithaler, allgemein als Karo und Schmid bekannt, die Alm.

Sie sollen die besten Knödel weit und breit machen – diese kommen in verschiedenen Varianten, als Käse-, Spinat- und Speckknödel, auf die Teller. Dazu wird Lamm, Bockenes (Ziegenbraten), Kitzbraten oder Rindsgulasch gereicht. Vieles ist selbst gemacht, so auch der Johannisbeer-, der Pfefferminz- und der Holundersirup. In der Küche steht lediglich ein Holzherd – vielleicht gelingt gerade deshalb der Kaiserschmarrn so vorzüglich!

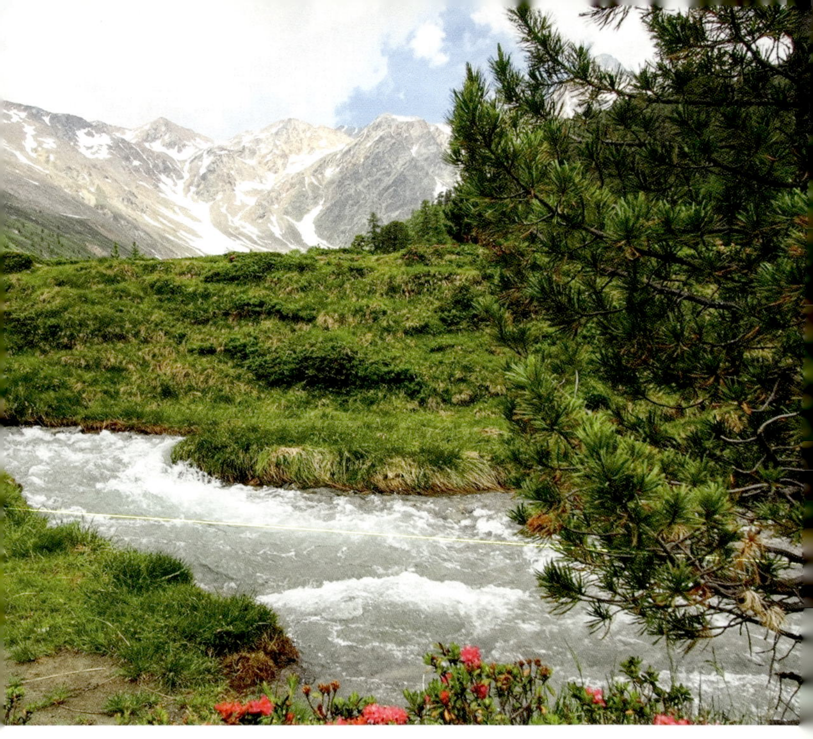

Bei den Köfelhöfen beginnt unser Weg (Nr. 5), führt anfänglich über Wiesen, tritt in einen Lärchenwald ein und flankiert den Hang, immer mäßig ansteigend. Im Hintergrund liegen die Hotelsiedlung von Kurzras und mächtige Berggipfel, deren höchster die Weißkugel (3739 m) ist. Unterwegs treffen wir auf ein Bildstöckl des hl. Martin, dann eine munter plätschernde Quelle. Wir folgen ab einem Wiesenboden den Schildern „Taschenjöchl" und „Berglalm" und gehen im Wesentlichen eben, streckenweise auf und ab, durch herrlichen Zirbenwald bis zur Alm, die sich auf einem sonnigen Almboden ausbreitet. Gegenüber liegt der Similaun mit der Fundstelle des Ötzi, im Tal der Vernagtsee, im Süden sind die Zacken der Texelgruppe zu sehen. Auf dem Rückweg nehmen wir nach der kleinen Brücke über den Bach den herrlichen Waldsteig Nr. 4, Wegweiser Kurzras, beim Wieshof biegen wir auf einem Wiesenweg zu den bereits in Sichtweite liegenden Kofelhöfen ab.

3 h 10 min · 9,1 km · 330 Hm

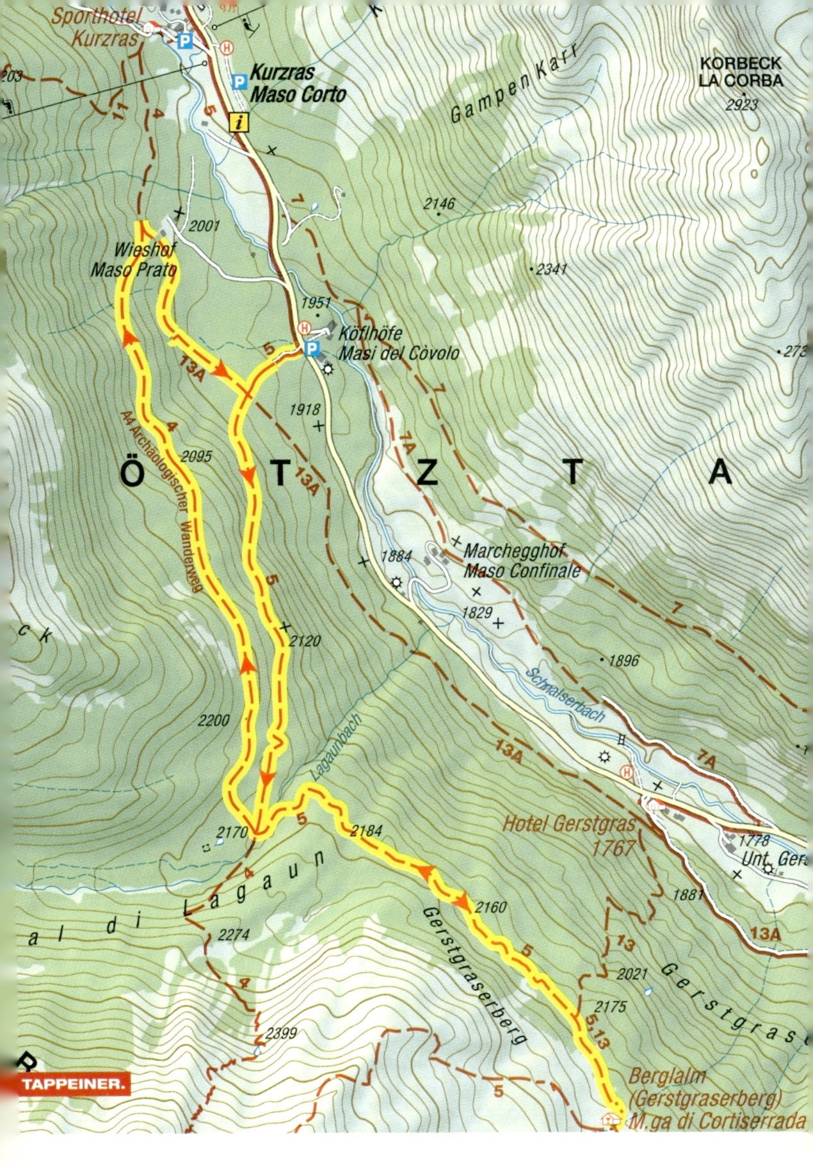

INFOS IN KÜRZE

Berglalm
Fam. Weithaler
Kurzras, Schnalstal
Tel. 339 3816482
www.bergl-alm.com

Von Juni bis Allerheiligen und vom 26. Dez. bis Anf. Apr. ohne Ruhetag geöffnet.

Mit dem Auto bis 1 km vor der Talstation bei Kurzras zu den Köfelhöfen, hier wenige Parkplätze längs der Straße.

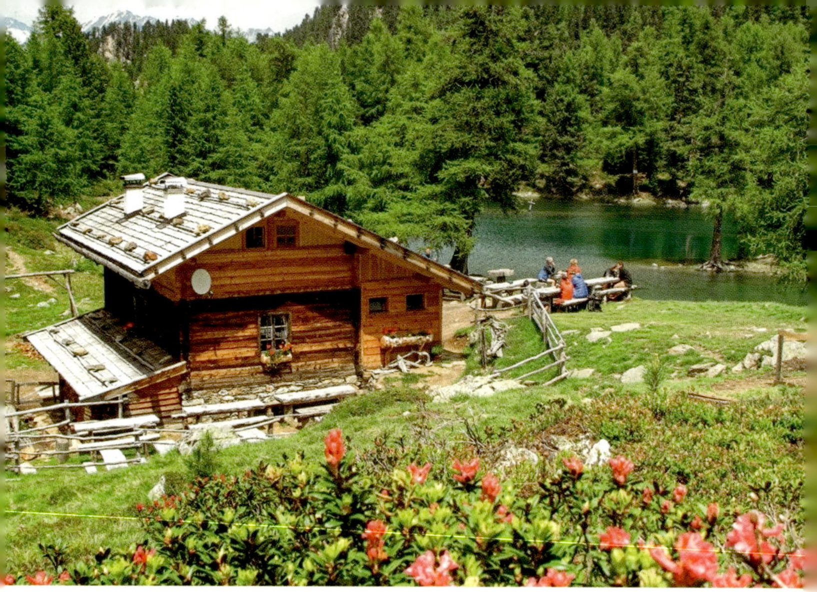

7 Zirmtalalm, Nörderberg

Hoch über Kastelbell, auf der bewaldeten Seite des Vinschger Nörderberges, liegt auf stolzen 2114 m die Zirmtalalm, eine der höchsten des Tales und eine der romantischsten. Sie liegt neben einem bezaubernden See, von uralten Zirbelkiefern und Lärchen umgeben, die hier trotz der großen Höhe prächtig gedeihen. Die mächtigen, schützenden Berge im Rücken sind die Ausläufer des 3257 m aufsteigenden Hasenöhrls und trennen den Vinschgau vom Ultental.

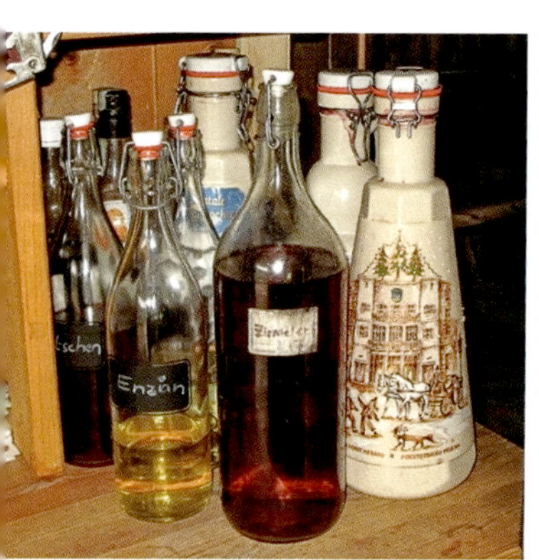

Die Hütte ist im Besitz einer Interessentschaft von Tomberger Bauern, die hier etwa 20 Stück Vieh auf die Weide schicken. Seit etlichen Jahren ist Max Ennemoser Hüttenpächter. Die Hütte bietet Schlafgelegenheit in einem Mehrbettzimmer und einem Hüttenlager, eine Möglichkeit, die Weitwanderer gerne nutzen. Rund um das Haus fühlen sich allerlei Tiere wohl, darunter Hunde, Ziegen und Schweine, die in einem großen Laufstall viel Freiraum haben. Das Kurioseste ist ein großer Papagei in

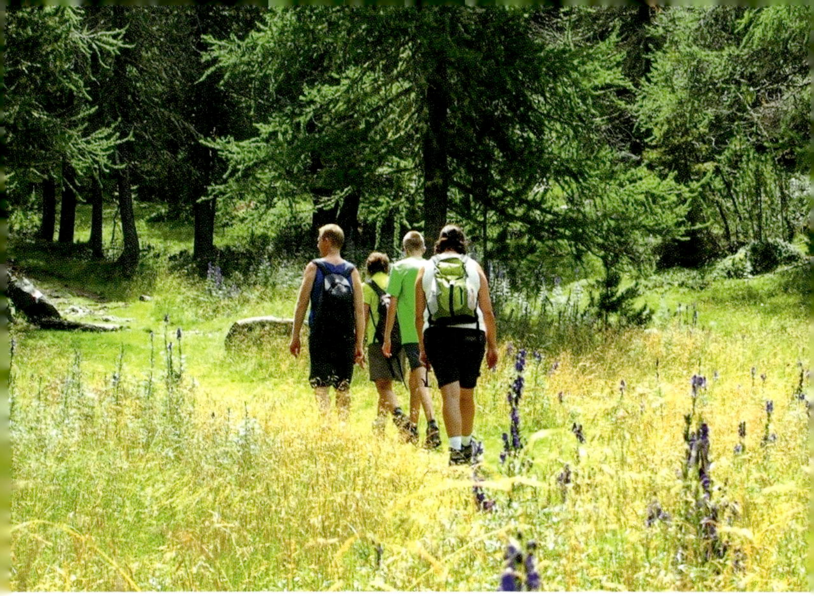

einer Voliere, der mit markigen Sprüchen die Gäste unterhält. Einer seiner Lieblingssätze ist: „Hosch gezohlt, du Spinner?“ („Hast du bezahlt, du Spinner?“)

Obwohl alles mit der Materialseilbahn zur Hütte geliefert werden muss, weil es keine Zufahrtsstraße gibt, bereitet Max in der kleinen Hüttenküche mit dem Holzherd eine erstaunlich gute Almkost zu. Bekannt ist das Schöpserne und Bockene (Hammel- und Ziegenbraten), das Aroma der Zirbelkiefer finden wir in den Zirmnocken oder im Zirmschnaps, etwas Besonderes ist auch der Alpenrosensaft. Natürlich werden darüber hinaus auch Omeletten, Jausenbrettln und Knödel aller Art serviert. Ansehnlich ist die Auswahl an guten Eigenbauweinen.

Vom Parkplatz (Schartegg, 1494 m) aus folgen wir den Schildern „Marzoner Alm“, queren den Hang und gelangen ohne großen Höhenunterschied zur Marzoner Alm (1599 m, 1 Stunde), einem schön gelegenen Berggasthof mit toller Aussicht zur gegenüberliegenden Texelgruppe und in den Vinschgau. Hier beginnt der eigentliche Aufstieg auf Steig Nr. 18. Durch hellen Wald, an Bächen entlang, über kleine Brücken, auf moorigen Böden und Alpenrosenhängen gelangen wir auf die Anhöhe, wo in einem Bergkessel der zauberhafte Zirmtalsee und an seinem Westufer die gleichnamige Hütte steht (1½ Stunden ab Marzoner Alm). Für den Rückweg wählen wir Steig Nr. 18A, der zügig zur Altalm (Einkehrmöglichkeit) an der Talstation der Materialseilbahn und weiter zum Parkplatz führt.
4 h 20 min 10 km 780 Hm

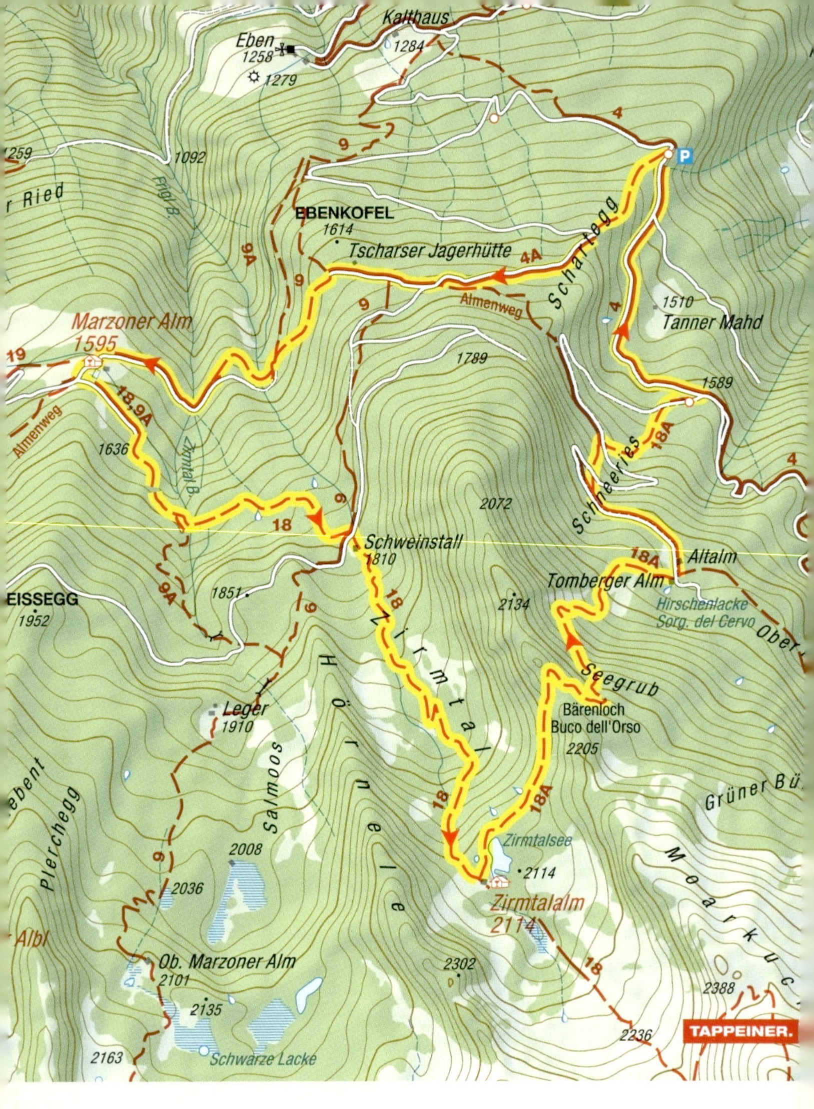

INFOS IN KÜRZE

Zirmtalalm
Max Ennemoser
Kastelbell-Tschars
Tel. 388 9898660 (sehr schlechter Handyempfang!)
maximilian.ennemoser65@gmail.com

Von Anf. Mai bis Ende Okt. ohne Ruhetag geöffnet.

Von der Vinschgauer Straße bei Tschars auf der Höhe des Hotels Winkler über den Bahnübergang und die Etschbrücke und auf der schmalen, asphaltierten Straße empor bis zum großen Parkplatz Schartegg.

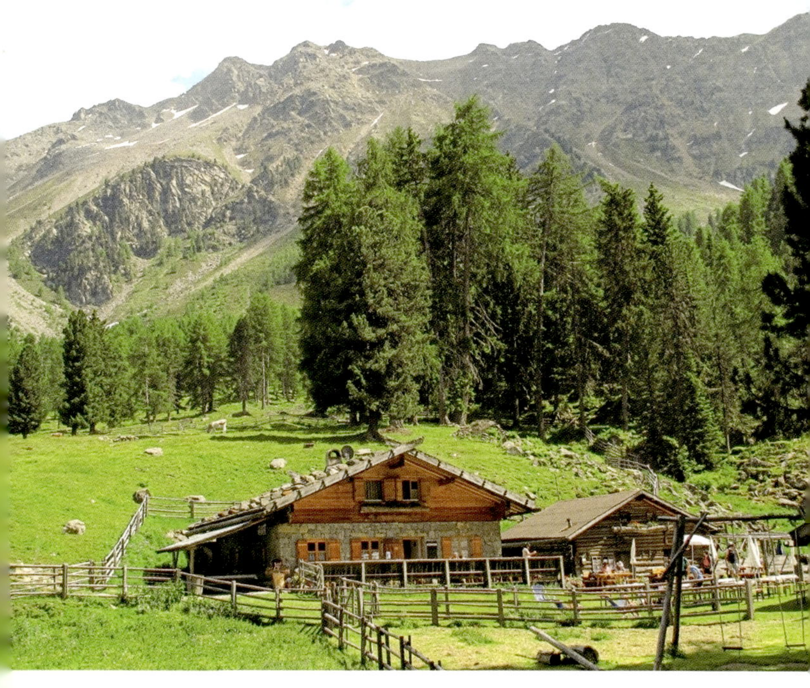

8 Mauslochalm, Naturns

Der untere Vinschgau ist auf seiner Südseite, dem Nörderberg, von einem dunklen Waldgürtel bedeckt. Wo dieser steile Wald in die Almregion übergeht, reiht sich eine bewirtschaftete Almhütte an die nächste, Forstwege und Waldsteige verbinden diese beliebten Ausflugsziele miteinander. Immer wieder führen von der Talsohle schmale, asphaltierte Zufahrtswege zu den Streusiedlungen und Höfen auf den Rodungsinseln im Wald. Von der gegenüberliegenden Talseite blickt der karge Sonnenberg herüber, und darüber ragen die Gipfel der Texelgruppe und der Ötztaler Alpen auf. Bereits die Anfahrt zum Ausgangspunkt unserer Wanderung ist ein Erlebnis, rund 1000 Höhenmeter sind zu überwinden. Kurve um Kurve windet sich die Straße in die Höhe und gibt immer neue Ausblicke auf den Vinschgau mit seinen Dörfern und den schachbrettartig angelegten Obstanlagen frei.

Unser Ziel ist die Frantschalm, die aber allgemein „Mauslochalm“ genannt wird. Im Schutz von Lärchen und einer felsigen Böschung liegt sie auf einem ebenen Wiesenboden. Auf der großen Sonnenterrasse und den Liegestühlen fühlen sich die Gäste wohl, Kinder turnen an den vielen Spielgeräten und auf der Wiese.

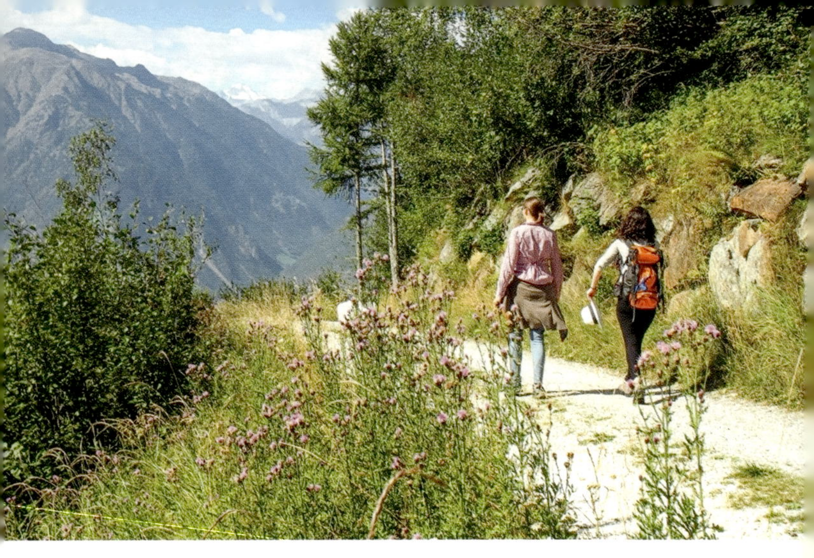

Aus der Küche kommt herzhafte Hüttenkost: Knödel mit Salat oder Gulasch, Omeletten und Schmarrn, Spiegeleier mit Bratkartoffeln und Speck und natürlich die Jausenbrettln mit Käse, Speck und Kaminwurzen. An Sonntagen wird immer ein Braten serviert, auch Wild, je nach Angebot der Jäger stammt das Fleisch von Hirsch, Reh oder Gams. Beliebt ist das Schöpserne, Bratenstücke vom Jungschaf aus dem Rohr.

Wenige Gehminuten nach dem Parkplatz Kreuzbrünnl (Ende des Fahrweges) biegt rechter Hand der breite Weg Nr. 5B ab, der sich am Hang entlang weitgehend eben westwärts hinzieht. Nach etwa 45 Minuten kürzt bei einer Geländeschulter ein Waldsteig (Schilder „Mauslochalm") die weiten Kehren zur wenig höher gelegenen

WIE DIE MAUSLOCHALM ZU IHREM NAMEN KAM

Neben dem stattlichen gemauerten Haus aus dem Jahr 1983 steht eine kleine Almhütte, die alte Alm, jetzt als Lagerraum genutzt. Früher soll am Wiesenrand bei den riesigen Felsblöcken mit ihren Höhlen ein winziges Hüttchen mit einer niedrigen Tür gestanden haben. Ein Hirte, der eintreten wollte, stieß sich den Kopf am Türbalken und fluchte: „Isch des a Mausloch do!" Der Hirte ist längst gestorben, das Hüttchen abgerissen, die Alm wurde umgebaut, der Name aber blieb. Als vor etwas mehr als 30 Jahren die neue Hütte errichtet wurde, wollte man den Übernamen loswerden und gab ihr den Namen des dahinter aufragenden Frantschberges, aber kaum jemand benutzt ihn.

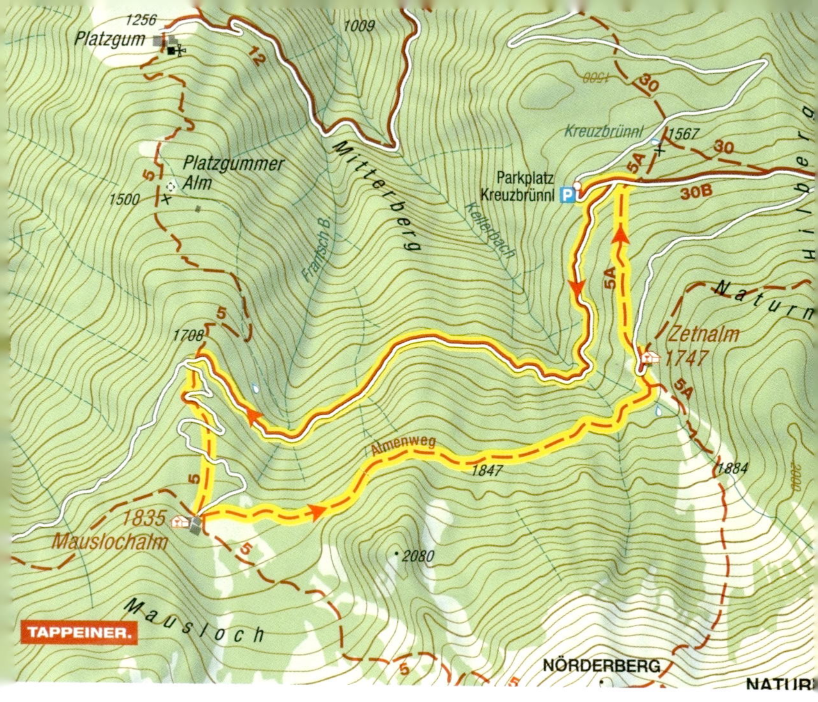

Mauslochalm ab (bis hierher 1 Stunde Gehzeit). Nach der Einkehr wandern wir auf dem „Almenweg" zur Zetnalm, einer guten und gemütlichen Almhütte mit großer Sonnenterrasse, die auf einer Rodungslichtung liegt. Der Steig dorthin quert beeindruckende abschüssige und felsdurchsetzte Hänge. Von der Zetnalm führt ein weiterer Steig dann im Zickzack zum Ausgangspunkt, dem Parkplatz Kreuzbrünnl, zurück.

zur Alm ⌛ 1 h 10 min

Rundweg ⌛ 2 h 15 min ↦ gesamt 6,1 km ⛰ 337 Hm

INFOS IN KÜRZE

Mauslochalm (Frantschalm)
Nörderberg, Naturns
Bei Drucklegung gab es einen Pächterwechsel, Infos beim Tourismusbüro Naturns: Tel. 0473 666077

Von Mai bis Ende Okt. geöffnet.

In Naturns durch die Bahnhofstraße zu den Sportplätzen, an diesen vorbei und die schmale Asphaltstraße bergauf Richtung Nörderberg; die Zufahrt geht nach ca. 8 km in eine unbefestigte Straße über und führt bis zum Parkplatz Kreuzbrünnl (10 km Fahrstrecke).
Von Naturns zum Parkplatz Kreuzbrünnl verkehrt im Sommer ein Shuttlebus. Infos zum Fahrplan: Walter Platzgummer, Tel. 335 6523230

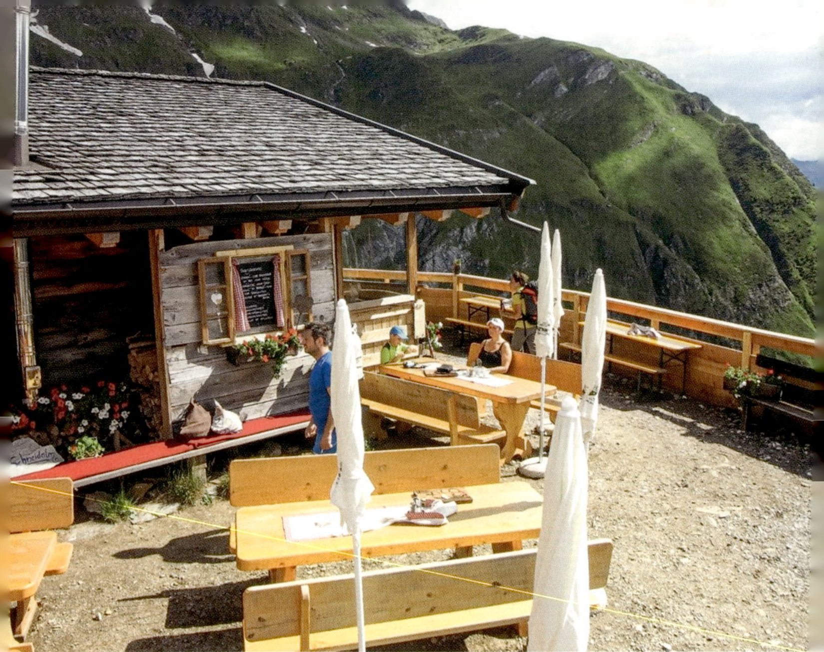

9 Schneidalm, Pfelders

Auf der Sonnenseite von Pfelders, unter den Hängen des 3475 m hohen Seelenkogels, breiten sich steile, arten- und blumenreiche Bergwiesen aus. Auf einem Rundweg erwandern wir diese ursprüngliche Almregion und die am Weg gelegene urige Schneidalm. Dabei bieten sich immer wieder reizvolle Ausblicke auf die mächtige Passeirer Bergwelt.

Die Schneidalm (2159 m) thront wie ein Adlerhorst auf einem kleinen Geländevorsprung und schaut weit übers Tal. Pfelderer Bauern schicken hier ihr Jung- und Galtvieh in die Sommerfrische; Sandra Hofer, unterstützt von Onkel und Tante mit einschlägiger Kocherfahrung, führt mit Schwung die Almwirtschaft. Eine moderne Materialseilbahn erleichtert seit 2019 den An- und Abtransport von Waren und Gerätschaft. Einige Melkkühe versorgen die Alm mit Milch, woraus Butter, Frischkäse, Buttermilch und Joghurt gewonnen werden.

Das Menü ist erstaunlich vielseitig und spricht mit speziellen Toasts, dem Schneidalmburger mit Fleisch vom heimischen Rind oder der Weißwurst mit Breze und süßem Senf auch die Jugend an.

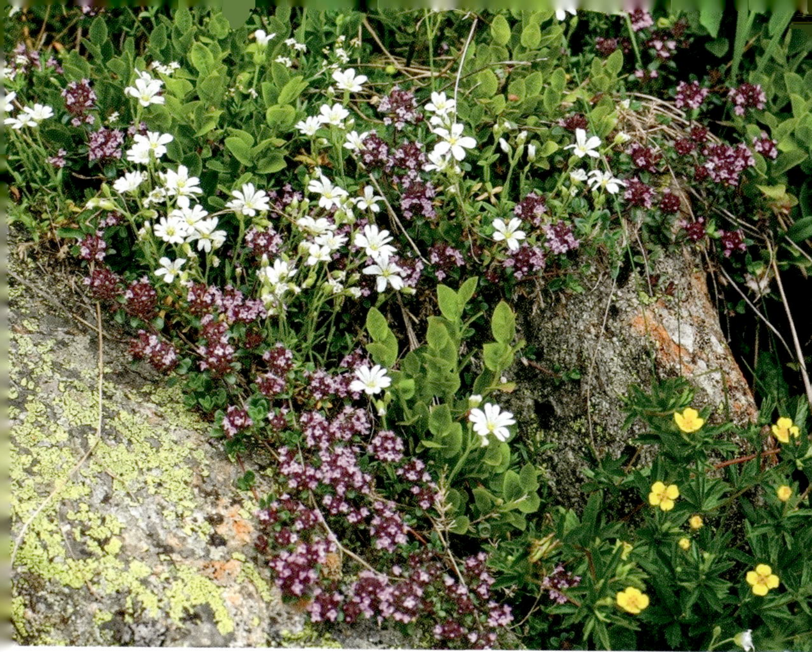

Beliebt ist das Knödeltris, das aus Speck-, Käse-, Rohnen-, Spinat-, Buchweizen-, Gemüse- oder Leberknödeln zusammengestellt wird. Dazu passt Salat vom Salatbuffet. Auch Klassiker wie Schlutzkrapfen und Rindsgulasch mit Reis oder Eierspätzle fehlen nicht. Typisch für das Passeiertal ist der Ziegenbraten. Sandras Vater ist Jäger und versorgt die Küche mit Wild, das zu Gulasch, Braten und Ragout verarbeitet auf die Teller kommt. Neu ist das Almfrühstück, wer vormerkt und bis 10.30 Uhr auf der Alm ist, kann zu einem Fixpreis nach Herzenslust schlemmen: Es gibt Kaffee, Tee, frische Brötchen, Müsli, Aufschnitt, Marmeladen, Rühr- und Spiegelei, Kuchen, Säfte, Obst, Joghurt, Omelett und Almbutter.

EIN ELDORADO FÜR BOTANIKER

Die Bergwiesen unterhalb der Schneidalm sind unter Botanikern berühmt wegen ihres Artenreichtums. Auf den Feuchtwiesen, die an den Lärchenwald anschließen, finden wir Wollgras und Geflecktes Knabenkraut, auf den Trockenrasen Brunellen (Kohlröschen), Arnika, die Bärtige Glockenblume, Alpenwundklee und schöne Polster von Thymian, um die häufigsten zu nennen. Besonderheiten sind der Allermannsharnisch, eine gelb-weiß blühende stattliche Lauchpflanze, und die wunderschöne, strahlend weiße Paradieslilie *(Paradisea liliastrum)*.

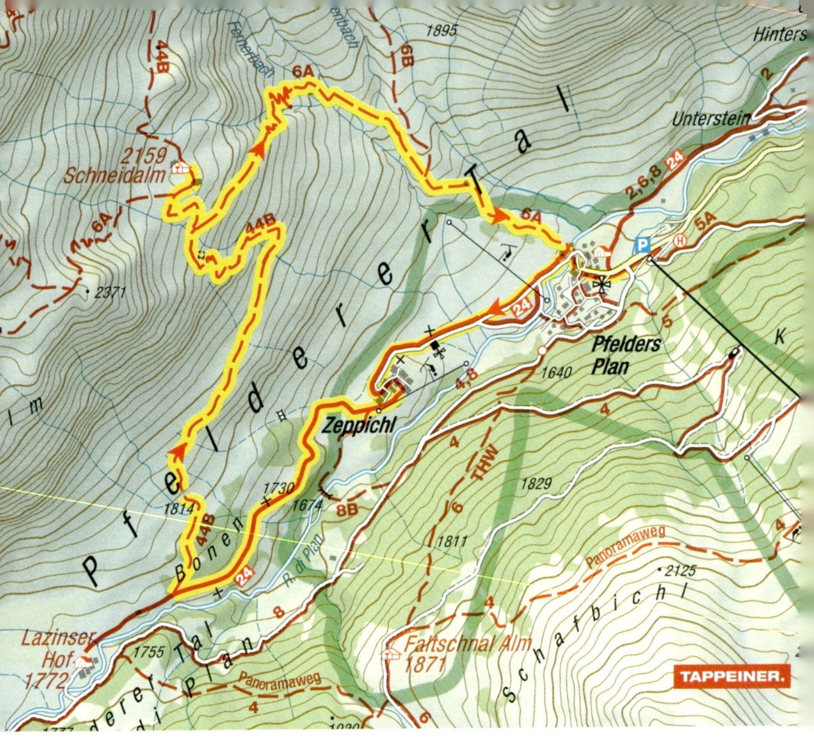

Vom Parkplatz beim Grünbodenlift beginnen wir unsere Wanderung, gehen zwischen den Häusern von Pfelders hindurch, überqueren den Bach und gelangen dann auf breitem Wiesenweg zum Gast- und Bauernhof Zeppichl (Markierung Nr. 24, Meraner Höhenweg). Der nun schmaler werdende Feldweg geht durch schütteren Lärchenwald, bei einem Gatter biegen wir rechts ab (Nr. 44B), es geht nun in vielen Windungen über die Baumgrenze hinauf zur Schneidalm. Für den Rückweg nehmen wir Weg Nr. 6A, er bringt uns auf einem holprigen Steig über steile Hänge, Kare, einen Bach und zuletzt Weiden ins Tal.

3 h 10 min · 7,5 km · 540 Hm

INFOS IN KÜRZE

Schneidalm
Sandra Hofer
Pfelders 2
Moos in Passeier
Tel. 391 7370755

Von Mitte Juni bis Ende Sept. ohne Ruhetag geöffnet.

In Moos die Timmelsjochstraße verlassend links nach Pfelders abbiegen, am Dorfeingang großer Parkplatz an der Talstation des Grünbodenlifts.

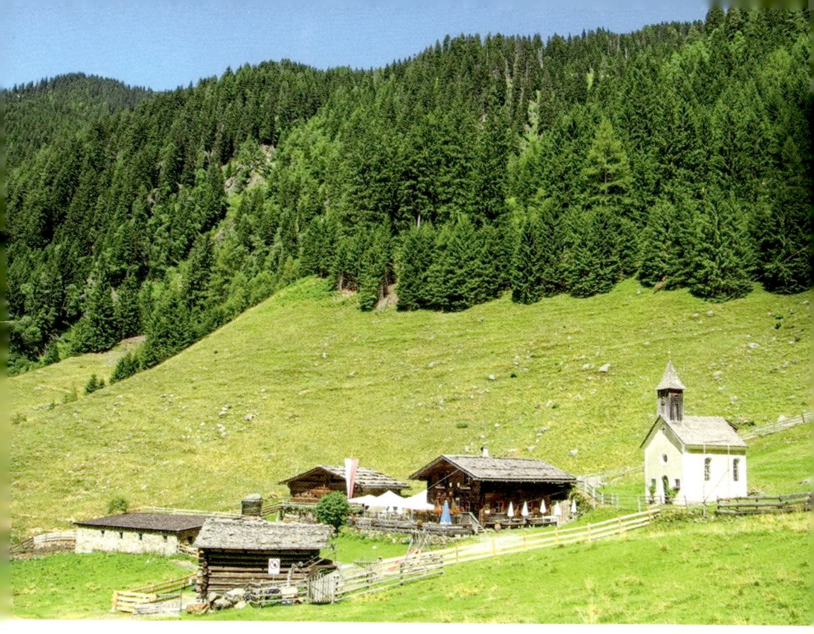

10 Pfistradalm, Passeier

Es gibt sie noch, die nicht so überlaufenen Plätze. Einer ist das Pfistradtal im Passeiertal. Es zieht sich von St. Leonhard zu den Sarntaler Bergen hin, die hinter der Pfistradalm im Hochwart steil auf 2746 m ansteigen. Wo sich das Tal an seinem Ende etwas verbreitert, liegt malerisch auf 1350 m in einem weiten Wiesenboden die Gebäudegruppe der Alm mit dem kleinen Kirchlein St. Anna. Wegen dieses Kirchleins wird die Alm auch St. Anna-Pfistradalm genannt.

Der Almplatz ist uralt, wie die Dokumentation in der alten Kaser, einer Außenstelle des MuseumPasseier, bezeugt. Schon im Jahr 1328 wird ein „Vistrade" genannt, damals war die Alm noch ganzjährig bewirtschaftet. Interessant sind auch die Besitzverhältnisse: Über Jahrhunderte gehörte das gesamte Tal mit ausgedehnten Wäldern und dem Jagdrecht den adeligen Herren Fuchs von Fuchsberg auf der Jaufenburg. Nach dem Aussterben des Geschlechts wurden die Liegenschaften 1833 vor dem k. k. Landgericht Passeier an die Gemeinde Latsch im Vinschgau versteigert. Man munkelt, dass die Passeirer Bauern damals so untereinander zerstritten waren, dass sie sich nicht darauf einigen konnten, selbst die Alm zu kaufen. Zweieinhalb Tage wanderte die Herde vom Vinschgau über Meran ins Tal, der letzte Viehtrieb fand 1953 statt. Heute kommen

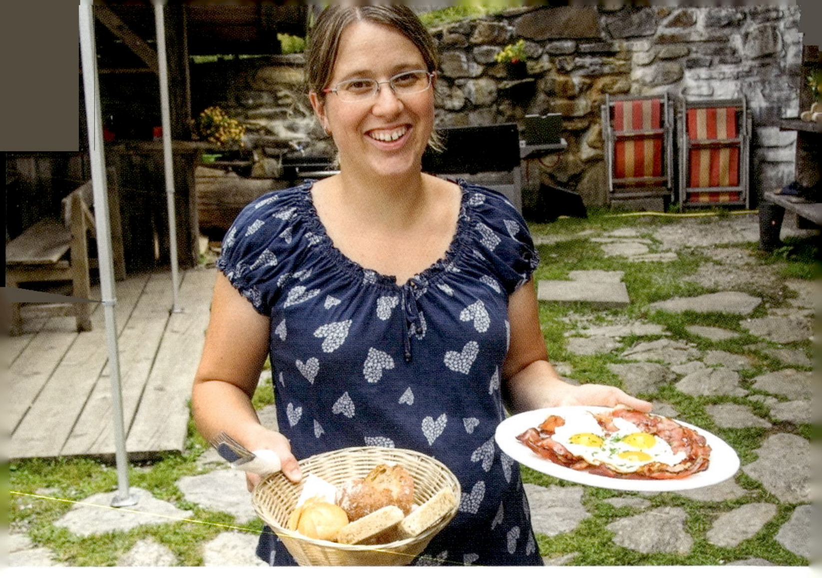

die Tiere mit dem LKW, auf der Alm weiden 80 Stück Rinder, darunter etliche Melkkühe und dazu noch Schafe und Ziegen. Die Milch wird auf der Alm zu Butter und Graukäse verarbeitet, die zum größten Teil in Küche und Ausschank gebraucht werden. Elektrische Energie fürs Haus liefert umweltfreundlich ein eigenes E-Werk.

Im Sommer bewirtschaftet die Pächterfamilie Raffl aus St. Leonhard die Alm, Walter kümmert sich um die Landwirtschaft und das Vieh, Frau Birgit kocht einfache Almküche: allerlei Knödel, darunter Brennnessel- und Käseknödel, in letztere kommt etwas vom eigenen Graukäse. An Sonn- und Feiertagen gibt es Bockenes (vom jungen Ziegenbock), Lamm und Kitz aus eigener Aufzucht. Speck und Kaminwurzen sind hausgemacht, die Hühner, die ums Haus laufen, liefern die Eier für Spiegeleier, Omeletten und Schmarrn. Birgit ist auch die Kuchenbäckerin und für den guten Apfelstrudel sowie die Schoko-, Himbeer- und Joghurtkuchen verantwortlich. Hausgemacht sind ferner die angesetzten Schnäpse und Liköre, etwa mit Schafgarbe oder Wacholder.

Der Wanderweg zur Alm über den Platzbergweg mit der Nr. 13 beginnt eigentlich im Dorfkern von St. Leonhard, mit der Auffahrt zur Jausenstation Schnitzerhof am Waldrand verkürzen wir ihn um einiges. Kurz vor dem Hof finden wir einige Parkplätze. Wer es bequem mag, bleibt auf der breiten Forststraße, etwas steiler und schattiger ist der Steig durch Kastanien-, Fichten- und Lärchenwald. An einem Hubertus-Bildstock vorbei geht es konstant bergauf, nach 1½ Stunden ist die Alm erreicht. Rückweg wie Hinweg.
ab Schnitzerhof 1½ h 3,4 km 480 Hm

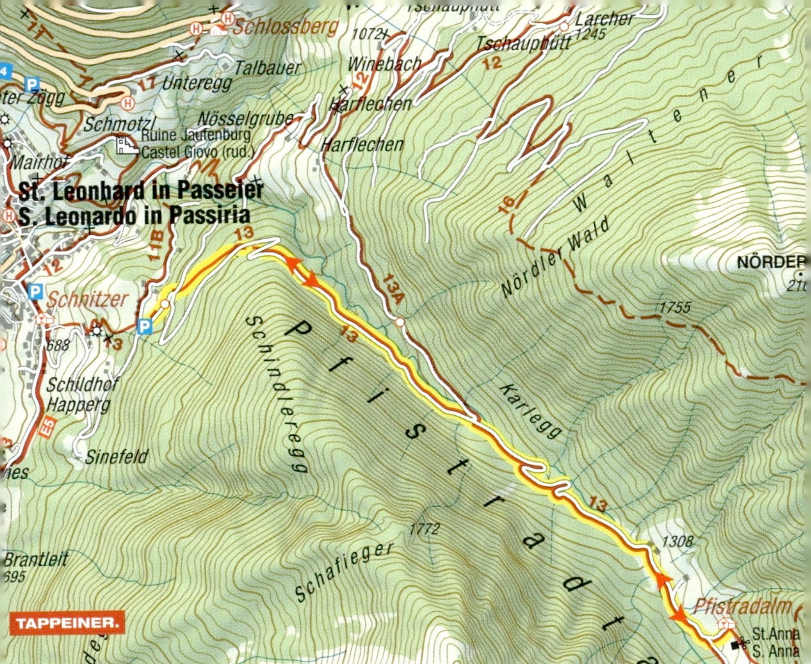

DIE ALTE KASER UND DIE KAPELLE ZUR HL. ANNA

Das alte Almgebäude (die alte Kaser) neben dem Ausschank ist vermutlich eine der ältesten Holzbauten Südtirols, seit 1982 ist es als Baudenkmal geschützt und dem MuseumPasseier von St. Leonhard angegliedert. In der Hütte wurde ein Ausstellungsraum eingerichtet, Fotos, Plakate und Gerätschaften erzählen von der aufwändigen Restaurierung, der einstigen beschwerlichen Arbeit auf der Alm und vom Leben und Wohnen im Mittelalter. In unmittelbarer Nähe steht das spätbarocke Kirchlein St. Anna aus dem Jahr 1853 mit einem Altarbild von Benedikt Auer d. J. aus dem Jahr 1796; es zeigt die Krönung Mariens in einer Almlandschaft mit weidenden Tieren, Heiligen und den Kirchenpatronen des Tales.

INFOS IN KÜRZE

St. Anna-Pfistradalm
Fam. Raffl
St. Leonhard i. P.
Tel. 347 7096738

Von Mitte Mai bis Mitte Okt. ohne Ruhetag geöffnet.

Von St. Leonhard über die Platzbergstraße bis zum Schnitzerhof. Kurz vorher an der Straße einige Parkplätze.

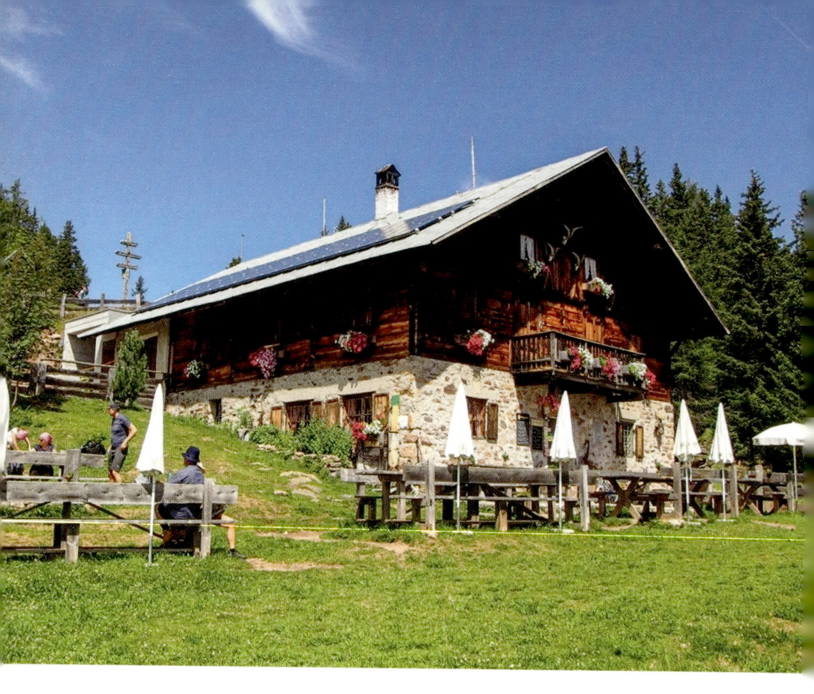

11 Maiser Alm, Hafling

Vom Ski- und Wandergebiet Meran 2000, im Osten von Hafling, läuft ein Höhenrücken sanft nach Süden aus. Auf dessen Westseite liegen an der Baumgrenze ausgedehnte Wälder und sanft gewellte Almböden mit mehreren Berghütten. Bei Hafling-Falzeben bringt uns eine Rundwanderung zu unserem Ausflugsziel, der Maiser Alm auf 1783 m.

Die stattliche Alm ist im Besitz von Haflinger und Maiser Bauern, die im Sommer ihr Vieh auf die umliegenden Weiden auftreiben. Der Almplatz ist uralt und bereits im 15. Jh. erwähnt. In der Hütte findet sich ein Stein mit der eingemeißelten Jahreszahl 1825. Ein weiterer Umbau erfolgte vor etwa 70 Jahren, neben der Eingangstür haben die Maurer auf einem Stein ihre Namen verewigt. Die Pächterfamilie Gufler wohnt ganzjährig auf der Alm. Im Haus gibt es ein gemütliches getäfeltes Stübchen, vor der Alm eine Sonnenterrasse und einen Kinderspielplatz.

Meinrad kümmert sich nicht nur um das Vieh, sondern ist auch der Koch und für die klassische Hüttenkost verantwortlich. Eigentlich ist er gelernter Metzger, nach zehn Berufsjahren hat er jedoch

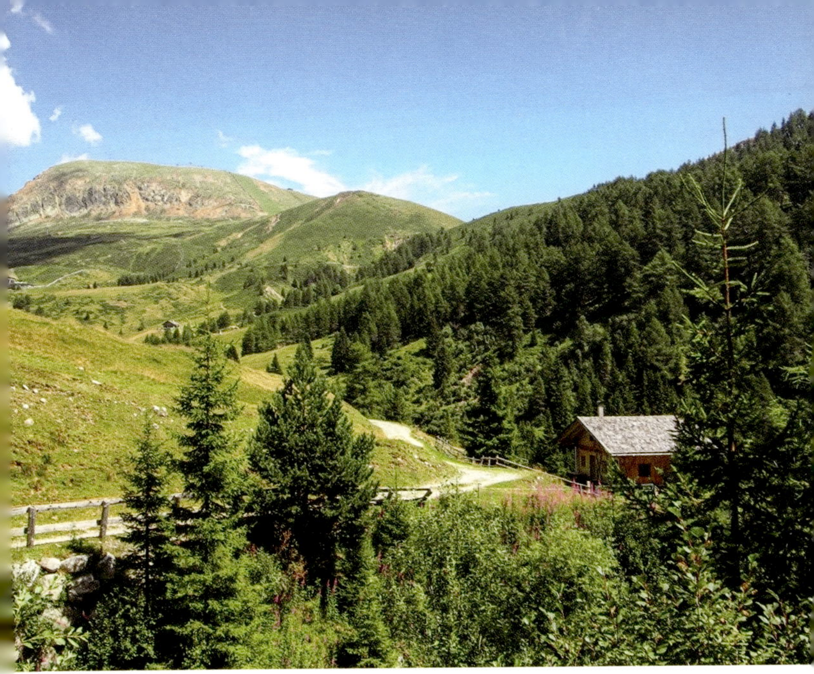

umgesattelt und die Almpacht übernommen, sein Händchen fürs Fleisch merkt man bei den Hauswürsten, dem Bockbraten (Bockenes) sowie beim Gulasch und Speck. Frau Heidi geht ihm zur Hand, sie bereitet die Knödel zu, backt die guten Kuchen, darunter die saftige Buchweizentorte, sowie täglich frische Roggenbrötchen.

Der Rundweg zur Alm beginnt am Parkplatz Falzeben (1609 m) oberhalb von Hafling. Am Rand der Wiesen – im Winter verläuft hier die Skipiste – führt der breite Wanderweg Nr. 14 bergauf, an der viel besuchten Zuegg-Hütte vorbei, wir gehen unter dem Gestänge der Schienenrodelbahn Alpin Bob und durch die Unterführung der Skipiste durch und gelangen zur Rotwandhütte. Nun beginnt der schöne Teil der Wanderung, es wird ruhiger, der nun ebene Almweg

DER KIRCHTAG IM AUGUST

Am zweiten Sonntag im August findet auf der Alm ein Kirchtag statt, beim Kreuz oberhalb des Hauses wird eine Feldmesse gelesen, anschließend wird kräftig gefeiert. Nicht immer ging es auf der Alm so friedlich zu, die Chronik weiß von jahrhundertelangen Grenzstreitigkeiten mit den Sarner Nachbarn von Öttenbach und Glern zu berichten.

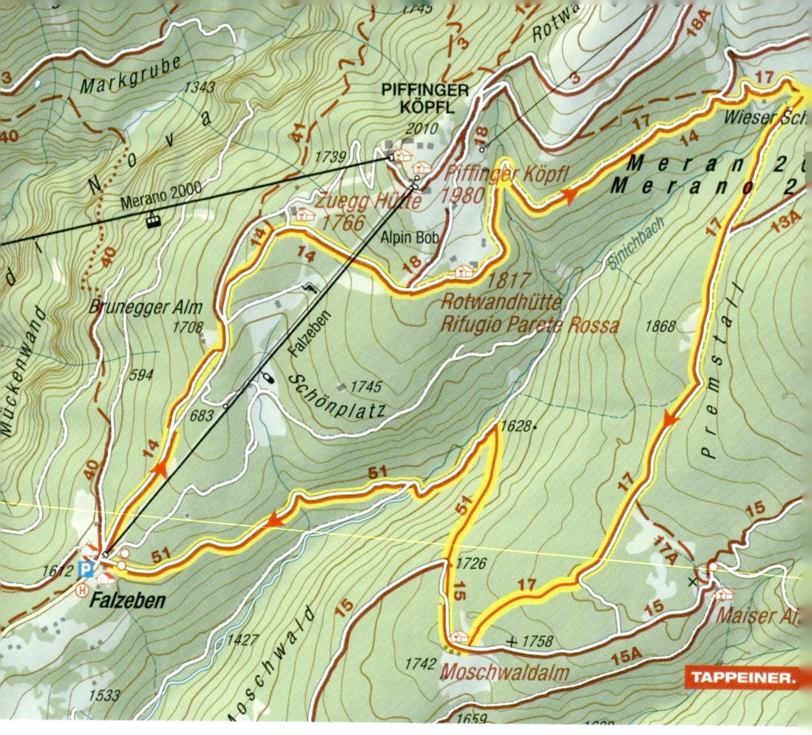

quert Wald und Wiesen. Wir genießen das tolle Panorama: im Westen die Mendel, die Ultner und Vinschgauer Berge, im Rücken die Pyramiden von Ifinger und Verdinser Plattenspitze und im Südwesten die Brentagruppe. Bei einer Wegteilung bleiben wir rechts und wandern nun der Nr. 17 entlang, queren bald nach dem „Wieser Schüpfl" den Bach und folgen der breiten Forstraße. Achtung, die linke Abzweigung des Steigleins 17A zur Maiser Alm nicht verpassen! Von der Alm (bis hierher zwei Stunden Gehzeit) bringt uns Weg Nr. 51 an der Moschwaldalm (Einkehrmöglichkeit) vorbei zum Parkplatz zurück.

Zur Alm 2 h; Rundweg 3 h Länge 9,5 km 340 Hm

INFOS IN KÜRZE

Maiser Alm
Fam. Gufler
Meran 2000,
Hafling
Tel. 338 1729112

Geöffnet von Ende Mai bis Anf. Nov. ohne Ruhetag, im Winter an Sonntagen.

Anfahrt von Meran in Richtung Schenna auf der LS98 nach Hafling Falzeben, 13 km. Gebührenpflichtiger Parkplatz an der Talstation der Gondelumlaufbahn. Bus Nr. 225 von Meran bis Falzeben

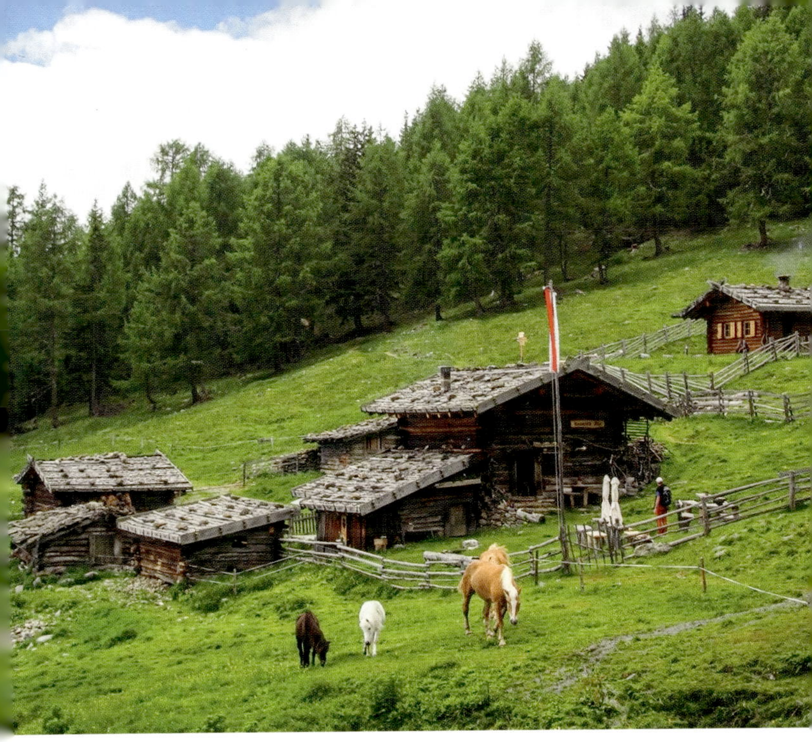

12 Kaserfeldalm, Ulten

Das Ultental ist – obwohl nur 30 km vom Tourismusmagneten Meran entfernt – eine Oase der Ruhe, in der sich noch viel der ursprünglichen Bergbauernwelt erhalten hat. Die schmucken Dörfer liegen größtenteils im Talboden und sind allesamt nach Heiligen benannt: St. Pankraz, St. Walburg, St. Nikolaus und St. Gertraud. Der Sage nach trieben nämlich derart viele Teufel ihr Unwesen im Tal, dass die Siedlungen himmlischer Schutzmächte bedurften. An der Baumgrenze finden sich noch viele im Sommer bewirtschaftete Almen, zu einer besonders schön gelegenen und ursprünglichen, der Kaserfeldalm auf der Sonnenseite zwischen St. Nikolaus und St. Gertraud, unternehmen wir eine einfache Wanderung.

Die Alm gehört etlichen Bauern aus der Gegend, seit über zehn Jahren wird sie von der Familie Gamper geführt. Mutter Heidi steht in der Küche, Tochter Laura, Pharmaziestudentin, hilft in den Ferien im Service aus. Ihr Bruder Alain, er bewirtschaftet im Winter den Heindlhof in der Nähe, kümmert sich während der Sommermonate um das Vieh auf der Weide, einige Pferde, um die 50 Rinder sowie etliche Schafe und Ziegen müssen beaufsichtigt werden. Zwei gut abgerichtete Hirtenhunde der Rasse Border Collie helfen ihm dabei. Das Schönste an der Alm ist sicher die einfache, ursprüngliche Atmosphäre, die Ruhe und die umliegende Landschaft.

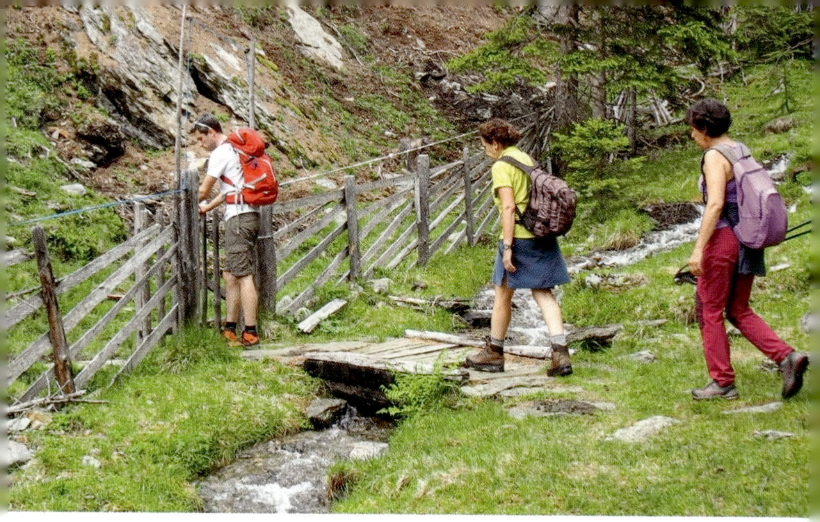

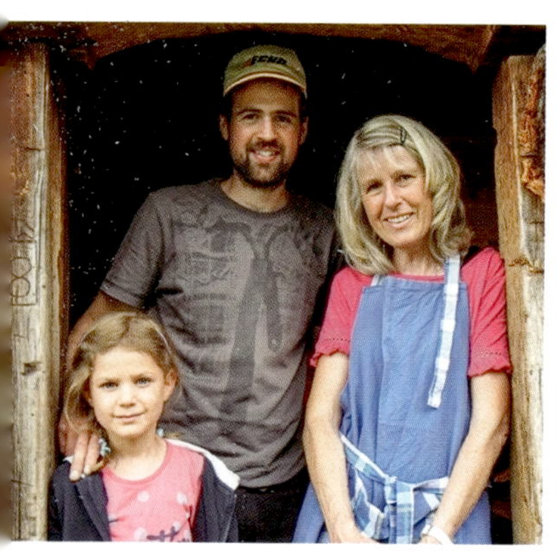

Die Speisekarte ist einfach und pfiffig, zu Speck, Käse und den (selbstgemachten) Kaminwurzen gesellen sich Kräuteromelettes oder das Bauernomelett mit Käse, Speck und Zwiebeln. Einer der hausgemachten Säfte mit Minze trägt den klingenden Namen Gletschereis, für Leckermäuler gibt es Strudel oder Kuchen.

Wir starten oberhalb von St. Nikolaus, beim Holzer-Hof, am Ende der asphaltierten Höfezufahrt. Schon weisen uns die Schilder „Kaserfeldalm" den Weg. Nach wenigen Minuten zweigt links vom Forstweg in einer Kehre ein Steig ab, der zügig durch Fichten- und später Lärchenwald bergauf geht. Nach einer knappen Stunde sind wir an einem Almboden angelangt, wo eine Gruppe von schindelgedeckten Hütten steht, die Kaserfeldalm. Rückweg über den Hinweg, oder als Alternative, etwas länger, aber weniger steil, über einen angenehmen Forstweg, der bald nach Süden schwenkt, ganz leicht bergauf geht, sich nach einer langen Hangquerung zum Holzerhof absenkt und uns zum Ausgangspunkt zurückbringt.

Hinweg 50 min 1,4 km 260 Hm

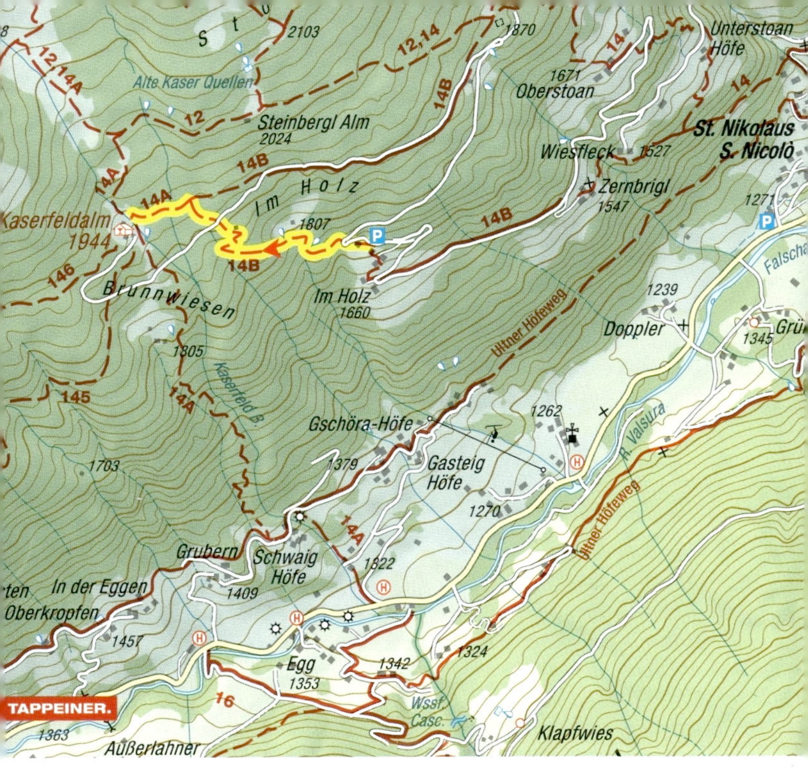

DIE ALMGEISTER VON DER ALTEN KASER

Vor Jahrhunderten lag die Alm auf einer etwas höher gelegenen Geländestufe, der Ort heißt heute noch „Alte Kaser". Dort sollen Geister ihr Unwesen getrieben haben, ein Arbeiten wurde unmöglich. Auch der herbeigerufene Dekan konnte die Geister nicht vertreiben, so groß war der Fluch, der auf der Alm lag. Schließlich gab der Dekan den Bauern den Rat, die Alm zu verlassen und sie auf einem neuen Platz zu erbauen, was auch geschah. Bei der Alten Kaser erinnern noch spärliche Mauerreste an den einstigen Standort.

INFOS IN KÜRZE

Kaserfeldalm
Fam. Gamper
St. Nikolaus, Ulten
Tel. 328 0490191

Geöffnet von Anf. Juni bis Mitte Okt.

Von St. Nikolaus-Ulten auf der Bergstraße Richtung St. Moritz bis zur 2. Linkskehre, hier abbiegen (Wegweiser „Untersteinhof") auf schmaler, asphaltierter Straße 3 km bis ans Ende fahren, einige Parkplätze.

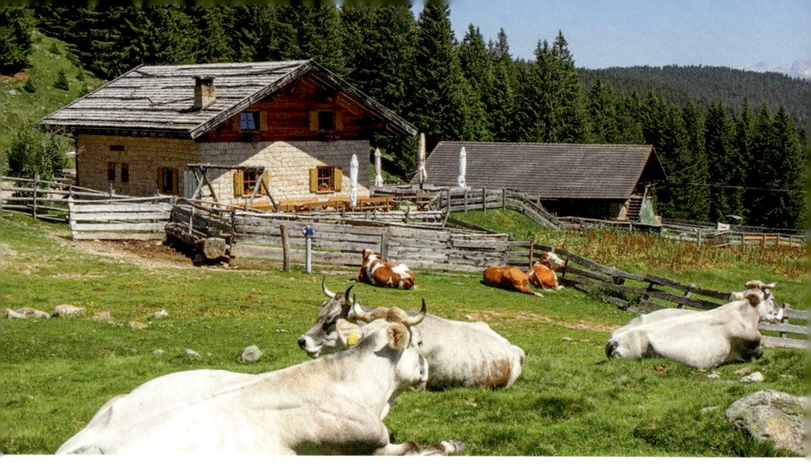

13 Möltner Kaser, Tschögglberg

Von der sagenumwobenen Bergkuppe der „Stoanernen Mandln" mit ihren aus Steinen geschichteten Säulen laufen Almen und Wälder nach Süden und Südwesten zu den Dörfern Flaas, Jenesien und Mölten aus. Die Hochfläche ist ein ideales Wandergebiet mit schönster Rundumsicht zu den Dolomiten im Osten und zu Texelgruppe, Ortlermassiv und Mendel im Westen. Am Südhang einer Bergkuppe, in einer sonnigen Mulde, liegt die Almwirtschaft Möltner Kaser, unser heutiges Wanderziel.

Die Alm, seit Jahrhunderten ein wichtiger Almplatz der Möltner Bauern, ist im Besitz der Gemeinde Mölten und wird von einer Interessentschaft verwaltet. Die Bauern treiben im Sommer Rinder, Rösser und Schafe auf. 1996 wurde die Kaser in der heutigen Form errichtet, seit vielen Jahren wird sie von der Familie Gruber-Reiterer geführt. Am Kreuzungspunkt vom Fernwanderweg E5 und einem Übergang vom Sarntal ins Etschtal gelegen, ist die Möltner Kaser eine beliebte Einkehr und lockt viele Einheimische und Feriengäste an, bei schönem Wetter ist hier einiges los!

Die Speisekarte ist einfach, die Gerichte werden frisch zubereitet, die Portionen sind groß. Auf der Sonnenterrasse vor dem Haus oder in der Gaststube schmecken das Wiener Schnitzel mit Röstkartoffeln, der Schöpserne Braten mit Knödeln, Gulasch mit Reis, gelegentlich Kitz oder Wild, die Omeletten, der mächtige Kuchen oder der Apfelstrudel! Beliebt ist der Tschögglbergteller, dreierlei Knödel mit Salat. Das Fleisch kommt zu einem guten Teil vom eigenen Bauernhof, dem Kröllhof in Verschneid. Man gibt sich international, die Speisekarte ist auch in Englisch!

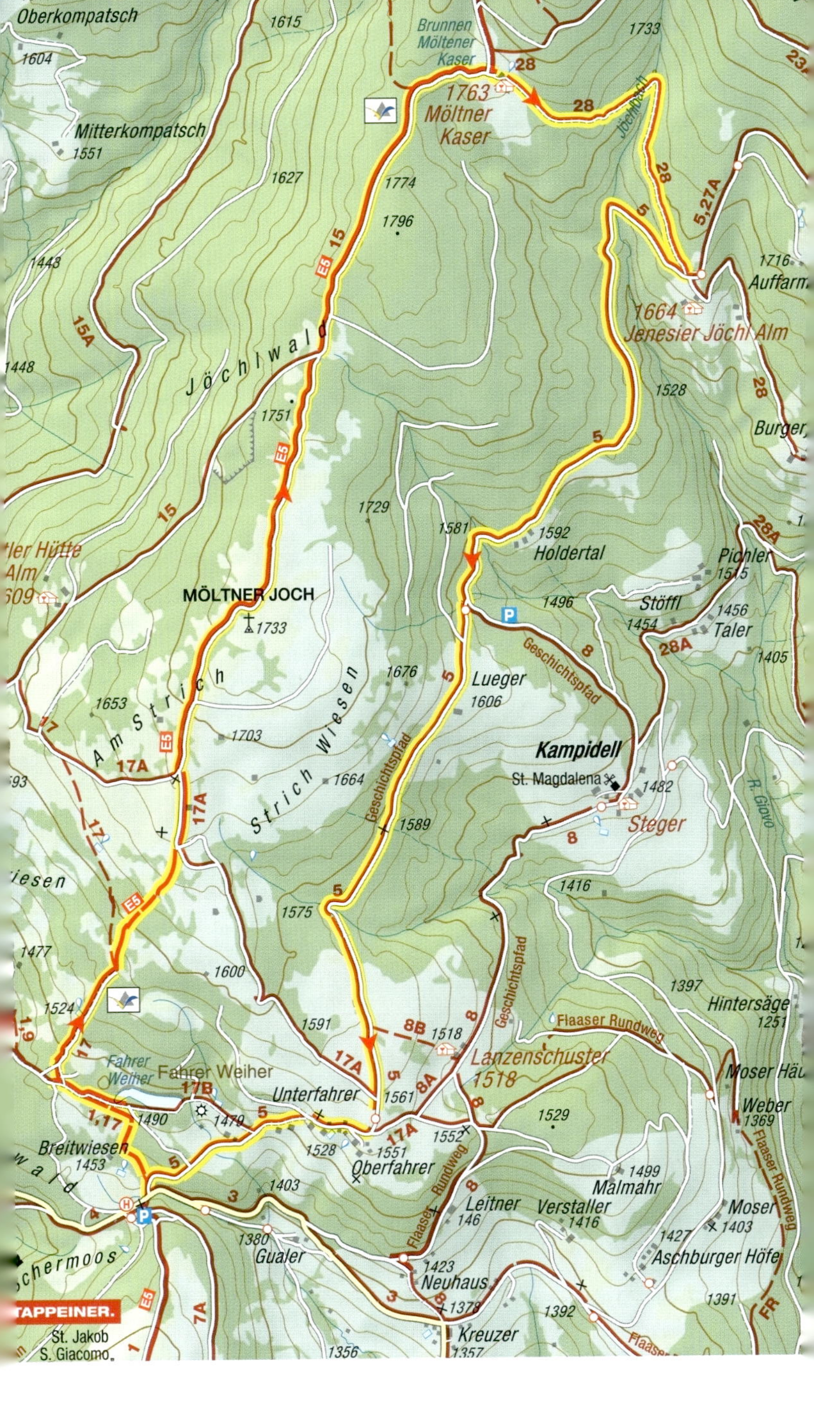

Oberkompatsch
Mitterkompatsch
Brunnen Möltener Kaser
1763 Möltner Kaser
Jöchlwald
MÖLTNER JOCH
Am Strich
Strich Wiesen
1664 Jenesier Jöchl Alm
Auffarn
Burger
Holdertal
Pichler
Stöffl
Taler
Lueger
Geschichtspfad
Kampidell
St. Magdalena
Steger
Hintersäge
Flaaser Rundweg
Lanzenschuster 1518
Moser Häu
Weber
Fahrer Weiher
Unterfahrer
Oberfahrer
Breitwiesen
Malmahr
Leitner
Verstaller
Moser
Aschburger Höfe
Gualer
Neuhaus
Kreuzer
St. Jakob
S. Giacomo
TAPPEINER.

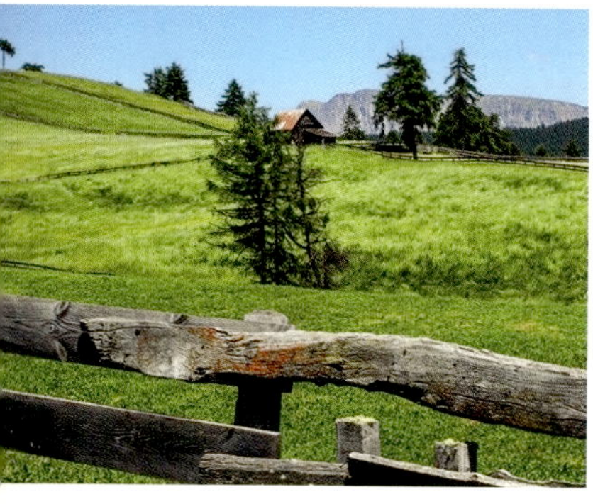

Wir starten am Parkplatz von Schermoos und gehen auf dem gut ausgeschilderten Weg E5 nordwärts zum Möltner Joch mit einem Wetterkreuz. Fast eben geht es nun weiter durch schütteren Wald bis zur Almwirtschaft Möltner Kaser, die sich bis zuletzt in einer Mulde versteckt (1 h 40 min). Wer Lust auf ein Gipfelerlebnis hat, geht von hier in einer knappen Stunde zum Plateau der Stoanernen Mandln mit Gipfelkreuz und überwältigender Rundumsicht. Der Rückweg von der Möltner Kaser geht auf einem neu trassierten Waldsteig ostwärts zum Jenesier Jöchl (gute Einkehr) und von dort auf breitem Weg (Nr. 5) südwärts, bei einer Wegteilung bleiben wir rechts und folgen den Schildern „Lanzenschuster" und gehen an den Fahrerhöfen vorüber zum Parkplatz von Schermoos zurück.

3½ h 11,2 km 389 Höhenmeter

DER HL. ULRICH IN MÖLTEN

Der 4. Juli, der Ulrichstag, ist für die Gegend um die Möltner Kaser von besonderer Bedeutung, das Bistum Augsburg – dessen Patron der hl. Ulrich ist – hatte hier im Mittelalter ausgedehnte Besitzungen. Am 1. Sonntag im Juli findet mit Beteiligung der Bauern eine Almsegnung statt, die Festcharakter hat: Bei der Sattler-Hütte ist die erste Station mit dem Segen, beim Wetterkreuz gibt es Halbmittag, bei der Möltner Kaser dann eine Feldmesse, Mittagessen und Festausklang.

INFOS IN KÜRZE

Möltner Kaser
Fam. Gruber
Tel. 349 1243720
(Elisabeth)
349 1290780 (Gerhard)
www.moeltner-kaser.com

Geöffnet Ende Apr. bis Anf. Nov. täglich, im Winter an den Wochenenden und über die Weihnachtsfeiertage.

Anfahrt zum Parkplatz Schermoos: Von Bozen über Jenesien nach Flaas und weiter Richtung Mölten bis zum Sattel und dem Parkplatz Schermoos, 9 km. Oder von Terlan nach Mölten und weiter Richtung Jenesien bis zum Sattel und dem Parkplatz Schermoos, ab Mölten 3,5 km.

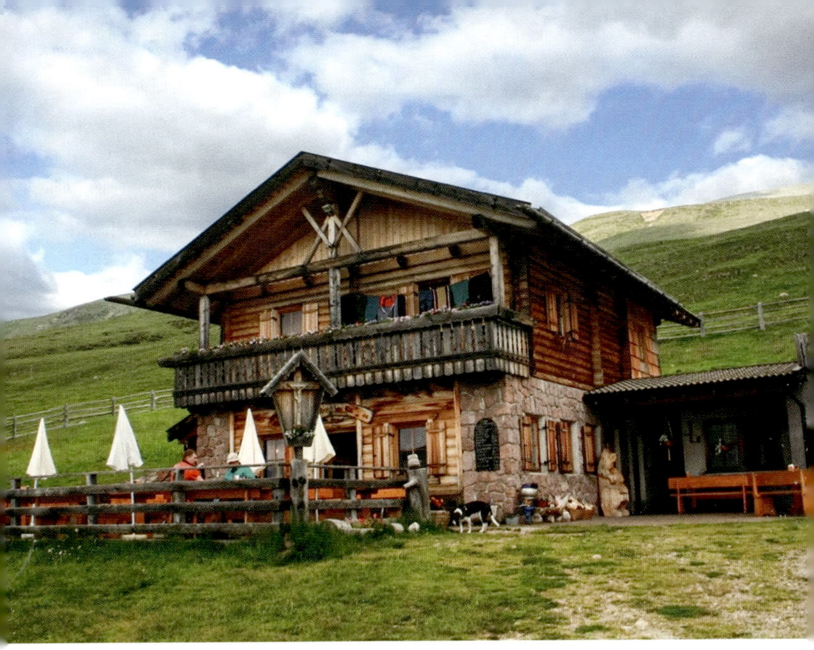

14 Öttenbacher Alm, Sarntal

Im Nordwesten von Sarnthein liegt der sonnige, einsame und überaus aussichtsreiche Öttenbacher Berg (2144 m, in den Karten auch als „Sam" eingezeichnet) mit seinen ausgedehnten Almen, es ist das größte Weidegebiet des Sarntals. Wir befinden uns in den Sarntaler Alpen, zu Füßen der Gipfel von Ifinger und Hirzer, die in die Buckel des Mittagers (2422 m) und des etwas niedrigeren Öttenbacher Bergs auslaufen. Hier liegt aussichtsreich und frei die gemütliche Neue Öttenbacher Alm.

Die Öttenbacher Alm, im Gemeinschaftsbesitz der Bauern von Glern und Öttenbach, wurde 2006 an der Stelle einer alten Almhütte neu und größer gebaut, sie wird von Elisabeth und Franz Gross bewirtschaftet. Den Gästen steht neben der großen Terrasse vor dem Haus auch eine gemütliche Gaststube zur Verfügung. Franz ist der Hirte und kümmert sich um fast 1000 Stück Vieh, darunter 70 Pferde, 100 Ziegen und 500 Schafe. Der Rest sind Rinder, u. a. auch genügsame, zottige Schottische Hochlandrinder mit den langen, spitzen Hörnern.

Elisabeth ist die Küchenchefin. Es gibt einfache, aber schmackhafte Kost wie Suppen, neben verschiedenen Knödeln, Eierspeisen, Schaf-, Kitz- und Bocksbraten auch Sarner Nocken, eine lokale

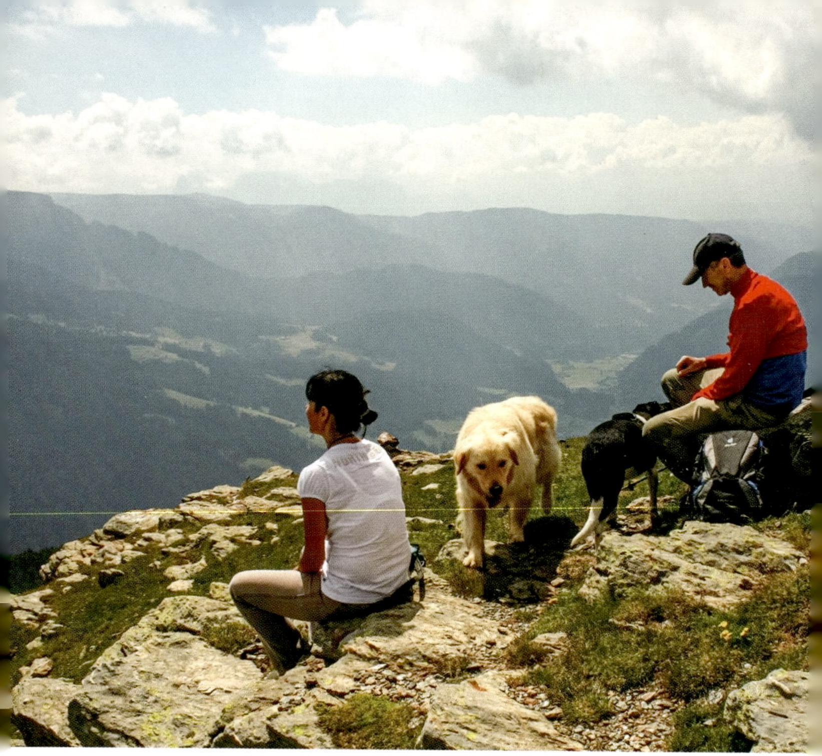

Variante der Speckknödel, mit Mehl anstelle von Knödelbrot. Weiters Jausen mit Speck, Wurst, Almbutter und Frischkäse; beachtlich ist die Auswahl an Kuchen und Torten.

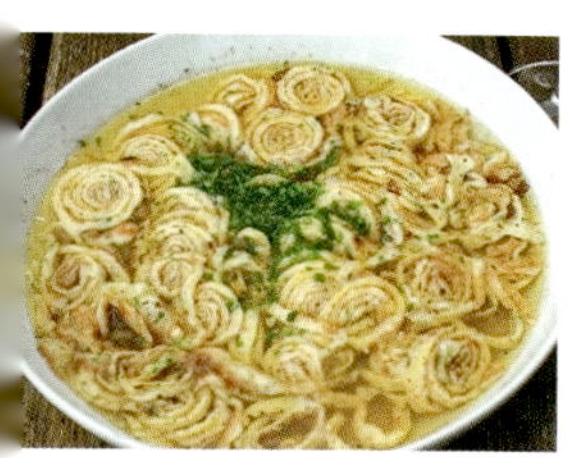

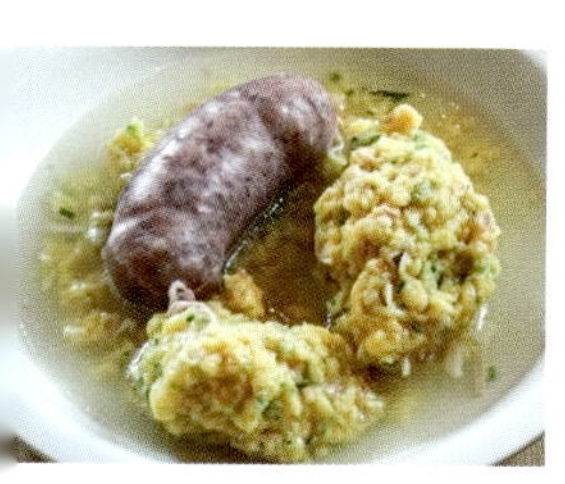

Vom Obermarcher (1638 m), dem letzten Hof der Streusiedlung von Öttenbach, die sich am sonnigen Hang oberhalb von Sarnthein bis fast zur Baumgrenze hinzieht, gehen wir auf einer breiten Forststraße mäßig steigend bergauf, biegen rechts auf den steilen, steinigen Steig (Nr. 10A) ab, der die Zufahrtsstraße zur Alm abkürzt, gehen über den Waldgürtel und erreichen nach einer knappen Gehstunde die Öttenbacher Alm. Nach einer kurzen Rast gehen wir links bzw. westlich an der Alm vorbei (Markierung 10A) und erreichen bald den Sattel vom Sambacher Schartl (2045 m). Hier biegt der Steig (Nr. 10B) nach Osten ab und geht über den grasigen Kamm zum flachen Gipfelplateau des Sam (bis hierher ab Parkplatz 1 h 50 min). Auf dem Öttenbacher Berg ragt ein hohes hölzernes

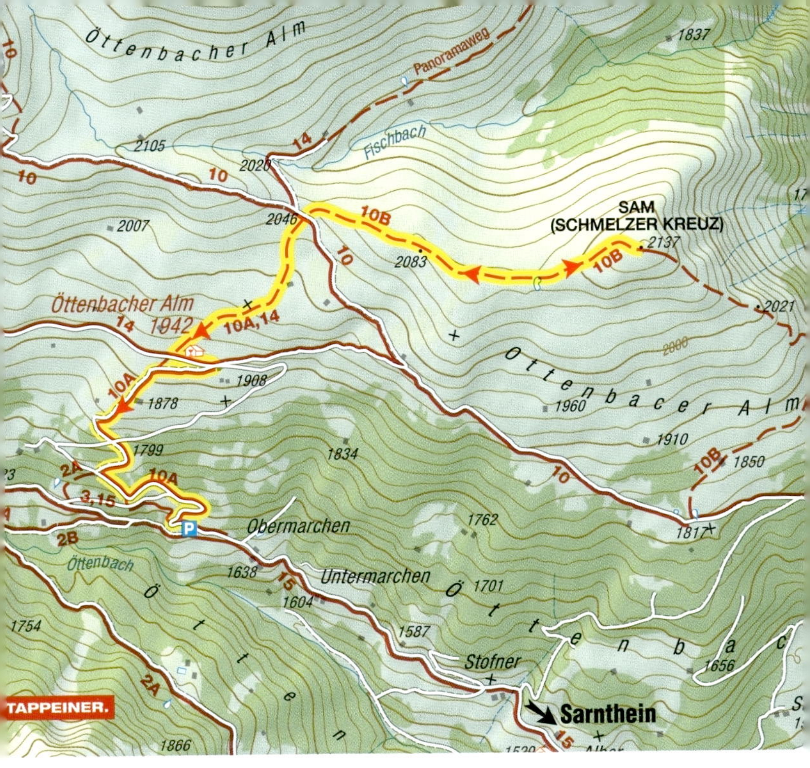

Kreuz (das Schmelzer Kreuz) in den Himmel, ein behauener Stamm dient als Sitzbank. Die Aussicht ist großartig und geht vom Villanderer Berg, der Sarner Scharte und den Dolomiten nach Norden ins Penser Tal, dann zu den Dörfern Sarnthein und Astfeld sowie auf das gegenüberliegende Skigebiet von Reinswald. Am Rückweg machen wir noch ausgiebig auf der Öttenbacher Alm Rast, um anschließend auf dem Aufstiegsweg zum Parkplatz zurückzukehren.

Hinweg zur Alm 50 min 1,4 km 240 Hm
Aufstieg zum Sam zusätzlich 50 min 2,2 km 220 Hm

INFOS IN KÜRZE

Öttenbacher Alm
Fam. Gross
Tel. 338 3881008

Von Mai bis Ende Okt., im Winter über die Weihnachtsferien und an den Wochenenden geöffnet.

Im Norden von Sarnthein von der Staatsstraße in die Handwerkerzone abbiegen und auf der geteerten Höfezufahrt 8 km zum Obermarcher Hof und zum großen Parkplatz oberhalb des Hofes.

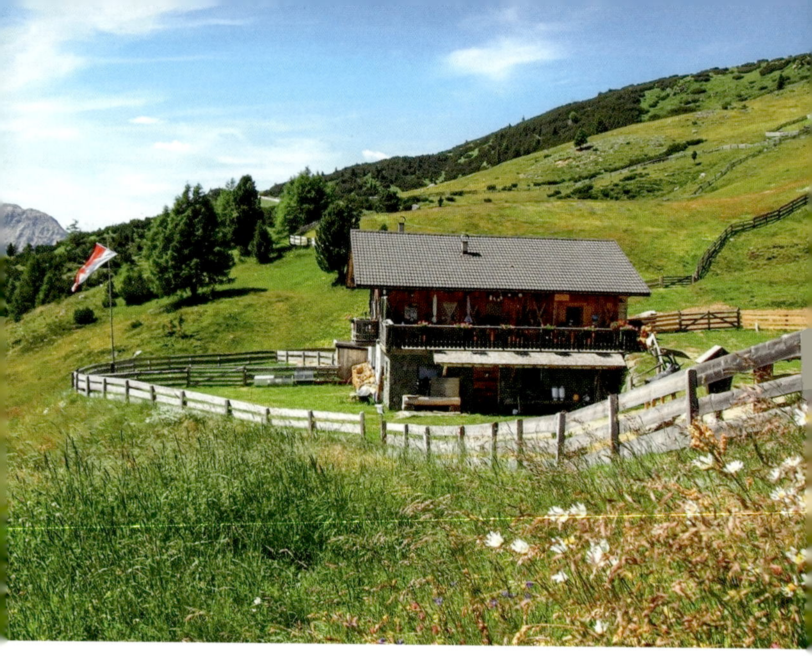

15 Chrust-Gepatsch-Alm, Sarntal

Von Bozen aus zieht sich das Sarntal, eine noch weitgehend unberührte Landschaft, zum Penser Joch hin. Kurz nach dem Hauptort Sarnthein biegt rechts gegen Nordosten ein Seitenarm ab, das Durnholzer Tal, eine gute Straße bringt uns zum Dörfchen Reinswald. Dort, am großen Parkplatz an der Talstation der Gondelbahn, auf 1573 m, beginnt unsere einfache Rundtour über die sonnigen, nach Südwesten ausgerichteten Hänge mit dem Einkehrziel bei der Chrust-Gepatsch-Alm. Im Winter tummeln sich in der Nähe die Skifahrer, aber im Sommer gehören Wiesen und Wälder den Wanderern.

Es ist eine echte, zum größten Teil in Holz gebaute Almhütte auf 1950 m, knapp an der Baumgrenze. Sie gehört zum Chrust-Hof in Reinswald und liegt weitab vom Lift-, Seilbahn- und Skibetrieb inmitten ausgedehnter Almwiesen. Der Doppelname kommt vom Chrust-Hof in Reinswald, vor langer Zeit soll ein Christian (im Volksmund Chrust) den Hof gegründet haben, Gepatsch hingegen ist der Flurname. Von der Terrasse geht der Blick zum Villanderer Berg, zur Sarner Scharte und dem Rittner Horn, im Südwesten glänzen in weiter Ferne die Gletscher von Adamello und Presanella. Zum Haus gehören ein getäfeltes Stübchen, Kinderspielplatz und Liegewiese. Um die Hütte weiden Kühe und Ziegen. Die Kuhmilch wird zum Teil

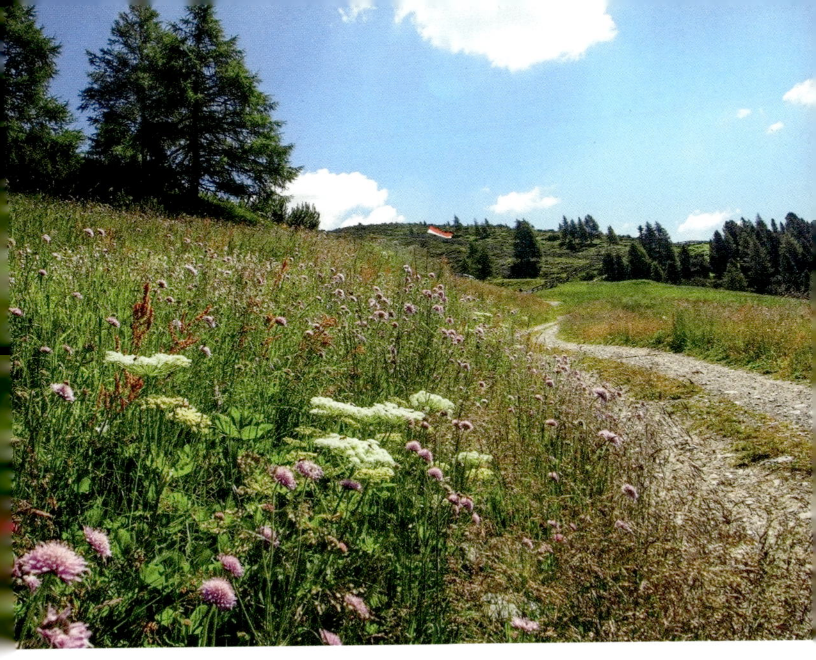

zu Joghurt und Butter verarbeitet, aus der Ziegenmilch stellt ein Bauer im Dorf Käse her, der auf der Alm aufgetischt und auch verkauft wird.

Wally (Waltraud) Blasinger sorgt für einfache, herzhafte Hüttenkost, Manuela und Judith, zwei ihrer fünf Töchter, unterstützen sie im Service. Eine Spezialität sind die Sarner Striezel, mit feingeschnittenem Speck gefüllte, gebackene Roggenteigtaschen. An Sonn- und Feiertagen kommt immer paniertes, gebackenes Kitz aus eigener Aufzucht auf den Tisch. Die Kellerei Bozen liefert den roten St. Magdalener und den Weißburgunder, Holunder- und Minzensirup sind hausgemacht.

Vom Parkplatz bei der Umlaufbahn gehen wir hinter dem Restaurant „Bärenstub" bergauf. Die Markierung 7 bringt uns auf einem breiten Feldweg durch lärchenbestandene Weiden stetig höher, bei einem großen Wegkreuz gehen wir links, jetzt wieder kurz auf Asphalt, an der Sunnalm vorbei. Der Almenzufahrtsweg zieht sich über Wiesen stetig bergauf, jetzt mit 11A markiert. Nach der Hofmannwies mit im Sommer bewohntem Gehöft folgen wir dem Schild Chrust-Gepatsch, eine Fahne zeigt uns bereits unser Ziel an. Nach der Einkehr bei der Alm steigt der mit 11A markierte breite Weg auf den

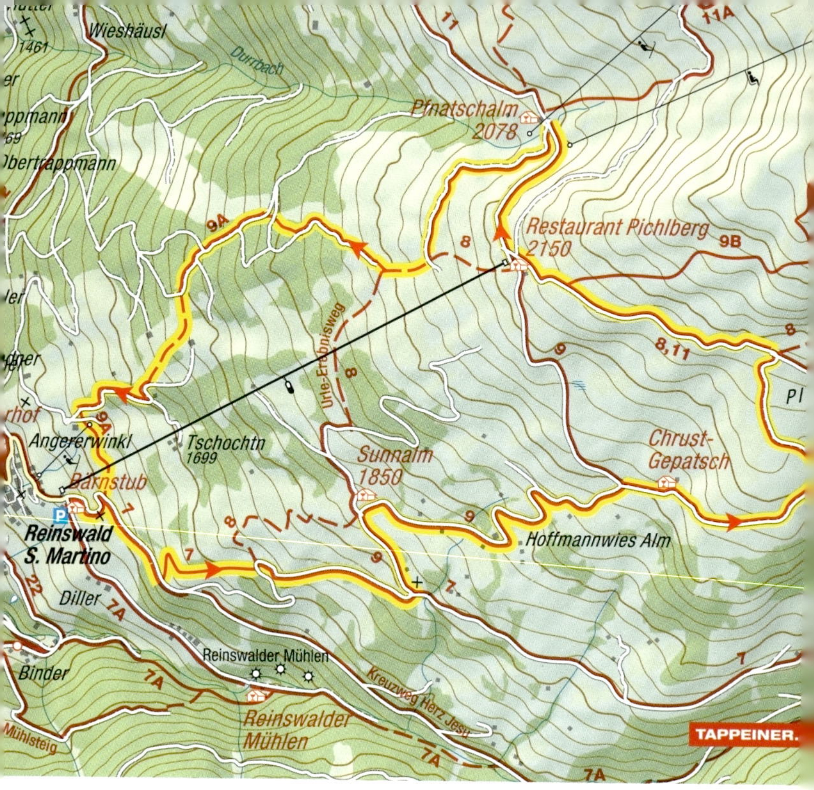

Höhenweg (Nr. 11) auf, der von der Getrumalm kommend zur modern gestylten Pichlberg-Hütte an der Bergstation der Gondelbahn führt und den wir nun beschreiten. Dort folgen wir den Schildern zur nahen Pfnatschalm, einem Berggasthaus mit großer Terrasse. Ein Teil des nun folgenden Weges ist ein Abschnitt des Erlebnisweges „Urlesteig". Wir folgen den Schildern „Reinswald" auf einem schönen Wald- und Wiesensteig bergab, bald ist der Ausgangspunkt unserer Wanderung in Sicht und wir sind am Parkplatz angelangt.
3 h 20 min   9,3 km   610 Hm

INFOS IN KÜRZE

Chrust-Gepatsch-Alm
Fam. Blasinger
Sarnthein, Reinswald
Tel. 339 4501275

Geöffnet von Anf. Juni bis Anf. Okt.

Auf der Sarntaler Straße bis Astfeld fahren, rechts ins Durnholzer Tal abbiegen und den Schildern nach Reinswald folgen. Gebührenfreier Parkplatz an der Talstation der Gondelumlaufbahn.

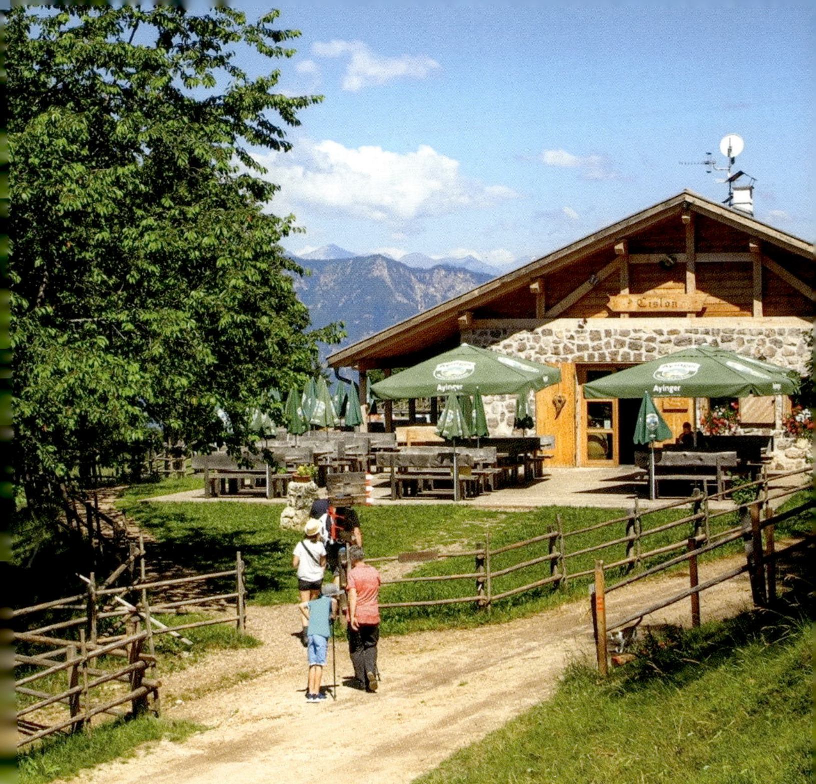

16 Cislonalm, Truden

Der bewaldete Gebirgsrücken des Cislonberges im Südtiroler Unterland ist Teil des Naturparks Trudner Horn. Auf einer vorgeschobenen Terrasse am Südabhang liegt inmitten weiter Wiesen auf 1254 m die Cislonalm, in Gemeindebesitz und von Trudner Bauern genutzt. Wegen der leichten Erreichbarkeit und der prächtigen Lage ist die Alm ein beliebtes Ausflugsziel.

Im Jahr 2016 wurde die alte Alm durch ein neues, gefälliges Haus ersetzt, das nun von der Familie Ventura geführt wird. Rudi, mit Kochausbildung und jahrelanger Berufserfahrung, hat sich in dieses neue Abenteuer gestürzt, unterstützt wird er von seiner Frau Maria-Pia und den Kindern, die im Sommer tatkräftig mithelfen.

Aus der Küche kommt traditionelle Hausmannskost mit etwas italienischem Einschlag, zu den Standardgerichten zählt die Polenta mit verschiedenen Beilagen wie Käse, Pilze oder Gulasch. Die

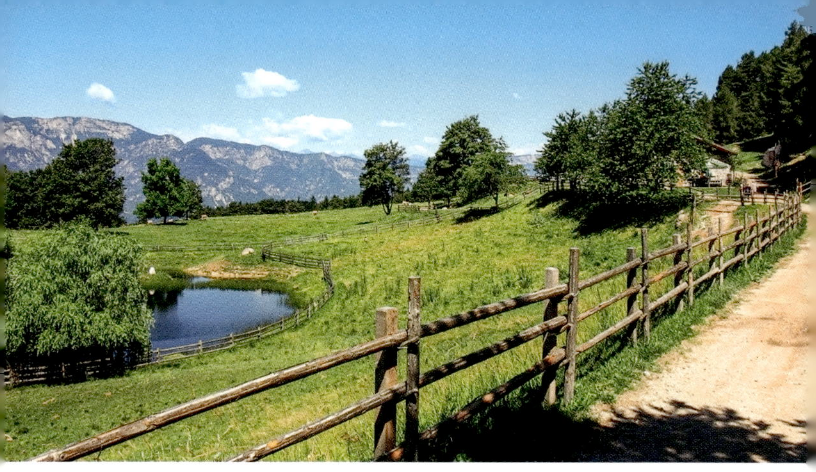

Jugend liebt auch die Hamburger, ein Renner sind die süßen gebackenen Strauben. Ein Sohn der Venturas ist gelernter Konditor und für die guten Nachspeisen zuständig, so gibt es Käsesahnetorte, Joghurtkuchen oder Rouladen. Die offenen Schankweine und die Flaschenweine liefert die Kellereigenossenschaft Kurtatsch.

Von Truden, ab dem Parkplatz, führt ein Forstweg zur Alm. Parallel dazu verläuft der schmale, schattige Waldsteig (Nr. 1). Am Beginn ein leichter Anstieg, dann eben.
Hinweg 1 h 2,7 km 160 Hm

Um den Cislon
Der schönste Weg zur Alm ist die Rundwanderung um den Cislon, gegen den Uhrzeigersinn. Wir starten am nördlichen Dorfrand, beim Parkplatz mit den Hinweisschildern zum Naturparkhaus. Es geht

„LERGET" – VOM LÄRCHENHARZ

Der aufmerksame Beobachter wird in den Wäldern des Cislon an manchen dicken Lärchenstämmen ein mit einem Holzstöpsel verschlossenes Bohrloch entdecken. Das sich darin bildende Harz, das „Lerget", wird regelmäßig vom „Lergetbohrer" oder „Pecher" gesammelt und zu Lärchenterpentin verarbeitet, einst unverzichtbarer Bestandteil von Lacken und Klebstoffen. Heute wird es noch vereinzelt in Kosmetik und Naturmedizin verwendet. Im Naturparkhaus Trudner Horn im Dorfzentrum von Truden erfährt man Wissenswertes über die Besonderheiten der Gegend, so auch übers „Lergetbohren". Geöffnet von Ostern bis Ende Okt., Di. bis Sa. von 9.30 bis 12.30 und von 14.30 bis 18 Uhr. Juli bis Sept. auch So. Eintritt frei! Info: Tel. 0471 869247, www.provinz.bz.it/natur/vr/truden

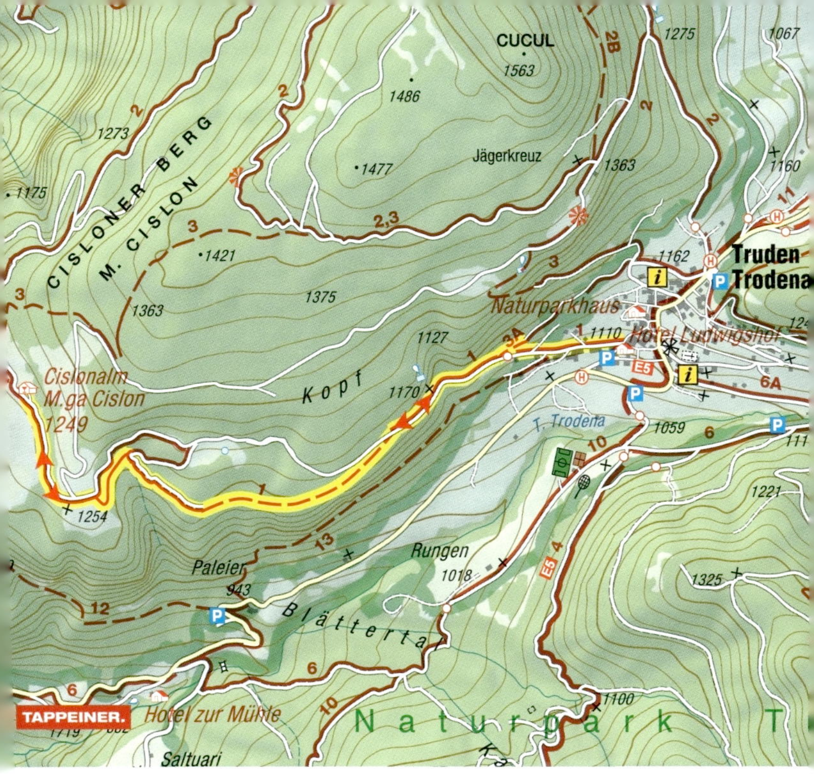

zuerst durch heckenreiche Wiesen (Weg Nr. 2), dann kurz aber kräftig aufwärts (Nr. 2A) zur Hochwand. Nun gehen wir eben auf schmalem Steig durch alpines Gelände, mit atemberaubenden Tiefblicken und toller Fernsicht. Den letzten Abschnitt zur Alm (ab Truden 2 Stunden) erwandern wir auf ebenen, breiten Waldwegen. Von der Alm zurück nach Truden verläuft kurz nach der Alm der Waldweg Nr. 1 parallel zur breiten Zufahrtsstraße.

3 h · 8 km · 310 Hm

INFOS IN KÜRZE

Cislonalm
Fam. Ventura
Tel. 0471 1889832, 349 7330205 bzw. 340 7698336

Ganzjährig geöffnet, Mi. Ruhetag außer von Mitte Juli bis Mitte Sept.

Ab dem Kreisverkehr bei der Autobahnausfahrt Auer in Richtung Cavalese, über die SS48 17,6 km bis Truden. Start Weg Nr. 1: Parkplatz am südlichen Dorfrand, in der Straße Am alten Landweg, auf der Rückseite des Hotels Ludwigshof. Start Weg Nr. 2: Am oberen Dorfrand Parkplatz und Hinweistafel.

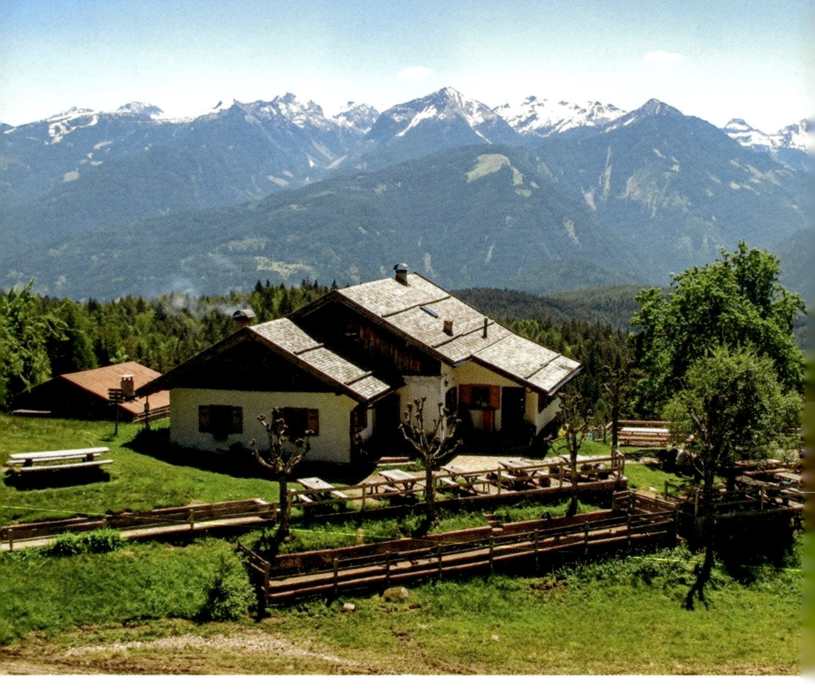

17 Krabesalm, Altrei

Die Wiesen und Wälder auf der sanft gewellten Hochfläche von Altrei charakterisieren das Südtiroler Grenzgebiet zum Trentino, ganz im Südosten des Landes. Dieser Landstrich kann mit keinen hoch aufragenden und markanten Gipfeln aufwarten, sein eigener Reiz liegt in der natürlichen Abgeschiedenheit und der unverbrauchten Naturlandschaft. Im Herzen dieses Gebietes liegt die Krabesalm auf 1540 m.

Die Alm ist Teil des Mühlhofes in Altrei. Bereits ab den 1960er-Jahren wird sie als Ausflugsgasthaus bewirtschaftet, dank der traumhaften Lage inmitten weiter Wiesen und der vielen Wandermöglichkeiten ist sie ein beliebtes Ausflugsziel. Zur Freude der Kinder gibt es nicht nur eine riesige Spielwiese, vor dem Haus grasen auch ein Esel, etliche Ziegen und Schafe. In der Küche ist mittlerweile der Sohn, Alexander Giovanelli, Chef, an Feiertagen helfen weitere Verwandte mit.

Die Speisekarte verspricht typische bäuerliche Kost mit leichtem Trentiner Einschlag wie Polenta mit Lucanica (Schweinswurst) oder mit Käse, dazu Pilzgerichte. Üppig das belegte Brot nach Art des

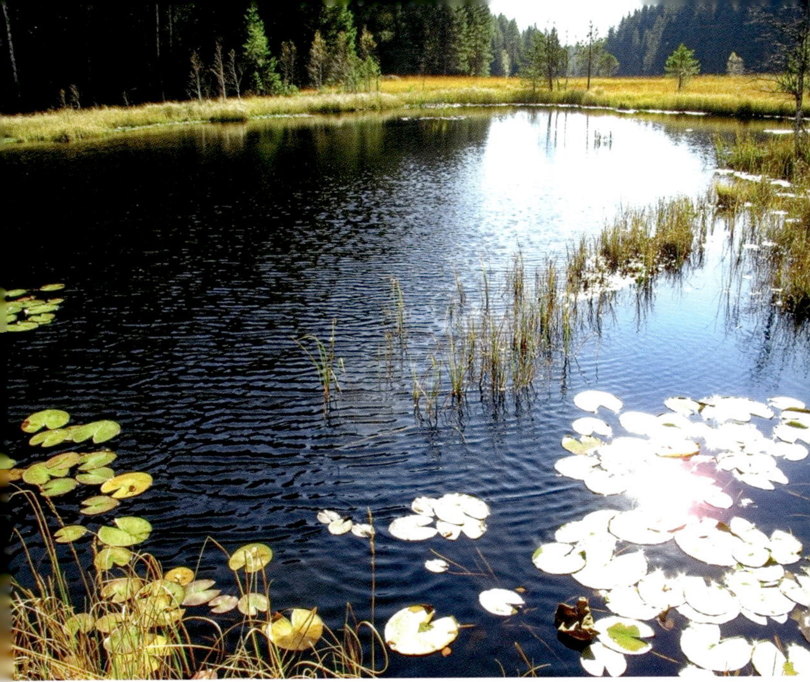

Hauses, mit Speck, Käse, Salat, Tomaten und Mayonnaise. Sonntags und in der Hochsaison gibt's Spanferkel vom Grill, als Beilagen neben den Bratkartoffeln auch Sauerkraut und Paprikagemüse. Eine Spezialität, aber nicht unbedingt jedermanns Sache, ist der Altreier Kaffee, ein Kaffeeersatz. Als Desserts sind Waldfrüchte mit Joghurt oder Sahne, Buchweizen- und Karottenkuchen, Linzertorte und Apfelstrudel im Angebot. Eine kleine Auswahl an Südtiroler Flaschenweinen erfreut den Weinkenner.

DER ALTREIER KAFFEE

Auf den Äckern um Altrei wächst eine blau blühende Pflanze mit erbsenähnlichen behaarten Schoten: Es ist eine Lupinenart, botanisch *Lupinus pilosus Murr.* Die Samen können geröstet, gemahlen und als Kaffeeersatz verwendet werden. Im Rahmen eines EU-Projektes wird diese beinahe vergessene Pflanze wieder angebaut. In Zeiten, wo natürliche Produkte hoch im Kurs sind, räumen Fachleute diesem Kaffeeersatz gute Marktchancen ein. In etlichen Altreier Gaststätten, so auch auf der Krabesalm, wird er auf Anfrage serviert. Mehr auf der Webseite der Gemeinde Altrei, www.gemeinde.altrei.bz.it, Menüpunkt: Altreier Kaffee

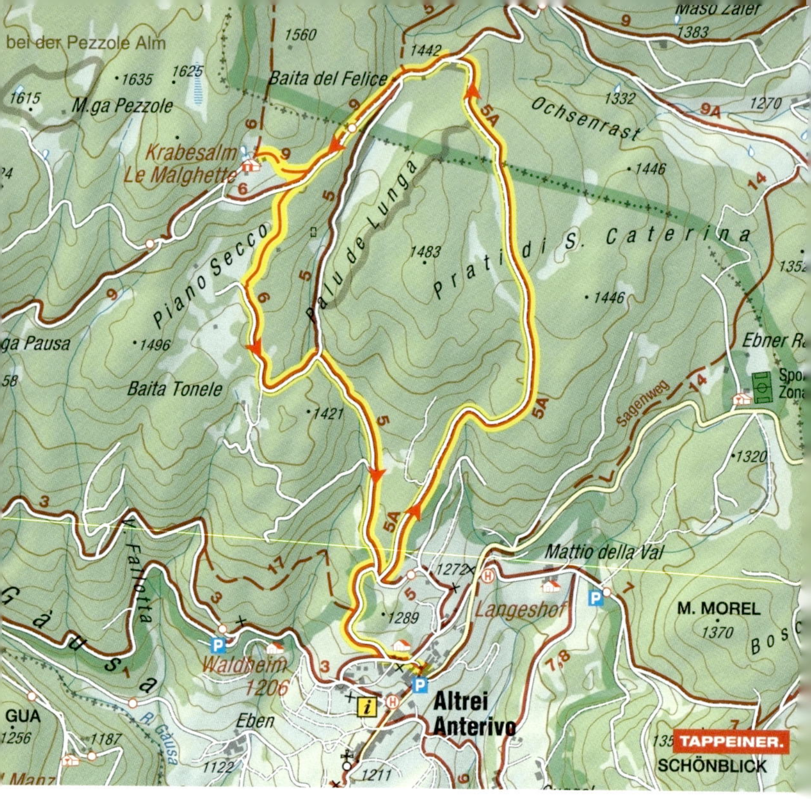

Unser Ausgangspunkt ist am Dorfeingang von Altrei, wo Weg Nr. 5 startet (wird später zu 5A; Hinweisschild „Krabesalm"), ein abwechslungsreicher Steig durch Fichtenwald und Lärchenwiesen. Wir stoßen auf den Weg Nr. 9, der am Biotop Langmoos, einem höchst interessanten Feuchtgebiet und ehemaligen Torfstich, entlangführt. Noch ein kurzer Anstieg und wir sind bei den Wiesen und der Alm angelangt. Der Rückweg geht über den Weg Nr. 6, der in den Weg Nr. 5, einen breiten Feldweg, mündet. Dieser bringt uns nach Altrei zurück.

Rundweg 2 h 10 min 6,2 km 320 Hm

INFOS IN KÜRZE

Krabesalm
Walter Giovanelli
Altrei
Tel. 336 873043

Von 1. Mai bis 2. Nov. geöffnet, Di. Ruhetag (außer Juli und Aug.).

Von der Fleimstaler Straße am San-Lugano-Sattel nach Altrei.

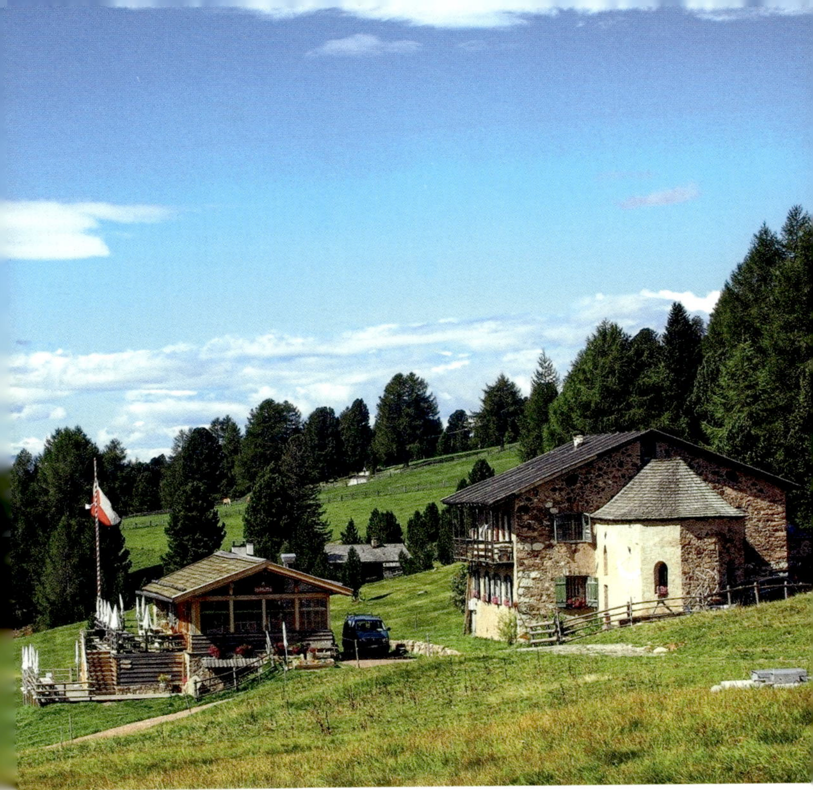

18 **Isihütte, Jochgrimm**

Zwischen Schwarz- und Weißhorn, am Rande des Weltnaturerbes Bletterbach, breiten sich weite sonnige Almwiesen und Wälder aus. An einem alten Übergang von Radein nach Jochgrimm wurde das ehemalige Berggasthaus „Kalditscher Wirt" nach einem langen Dornröschenschlaf als Isihütte zu neuem Leben erweckt.

Das Besondere an dieser Hütte ist neben der traumhaften Lage die kompromisslose Einstellung der sympathischen Wirtsfamilie zur guten Küche und zur Harmonie in der architektonischen Gestaltung. Letztere trägt die Handschrift des Architekten Zeno Bampi. Isi, das steht für Isolde Daldoss, die im elterlichen Betrieb, einem traditionsreichen Gasthof mit Heubad am Jochgrimm, aufgewachsen ist.

Die Speisen werden bei jeder Bestellung frisch zubereitet, das Mehl wird selbst gemahlen, vieles stammt aus biologischem Anbau, zum Teil vom eigenen Bauernhof. Auf der kleinen Speisekarte findet

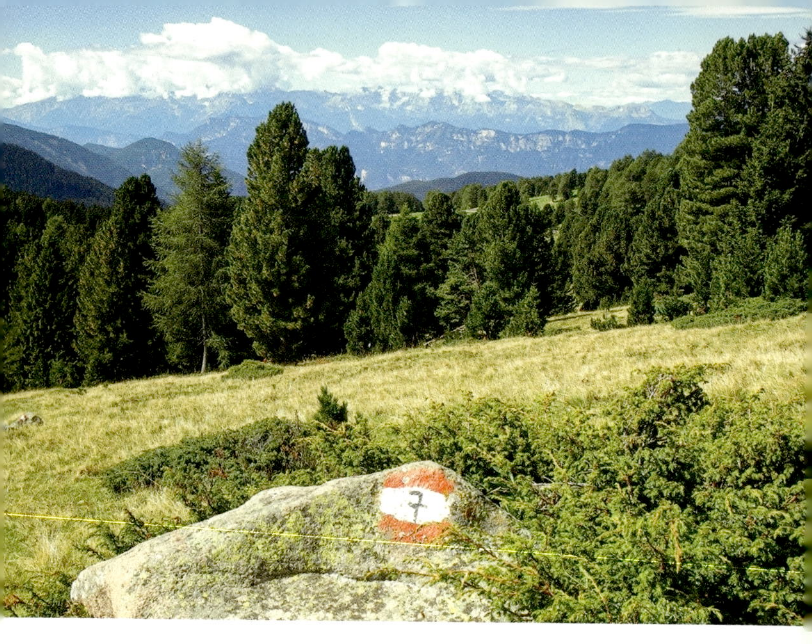

sich so Einfaches wie Gerstensuppe, in den Hüttenburger kommt das eigene Bio-Rindfleisch, Ketchup und Dips sind selbstgemacht. Weiters gibt es ein Knödeltris mit Zirmbutter und Bergkäse, Kräuterpolenta mit Käse, einer der Renner ist der knackige Krautsalat mit geröstetem, knusprigem Speck. In den täglich frisch gebackenen Apfelstrudel kommt Vollkornmehl. Bio-Qualität setzt sich bei den Weinen fort, wo Spitzentropfen auch glasweise angeboten werden und auf der weiten Holzterrasse oder in der urigen Stube genossen werden.

WEISSHORN UND BLETTERBACHSCHLUCHT

Nahe dem Jochgrimm ragt das Weißhorn, ein einsamer Dolomitengipfel abseits der Hauptgruppe, wie eine Laune der Natur steil empor. Auf seiner Westseite hat sich durch die Erosion eines Gebirgsbaches eine gewaltige Felsenschlucht gebildet – die Bletterbachschlucht. Wie in einem offenen Buch sind hier mehrere Kapitel der Erdgeschichte „nachzulesen", die einzelnen Gesteinsschichten, die sich in Jahrmillionen gebildet haben, sind klar sichtbar. Aufgrund ihrer Einzigartigkeit und wissenschaftlichen Bedeutung sind die Bletterbachschlucht und das Weißhorn in die Welterbe-Liste der UNESCO aufgenommen worden. Die leichte Wanderung auf den Gipfel (ab Jochgrimm eine Stunde Gehzeit) und die Einkehr am Rückweg bei der Isihütte lohnen!

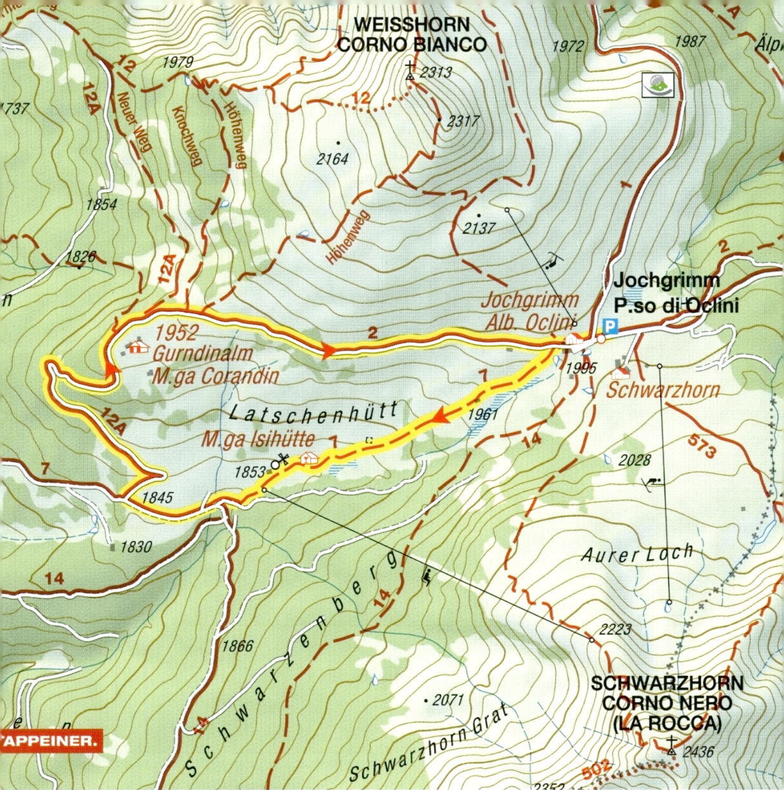

Der kürzeste Weg führt vom Jochgrimm auf Wanderweg Nr. 7 über Weiden und schütteren Zirbelwald in 25 Minuten zur Isihütte. Mit dem Rückweg über die nahe Gurndinalm, einer rustikalen Einkehr (Weg Nr. 12A und 2) ergibt sich ein einfacher, sonniger und aussichtsreicher Rundweg.

1½ h · 5 km · 160 Hm

INFOS IN KÜRZE

Isihütte
Isolde Daldoss und Philipp Vescoli
Jochgrimm 11, Radein
Tel. 348 8108694
www.isi.st

Isi führt am Bauernhof in Radein im Frühjahr und Herbst einen Hofschank, deshalb im Sommer nur im Juli und Aug. und im Winter von Weihnachten bis Ostern geöffnet, Di. Ruhetag.

Durch das Eggental auf das Lavazèjoch und weiter nach Jochgrimm oder über die Fleimstaler Straße bis Radein, an der Ortstafel parken. Im Winter Zufahrt über die Forststraße erlaubt.

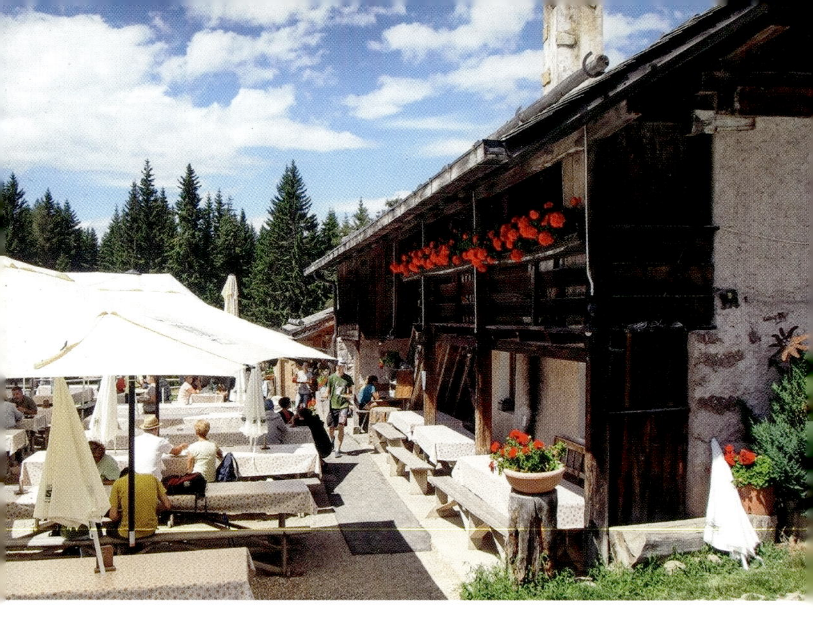

19 Schönrastalm, Aldein

Hoch über den Etschniederungen, mit schönster Aussicht auf die großartige Bergwelt, liegen am Fuße des Weißhorns sanfte Almen und ausgedehnte Wälder und darin eingestreut urige, gemütliche Hütten zum Einkehren. Im Sommer führen die Wege durch blühende Wiesen, im Winter überziehen gespurte Loipen und Winterwanderwege die zauberhafte Schneelandschaft.

Unser Weg führt uns zur Schönrastalm auf 1700 m im Herzen des Aldeiner Almengebietes. Im 17. Jh. wird sie erstmals urkundlich erwähnt, heute ist sie im Besitz der Gemeinde Aldein und wird bereits seit vielen Jahren von der Familie Matzneller-Tamanini geführt. Im Winter ist die Alm ein beliebtes Ziel von Langläufern, Schneeschuh- und Winterwanderern, die auf den vielen Loipen und gespurten Wegen auf der Hochfläche unterwegs sind. Auf den Almwiesen rund um das Haus weiden etwa 150 Kühe, darunter auch die Melkkühe der Pächterfamilie. Aus der Milch wird täglich Rohmilchkäse in mehreren Varianten hergestellt, der auch im Hofladen verkauft wird.

Käsevariationen kommen natürlich auch auf das Käsebrettchen, das von den Gästen, die bei schönem Wetter in Scharen eintrudeln und die Sonnenterrasse vor dem Haus bevölkern, gerne bestellt wird. Beliebt sind außerdem die Salatteller und die gebackenen süßen Strauben. Ein Lieblingsgericht der Einheimischen ist der Schwarzplentene Riebl, gerösteter Buchweizenschrot mit Ei, Milch und blättrig gehobelten Äpfeln, dazu wird Zwetschkenmarmelade gereicht. Naschkatzen kommen voll auf ihre Rechnung: Verschiedene Torten und Kuchen stehen zur Auswahl, köstlich auch der frische Joghurt mit Banane und Honig! Sehr großen Zuspruch findet das Almfrühstück, das von 9 bis 11 Uhr serviert wird. Dabei biegen sich die Tische unter der Last der Köstlichkeiten: Frische Brötchen, Hefezopf, Marillenschnitten, Sauerrahmkuchen, Krapfen, Butter, Marmelade, Honig, Almkäse, Aufschnitt, Lachs, Eier, Joghurt, Säfte, Kaffee und Tee. Das alles zum Fixpreis von 15 € pro Person (Kinder 7,50 €). Ohne Vormerkung ist an vielen Tagen kein Platz zu ergattern!

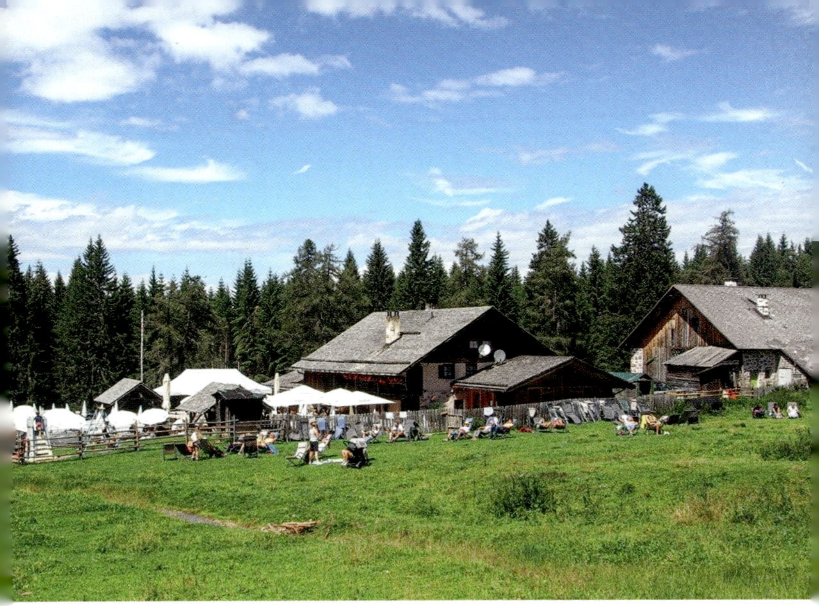

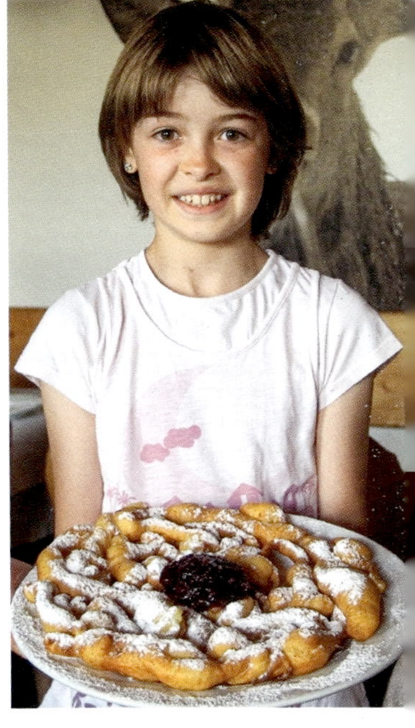

Ein wunderbarer Rundweg beginnt am Parkplatz des Wallfahrtsortes Maria Weißenstein. Dabei folgen wir südwärts den Wegweisern und der Markierung 15 auf einem kurzweiligen Wald- und Wiesenweg, anfänglich

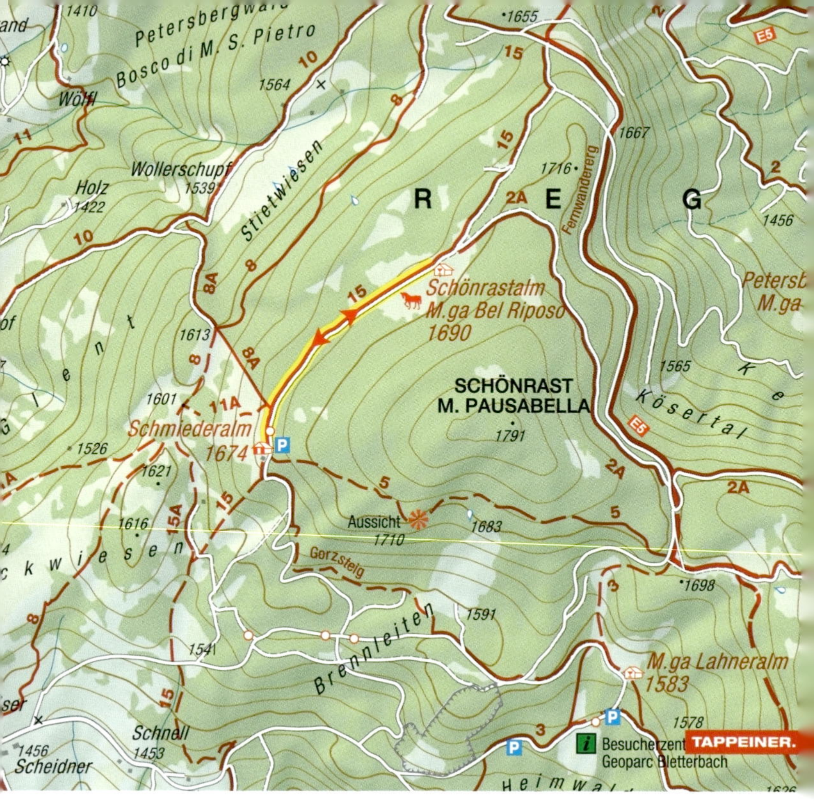

ansteigend, später eben zur Schönrastalm (40 Minuten). Für den Rückweg gehen wir zur nahen Schmiederalm, biegen dort am Waldrand rechts ab auf den tiefer verlaufenden, wieder zurück zum Ausgangspunkt in Maria Weißenstein führenden Weg (Nr. 8).
1 h 40 min · 6 km · 160 Hm

Am schnellsten zu Fuß ist die Alm vom großen Parkplatz bei der nahen Schmiederalm erreichbar.
Hinweg 15 min · 1 km · 50 Hm

INFOS IN KÜRZE

Schönrastalm
Fam. Matzneller-Tamanini
Lerch 43, Aldein
Tel. 0471 886731 oder
348 0009751

Von Mai bis Mitte Nov. ohne Ruhetag geöffnet, weiters Weihnachten bis Ostern, Di. und Mi. Ruhetag. Warme Küche von 11 bis 18 Uhr.

Von Aldein kommend, Richtung Lerch abbiegen, der Beschilderung bis zum Parkplatz bei der Schmiederalm folgen.

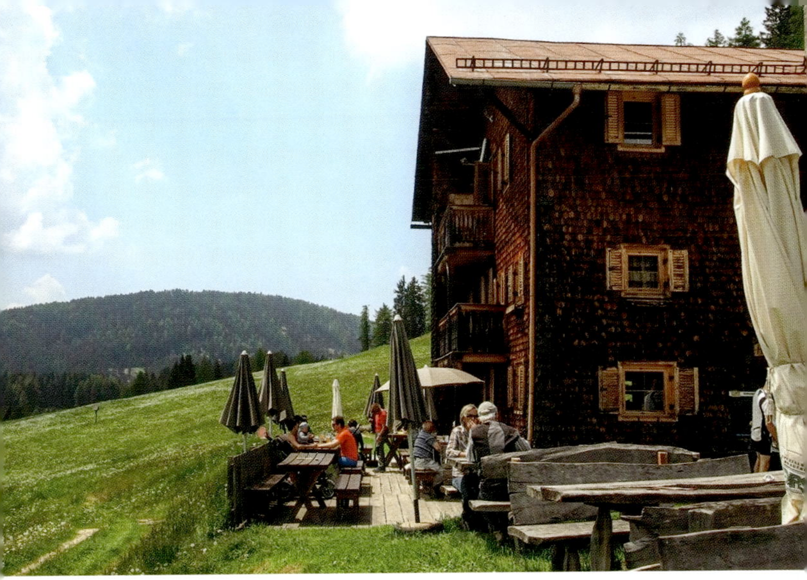

20 Hagneralm, Nigerpass

Welch eine Lage! Der sonnige Bergrücken, der sich von Welschnofen gegen die Wälder und Almen am Fuße des Rosengartens hinzieht und an dessen Kante die Hagneralm auf 1550 m liegt, bietet prächtige Ausblicke nicht nur zu den nahen Felswänden des Latemars, sondern auch zum Schlernmassiv, zu Schwarz- und Weißhorn, über das Talbecken von Bozen bis zur Mendel, den fernen Ötztaler Alpen und dem Ortler – ich meine, es ist einer der schönsten Plätze Südtirols!

Die auf das 14. Jh. zurückgehende Hagneralm ist ein ökologisch geführter Bauernhof, zu dem 25 ha Wiesen und 120 ha Hochwald gehören. Neben dem mit Schindeln verkleideten alten Holzhaus, das als Berggasthaus genutzt wird, stehen das moderne Wohn- und Bauernhaus sowie das Wirtschaftsgebäude mit der Hofkäserei. Auf und um den Hof tummeln sich Pferde, Hühner, Pfauen, Hasen, Kühe, Kälber, Hunde, Katzen, Enten und Schweine – eine bäuerliche Arche Noah! Für Kinder gibt es Spielgeräte und die weite Wiese hinter dem Haus, der schönste Platz zum Tollen und Purzelbaumschlagen.

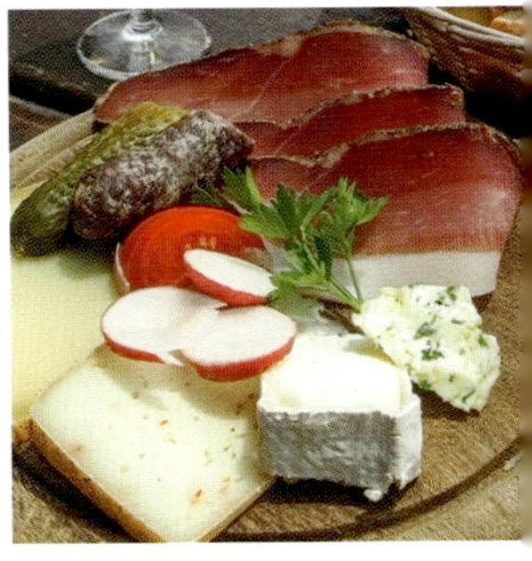

Die umliegenden Wälder, Wiesen und Berge sind der Lebensraum für Rehe, Hirsche, Gämsen und Hasen. Da Hans Kafmann Jäger ist, steht öfter Wild auf der Speisekarte. Pilze liefert der Wald hinter dem Haus, der Speck ist hausgemacht. Von der Hofkäserei kommen mehrere Käsesorten. Neben dem Wild, der Hausspezialität, wird Fleisch von eigenen Schweinen und Rindern verarbeitet. Täglich gibt es frischen Apfelstrudel und abwechselnd Schokolade-, Eierlikör- oder Buchweizenkuchen. Gegen den Durst helfen Butter-

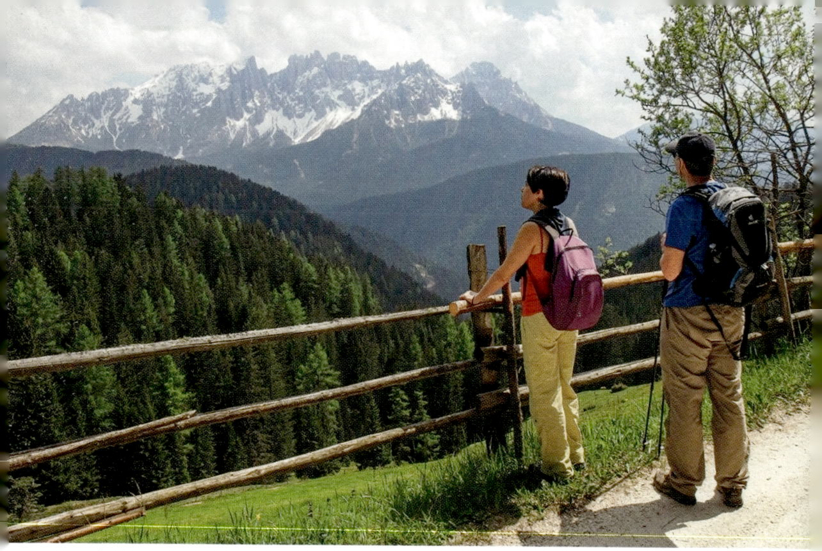

DER GROSSE STURM

Ein Orkantief mit Namen Vaia führte am 28. Oktober 2018 zu heftigen Sturmschäden, die Brennerautobahn und -bahn wurden durch Muren, herabstürzende Starkstromleitungen und Bäume verlegt, 1600 Kilometer von Südtirols Straßen wurden durch Wasser, Schlamm und Windwurf zerstört oder beschädigt, darunter auch viele Steige, Rad- und Mountainbikewege. Es entstanden 1,5 Millionen Kubikmeter Schadholz. Auch wenn die entwurzelten und geknickten Bäume größtenteils bearbeitet und abtransportiert wurden, die Schäden sind unübersehbar: Es wird Jahrzehnte dauern, bis auf den vielen kahlen Flächen wieder Wälder stehen!

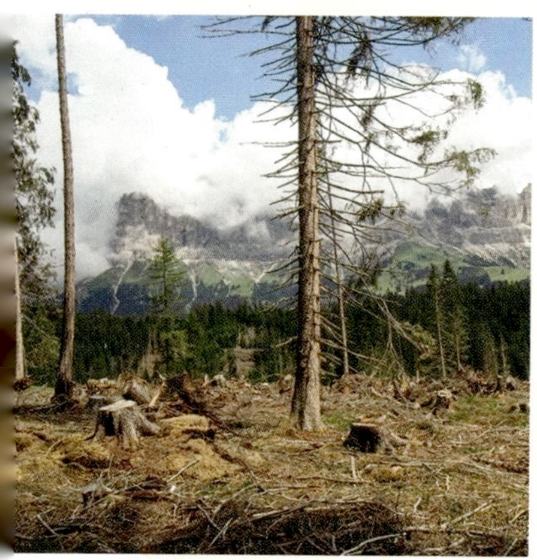

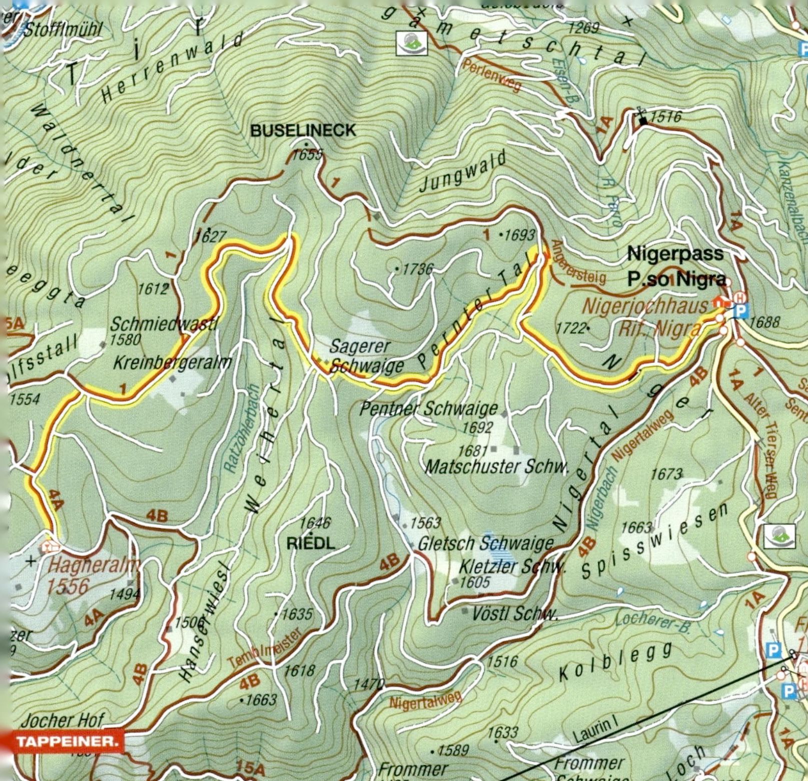

milch, Frischmilch, hausgemachter Holunder- und Himbeersaft, feine Südtiroler Rot- und Weißweine, und vieles mehr. Auf Vorbestellung wird auch abends aufgekocht.

Der bequemste Weg führt von der Nigerhütte am gleichnamigen Übergang von Tiers ins Eggental zur Hagneralm: Die Forststraße (Richtung Schillerhof) geht unmerklich bergab und ist auch für Kinderbuggys und Mountainbikes geeignet.

1½ h Hinweg: 5,5 km 45 Hm Aufstieg, 165 Hm Abstieg

INFOS IN KÜRZE

Hagneralm
Hans, Luisa und Anna Kafmann
Hagnerweg 9, Welschnofen
Tel. 340 2251889
www.hagneralm.com

Von Mitte Mai bis Ende Okt. geöffnet, Mi. Ruhetag (außer im August).

Über das Eggental nach Welschnofen, von dort weiter Richtung Karerpass oder über Tiers zum Nigerpass.

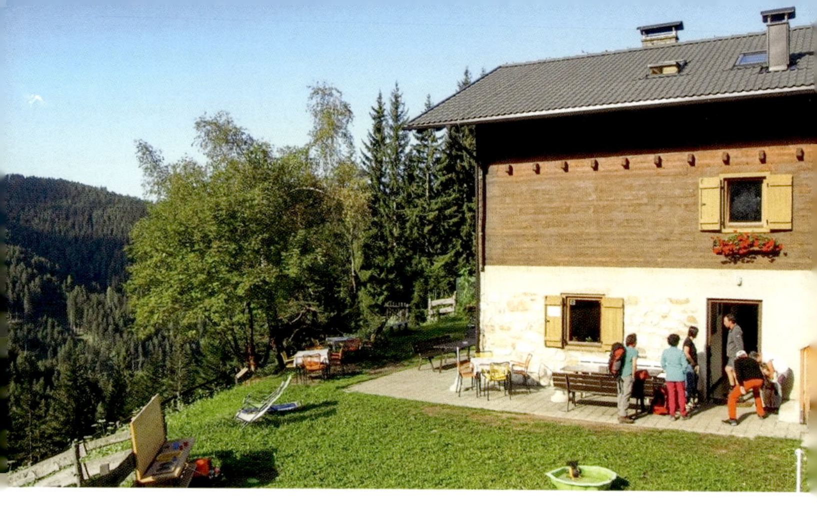

21 Plafötschalm, Tiers

Auf einer Wiesenkuppe, auf 1570 m, liegt einsam die Plafötschalm (in manchen Karten auch als Plafetsch bezeichnet). Das kleine Berggasthaus ist ein idealer Stützpunkt für Wanderungen im Rosengartengebiet. Doch der eigentliche Grund, dieses schöne Fleckchen Erde zu besuchen, ist die Nähe und der einzigartige Blick zu den Dolomitenfelsen der Rosengartengruppe, die zum Greifen nahe sind – mit Vajolettürmen, König-Laurin-Wand und Rosengartenspitze.

Die Plafötschalm ist von der Nigerpassstraße her auf breitem, bequemem Weg mühelos zu erreichen. Die Alm wurde in den 1960er-Jahren erbaut, ist seit 1986 im Sommer bewirtschaftet und wurde kürzlich erneuert, so sind einige hübsche Doppelzimmer verfügbar, in denen Fernwanderer auf Dolomitenquerungen gerne einkehren. Auf der Wiese vor dem Haus sind Tische und Liegen aufgestellt.

Mittlerweile hat Renate Herbst das Kommando in der Küche übernommen, sie hat ihrer Mutter Rosa lange genug über die Schulter geschaut, um in ihre Fußstapfen zu treten. Rosa war jahrzehntelang Hüttenwirtin auf Plafötsch, ihre beliebtesten Hütten-Menüs, von den Käseknödeln über die Gerstensuppe bis zum Kaiserschmarrn, wurden vor Jahren in einem eigenen Kochbüchlein gesammelt. Aus der Küche kommt herzhafte Hausmannskost, dazu selbst gemachte Säfte und Mehlspeisen.

Am schnellsten führt der breite Weg 10A von der Tierser Straße aus in 40 Minuten zur Alm. Lohnender ist folgende Rundwanderung: Ausgehend vom Parkplatz an der Tierser Straße schlagen wir den

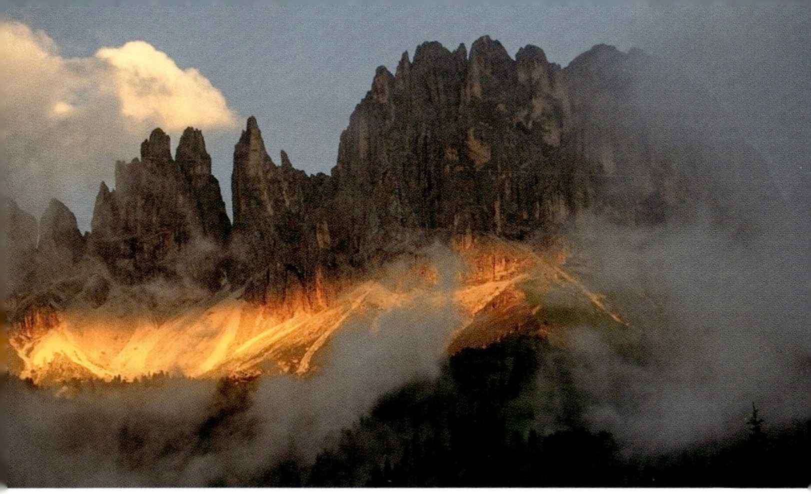

breiten Weg Nr. 10 ein, der durch Föhren- und Fichtenwald allmählich aufwärts geht. Nach einer Stunde Gehzeit folgen wir der Markierung Nr. 7, überqueren den Angelbach und wandern auf einem breiten Forstweg durch den Wald zu den Angelwiesen, die sich bis zu den Karen unter dem Rosengarten hinziehen. Wir stoßen nun aufden Höhenweg, der vom Nigerpass kommt und uns zur bewirt-

WIE DER ROSENGARTEN ZU SEINEM NAMEN KAM ODER DIE ENTSTEHUNG DES ALPENGLÜHENS

Um die Dolomiten ranken sich viele Sagen, die wohl schönste ist jene vom König Laurin. Der war Herrscher über ein Zwergenvolk und wohnte in einem prachtvollen Palast in den Bergen mit einem herrlichen Rosengarten. Laurin verliebte sich in die schöne Similde, die ihn aber verschmähte. Er raubte sie und entführte sie in sein Reich. Um sie zu befreien, kämpfte der tapfere Ritter Dietrich von Bern mit dem Zwergenkönig, der trotz des Zaubergürtels, der ihm große Kräfte verlieh und einer Tarnkappe, die ihn unsichtbar machte, unterlag. Die Bewegungen der Rosenbüsche, in denen er sich versteckte, verrieten ihn. Als er als Gefangener abgeführt wurde, verzauberte er in seiner Wut sein Reich in steinerne Berge und verfluchte die Rosen, die in verraten hatten: Niemand sollte je wieder seine roten Rosen erblicken, weder bei Tag noch bei Nacht! Dabei vergaß er die Dämmerung, und so kommt es, dass sich der Rosengarten manchmal beim Sonnenuntergang rot färbt. In der Sage steckt ein wahrer Kern, sie erzählt von der Zeit der Völkerwanderung, als kriegerische Germanen auf ihren Zügen nach Italien das einheimische Bergvolk überrannten.

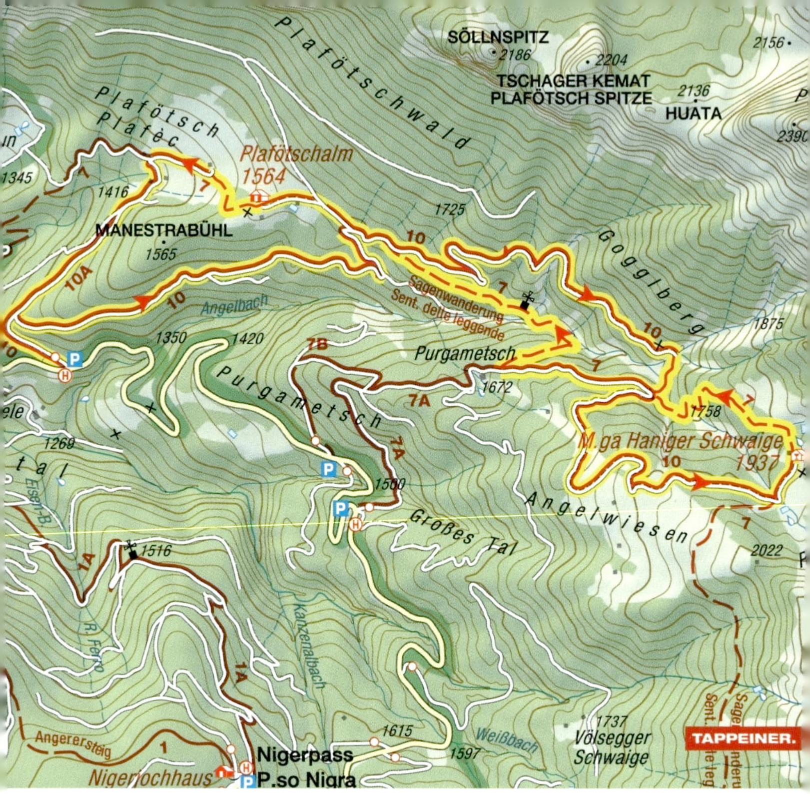

schafteten und stark besuchten Haniger Schwaige (Tel. 348 2463394, www.hanigerschwaige.com) führt. Auf dem Rückweg orientieren wir uns an den Markierungen Nr. 7 und 10 („Tiers“ bzw. „Plafötsch“) zum herrlich auf einem kleinen Hügel gelegenen Berggasthaus (1 Stunde). Von Plafötsch aus folgen wir den Wegweisern zur Tierser Straße und gelangen so in 35 Minuten zu unserem Ausgangspunkt zurück.
Rundweg ⌛ 3 h 40 min ↦ 10,2 km ⛰ 570 Hm

INFOS IN KÜRZE

Berggasthof Plafötsch
Fam. Stauder-Herbst
Nigerstr. 3, Tiers
Tel. 335 1050988
www.plafoetsch.com

Geöffnet von Anf. Juni bis Ende Sept. ohne Ruhetag.

Mit dem Auto von Bozen etwa 15 km bis Tiers und weiter auf der Nigerpassstraße bis km 17.5 zur beschilderten Abzweigung des Wanderwegs nach Plafötsch bei 1345 m. Der Berggasthof ist nur zu Fuß erreichbar, außer für Hausgäste, ihnen bietet der Wirt Personen- und Gepäcktransport an.

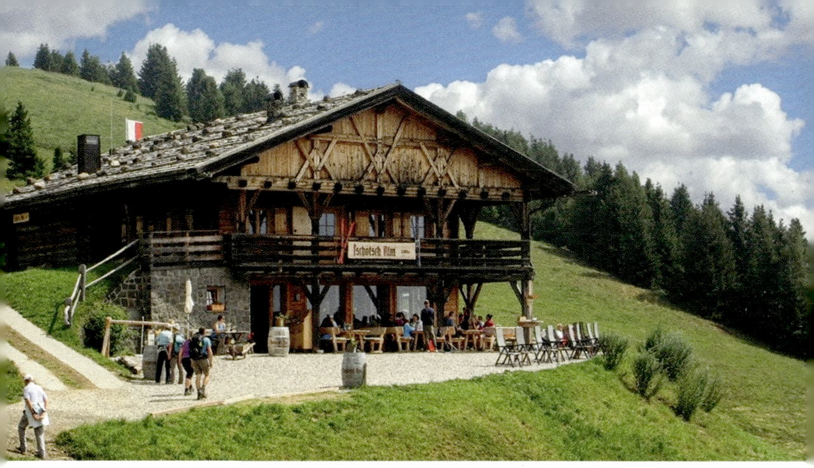

22 Tschötschalm, Seiser Alm

Im Nordwesten der Seiser Alm erhebt sich der Buckel vom Puflatsch, einem beliebten Wanderberg, den ein abwechslungsreicher Weg umrundet. Mehrere Einkehrstationen liegen an der Strecke, wir planen unsere Wanderung so, dass wir gegen Mittag in der neuen Tschötschalm einkehren.

Eine alte Almhütte gehörte zum Tschötschhof in St. Oswald bei Seis. Nach einem Brand wurde die Hütte 1991 neu und größer wiederaufgebaut, seit 2015 wird die Tschötschalm als Berggasthaus geführt. Im Winter liegt sie direkt an der Skipiste, im Sommer am Wanderweg. Die Hütte im traditionellen Baustil verfügt über eine gemütliche Stube mit einer 150 Jahre alten Täfelung und eine geräumige Hüttenbar mit Panoramafenstern und großer Terrasse, von der sich ein fantastischer Ausblick über die Seiser Alm, zu Schlern sowie Lang- und Plattkofel bietet. Die Gästeschar ist ein bunter Mix aus Einheimischen und internationalen Besuchern, E-Biker bedienen sich an den Ladestationen, um ihre Batterien wieder aufzuladen.

Das Küchenteam bemüht sich um eine frisch und frech interpretierte Südtiroler Bauernküche, unter Verwendung vieler Produkte vom Tschötschhof oder Zutaten von Bauern und Produzenten der Umgebung, deren Adressen in der originellen Speisekarte eigens erwähnt werden. Auf der Karte – übrigens auch in Englisch –, findet sich nicht nur die klassische Almkost wie Knödelsuppe oder Schlutzkrapfen, sondern auch Ausgefallenes wie Risotto mit Latschenkiefer und Hirschsalami, Zwiebelessenz mit Artischocken, Hanf-Ravioli oder hausgemachte Schüttelbrotbandnudeln mit Hirschragout. Als Nachtisch gibt es neben Apfelstrudel und Apfelschmarrn auch einen Buchweizenstrudel. Auch die Weinkarte ist besonders, neben einigen Südtiroler Edeltropfen gibt es einen vorzüglichen Kerner, Blauburgunder und Zweigelt, alles Weine vom Tschötschhof.

Dank der Umlaufbahn erreichen wir die Seiser Alm in 11 Minuten, ab der Bergstation folgen wir den Wegweisern, die uns bergauf leiten, an den Mega-Hotels vorbei, rasch entfernen wir uns von diesem stark touristisch erschlossenen Gebiet, das kein „Almfeeling" aufkommen lässt. Bei einer Wegteilung beachten wir nicht die Schilder zur Tschötschalm, sondern halten uns links und gehen auf dem Weg der Puflatschumrundung (Markierung PU) im Uhrzeigersinn weiter, oberhalb der Dibaita-Hütte vorbei, fädeln nun einen Wald- und Wiesensteig ein und kommen zur Arnika-Hütte (Einkehrmöglichkeit). Danach steigt der Weg zum Gollerkreuz (Rastbank) und zu den Felsformationen der Hexenbänke – das sind eigenartige, stufenförmige Felsformationen, wo sich dem Volksglauben nach die Schlernhexen versammelten – an. Der Puflatschbuckel ist gut zur Hälfte umrundet, wenn wir am nördlichsten Punkt, dem Fillenkreuz, einem wunderbaren Aussichtspunkt, stehen. Der Weg geht jetzt südwärts, zur bereits gut sichtbaren Puflatschhütte an der Bergstation des Liftes, hier rechts ab über Wiesen bis zur Tschötschalm, unserem Ziel (bis hierher 2 Stunden 15 Minuten). Nach Rast und Einkehr wandern wir zum Ausgangspunkt an der Bergstation zurück, Bequeme über den breiten Weg, Eilige über den steileren Wiesen- und Waldsteig.

2 h 45 min 8,2 km 320 Hm

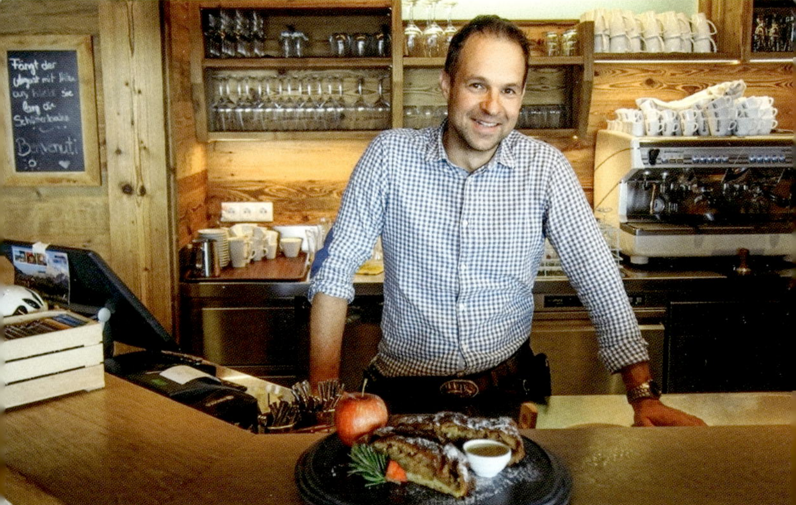

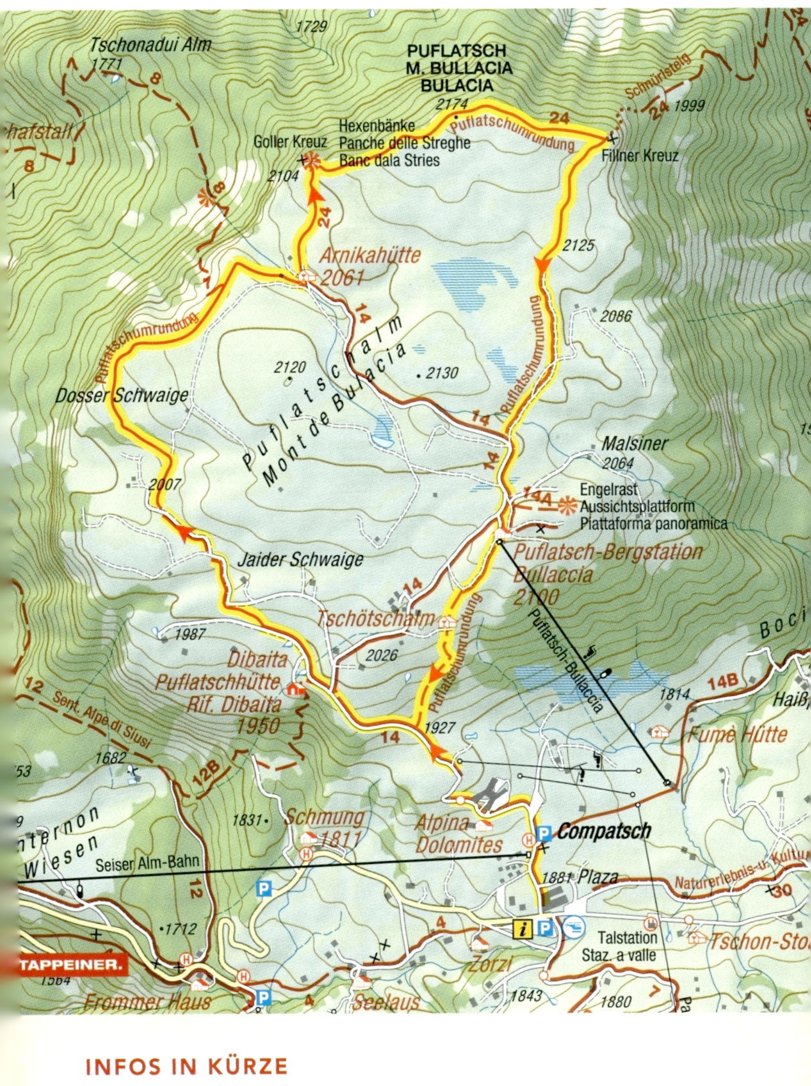

INFOS IN KÜRZE

Tschötschalm
Fam. Jaider
Kompatsch 70, Seiser Alm
Tel. 320 0661425
www.tschoetscherhof.com

Geöffnet von Ende Mai bis Anf. Nov. und von Anf. Dez. bis Ende Apr.

Auf der LS24 ab Blumau 14 km bis Seis, Parkplatz an der Talstation. Bei Anfahrt von Norden, von der SS12 ab Waidbruck, 9,6 km nach Seis.

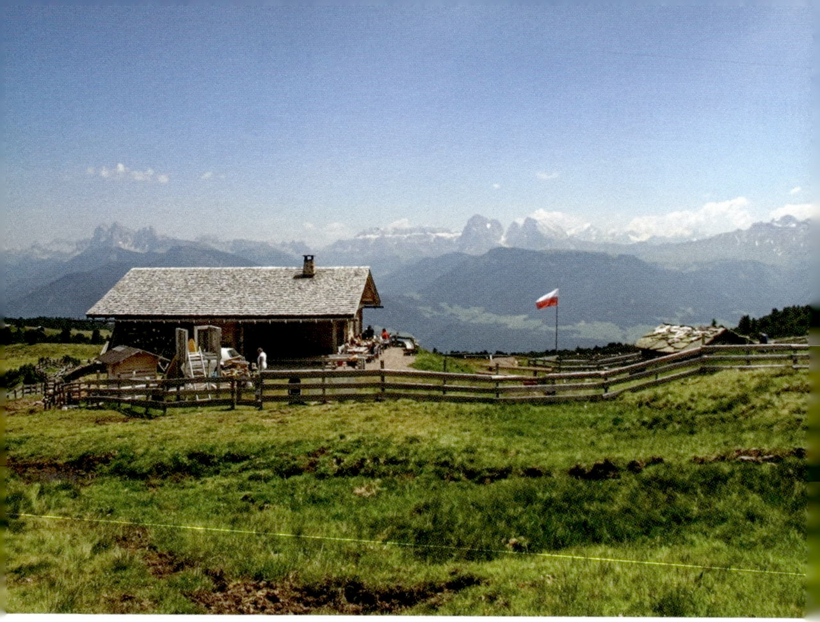

23 Platzeralm, Barbianer Alm

Das Rittner Horn ist der Ort, der die schönste Aussicht Südtirols bietet: Bei dem 360°-Panorama geht der Blick nach Süden über das Etschtal, die Mendel und die fernen Berge von Adamello und Brenta, im Westen schimmern die Gletscher des Ortlers, im Norden die Grenzberge Österreichs mit den Ötz- und Zillertaler Alpen, im Osten grüßen die Zacken der Dolomiten herüber. Nordöstlich von dieser Bergkuppe breiten sich weite Almen aus, dort liegt der Almschank Platzer, unser Wanderziel.

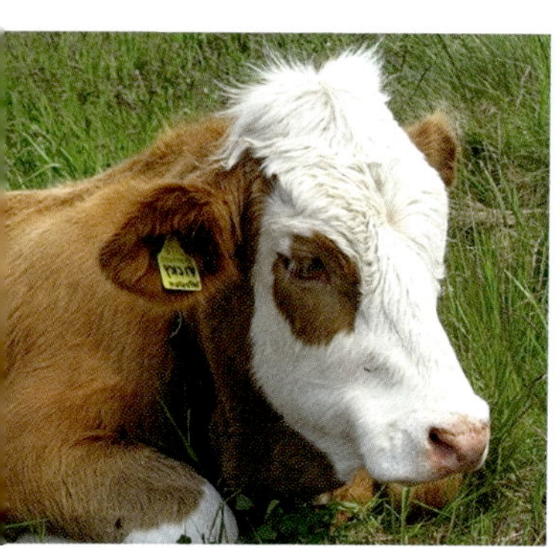

Der Almschank gehört zum Platzerhof in Barbian, die schmucke Berghütte wurde erst vor wenigen Jahren erbaut, das Holz glänzt noch hell. Martha Platzer führt hier im Sommer das Regiment, unterstützt wird sie von Ehemann Helmuth, der auch für den Grill zuständig ist und insbesondere an den Wochenenden viel zu tun hat.

Dann kommen Schweinshaxen oder Hähnchen auf die Grillteller und bes-

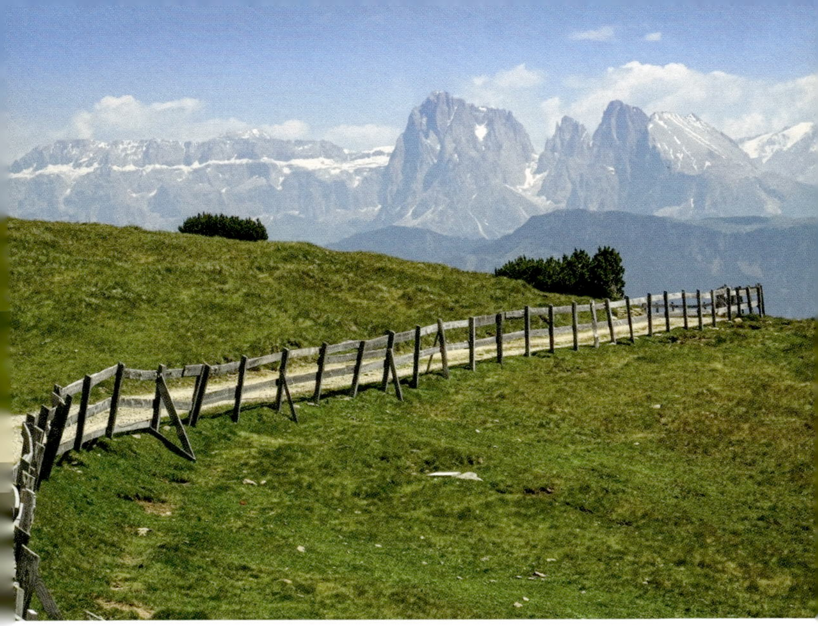

sern das sonstige Angebot mit den guten und einfachen Hüttengerichten wie Omeletten, Schmarrn, Speck- und Käseknödeln, Bauerngröstl (Bratkartoffeln mit Stücken vom Schweinebraten), Nocken und Gulasch auf. Der Apfelsaft wird auf dem Hof gepresst, auch Himbeer-, Johannisbeer- und Holundersaft sind hausgemacht. Eine Delikatesse ist die Preiselbeermarmelade aus selbst gesammelten und eingekochten Beeren! Zum Nachtisch gibt es abwechselnd Buchweizen- oder Linzertorte, Rouladen oder süße Krapfen.

DIE SÜDTIROLER HIMMELSTOUR CIELORONDA

Die Platzeralm liegt an der „Südtiroler Himmelstour“. Es ist der erste vom Verein „Deutsches Wanderinstitut e.V.“ zertifizierte Premiumweg in Südtirol. Premiumwege müssen bestimmte Kriterien hinsichtlich Beschaffenheit, Panorama, Einkehrmöglichkeiten, Beschilderung und Attraktionen am Weg erfüllen, damit sie als solche ausgewiesen werden. Es ist somit ein Gütesiegel, das besten Wandergenuss verspricht. Bei diesem Weg stehen neben dem atemberaubenden Panorama die Zirbelkiefer und die Legföhre (Latsche) im Mittelpunkt, deshalb sind die gelben Wegweiser mit dem Symbol des Zapfens der Zirbelkiefer versehen. Den gesamten Wegverlauf mit Start an der Bergstation der Rittnerhornbahn und einer Gehzeit von 5 Stunden finden Sie unter: www.wanderinstitut.de/premiumwege/italien/suedtiroler-himmelstour-cieloronda

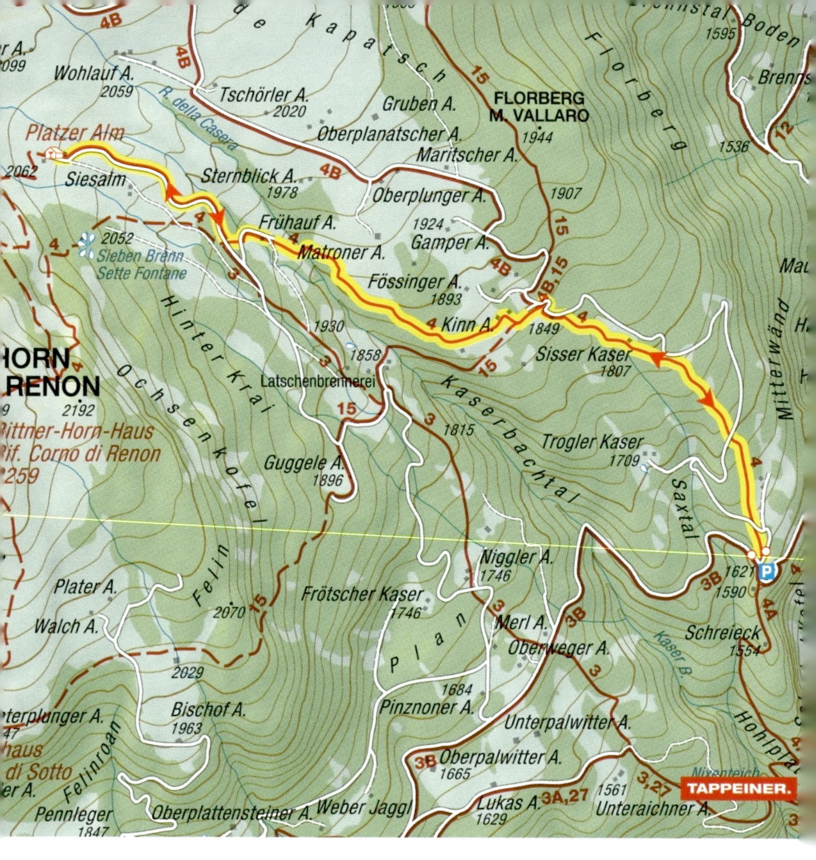

Der einfachste und schnellste Weg zur Alm beginnt auf der Barbianer Seite, beim Parkplatz Huberkreuz (1614 m). Von dort führt der Weg Nr. 4 („Rittner Horn") zunächst durch Wald, dann über Wiesen und Almen mit Zirbelkiefern zur Neuhäuslhütte, weiter über die Baumgrenze und nun, den Schildern „Platzeralm" folgend, auf der Almzufahrtsstraße zum Ziel.
Hinweg 1½ h · 3,4 km · 445 Hm

INFOS IN KÜRZE

Almschank Platzer
Martha Platzer
Barbianer Alm, Barbian
Tel. 338 9962887

Von Ende Mai bis – je nach Wetter und Schneelage – Mitte/Ende Okt.

Von Barbian den Wegweisern „Barbianer Alm" folgen bis zum Parkplatz Huberkreuz. Für die Himmelstour „Cieloronda": Von Klobenstein zur Talstation der Rittner-Horn-Bahn.

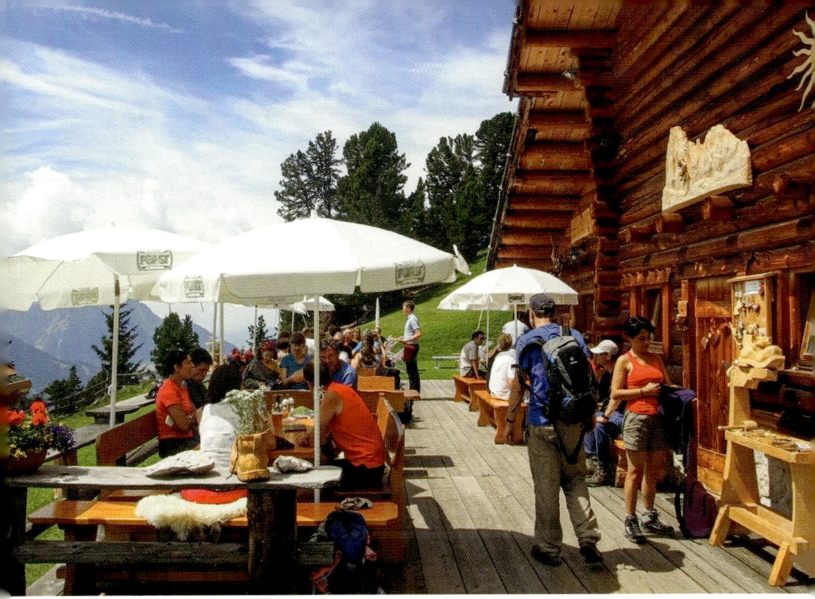

24 Seurasas, Gröden

Gröden, der Inbegriff für mondänen Tourismus, bietet auch beschauliche Ecken. Eine davon ist die Seurasas-Alm am Mont Pic (Pitschberg), einem der prächtigsten Aussichtsberge in der Mitte des Tales, zwischen St. Ulrich und St. Christina gelegen. Das Beste daran: Alm und Berg sind auf einfachen Wegen zu erreichen. Von der Alm beeindruckt der Ausblick zu den Felsriesen von Fermeda und Puez und zur Seiser Alm mit der Langkofelgruppe, deren höchster Gipfel stattliche 3181 m hoch aufragt. Die Alm ist nur zu Fuß erreichbar, keine Fahrzeuge, Seilbahnen oder Hotelbauten stören.

Die Familie Runggaldier bewirtschaftet den Tubladelhof in St. Christina, in der Höhe, oberhalb eines Felsriegels auf den Almen von Seurasas (Ladinisch „über dem Stein"), liegt die gleichnamige schöne Almhütte. Sie wurde anstelle einer alten Koch- und Heuhütte 1996 erbaut und 2008 erweitert. Einige alte Balken, einer mit der Jahreszahl 1800, wurden im Neubau wieder eingesetzt. Die ganze Familie übersiedelt im Sommer vom Hof auf die Alm. Während sich die erwachsenen Gäste in den Liegestühlen vor dem Haus entspannen, können sich die Kleinen an den Spielgeräten und auf der Wiese austoben.

Vater Cyrill und Sohn Samuel arbeiten im Service, Frau Rosa und Sohn Gabriel stehen in der Küche und sind für die einfachen, aber

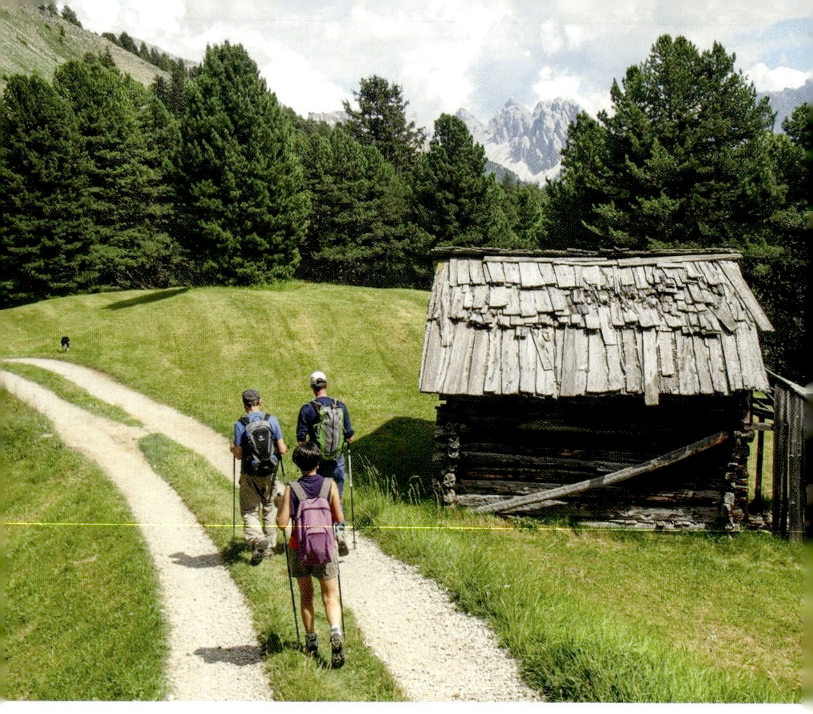

sorgfältig und mit Liebe zubereiteten Gerichte zuständig: Spiegeleier mit Bratkartoffeln und Speck, Kaiserschmarrn mit Preiselbeermarmelade und Apfelmus, Polenta mit Pilzen oder einheimischen Käsevariationen, Speckknödel mit Krautsalat und knusprig gebratenem Speck. Naschkatzen können sich über „Buchteln", ein Hefegebäck mit Vanillesauce, freuen.

Vom Parkplatz oberhalb von St. Christina schlängelt sich der neu angelegte, promenadenartige Weg (Nr. 4) mit angenehmer Steigung ostwärts, vor wahrlich prächtiger Bergkulisse, durch lichten Wald und später blumenreiche Almwiesen zum Lech Sant (Heiliger See), einem winzigen Bergsee mit gleichnamiger Almhütte. Ab hier geht es über buckelige Bergwiesen zum Cuca-Sattel (2153 m), nun führt ein Steiglein links am Kamm weiter zum Gipfelplateau des Mont Pic (2363 m), der auf den See und die Lech-Sant-Alm herabschaut. Am Gipfel steht eine hölzerne Bank, gerade recht für eine Rast, um das fantastische 360°-Panorama zu genießen. Der Weg verläuft nun auf einem schmalen Wiesengrat (Nr. 6) süd-westwärts, biegt bei den weiten Almwiesen nach links, ostwärts (Nr. 20) zur gemütlichen Seurasas-Alm ab, die bereits länger im Blickfeld liegt, und dann über Wiesen und Wald auf breitem Weg (Nr. 20) zum Parkplatz Cristauta zurück.

3 h 25 min 8,5 km 610 m Hm

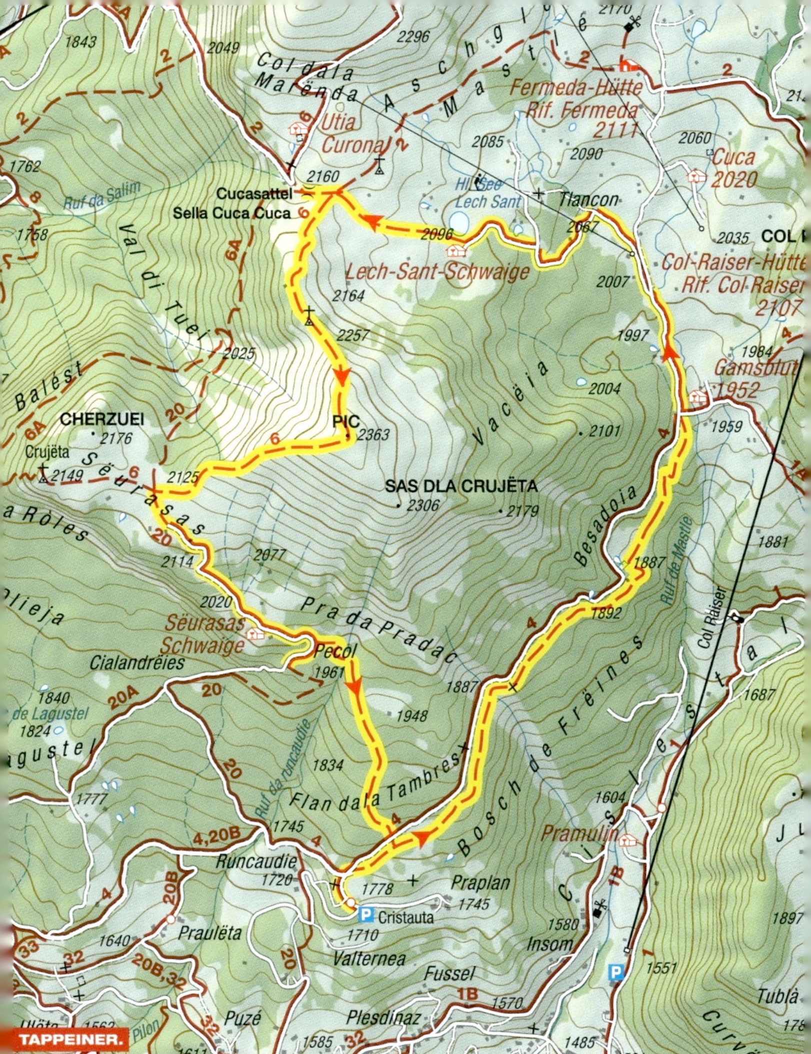

INFOS IN KÜRZE

Seurasas-Hütte
Fam. Runggaldier
Str. Mastle 103
St. Christina
Tel. 339 7069018
www.seurasas.it

Von Mitte Juni bis Mitte Okt. ohne Ruhetag geöffnet.

In St. Christina, im Dorfzentrum beim Kreisverkehr, beim Hotel Dosses an der linken Talseite bergauf über die Cisles-Straße, dann Plesdinaz-Straße, den Schildern bis zum Parkplatz Cristauta am Ende der Straße (1755 m) folgen.

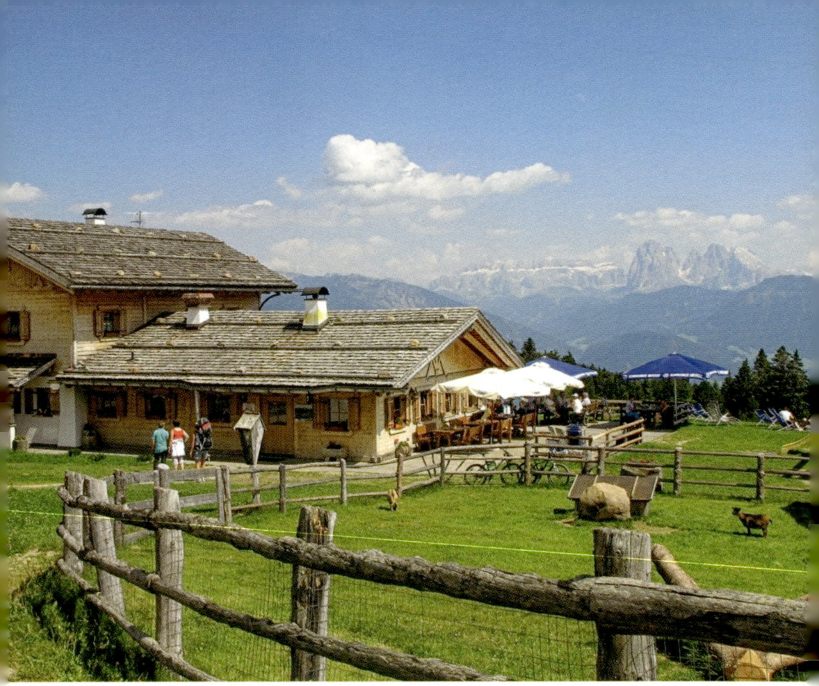

25 Mair in Plun, Villanderer Alm

Am Osthang der Sarntaler Alpen, gegen das Eisacktal hin, breitet sich knapp oberhalb der Baumgrenze die weite Hochfläche der Villanderer Alm aus. Das Berggasthaus Mair in Plun – der Begriff „Hütte“ trägt dem stattlichen Bau nicht gebührend Rechnung – ist nur einen kurzen Spaziergang vom großen Parkplatz bei der Gasserhütte entfernt. Auf der Terrasse sonnen sich die Gäste oder sprechen den Genüssen aus Küche und Keller zu, ums Haus toben die Kinder – dieses besondere Plätzchen ist ein lohnendes Ausflugsziel für die ganze Familie.

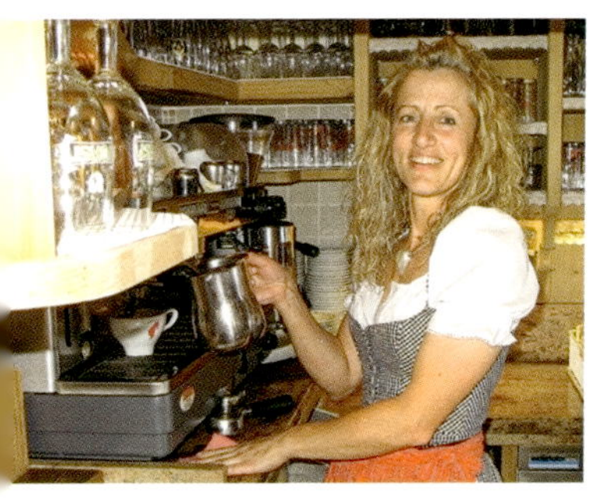

Das Berggasthaus auf 1860 m ist seit über 200 Jahren im Besitz der Familie Erlacher und gehört zum „Moar in Plun“, dem Mair-in-Plun-Hof in Villanders. Bis 2007, als das neue, winterfeste und große Haus im traditionellen ländlichen Stil mit viel warmem Holz erbaut wurde, stand hier eine einfache Almhütte. Die leichten Wege, das prächtige Dolomitenpanorama, die vielfältigen

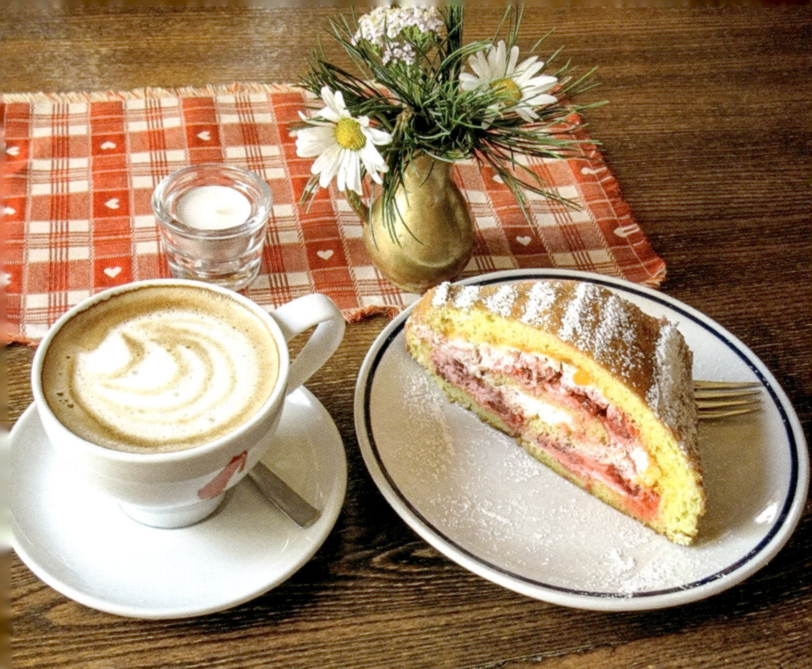

Wandermöglichkeiten im Sommer, der Kinderspielplatz mit Trampolin, der Streichelzoo mit Ziegen, Hasen und Meerschweinchen, die Rodelbahn (jeden Freitag mit Abendbeleuchtung) und die langen Hüttennächte bei Vollmond im Winter, die kleine Kinderrodelbahn und natürlich die gute Küche tragen zum Bekanntheitsgrad und zum regen Gästezuspruch von Jung und Alt bei. Sohn Daniel, der eine solide Kochausbildung absolviert hat, steht in der Küche, seine Schwester Julia hilft in den Sommer- und Winterferien im Service mit.

Die traditionelle Südtiroler Kost – Kasnocken, Krautsalat, Suppen, Knödel, Gulasch, Saure Suppe, Kalbskopf, Graukäse, Speck und Kaminwurzen – verträgt sich gut mit verschiedenen Spaghetti- und Maccheronigerichten. Versuchen Sie den Apfelstrudel oder die Buchweizentorte! Vieles vom Fleisch kommt von den eigenen Tieren, Holunder- und Melissensaft sind auch hausgemacht.

Wir parken in der Kehre unterhalb der Gasserhütte (Kaser, 1740 m, gebührenpflichtig) und nehmen Weg Nr. 7 (später Nr. 1), der vor der Brücke, den Bach entlang, über Wiesen und durch schütteren Baumbestand, an Almhütten vorbei auf Weg Nr. 7A stößt und in etwa einer Stunde auf den Gasteiger Sattel (2056 m) führt. Bisher waren die Dolomiten in unserem Blickfeld, nun öffnet sich der Ausblick auf die Bergketten im Westen. Das Rittner-Horn-Haus (2260 m) ist

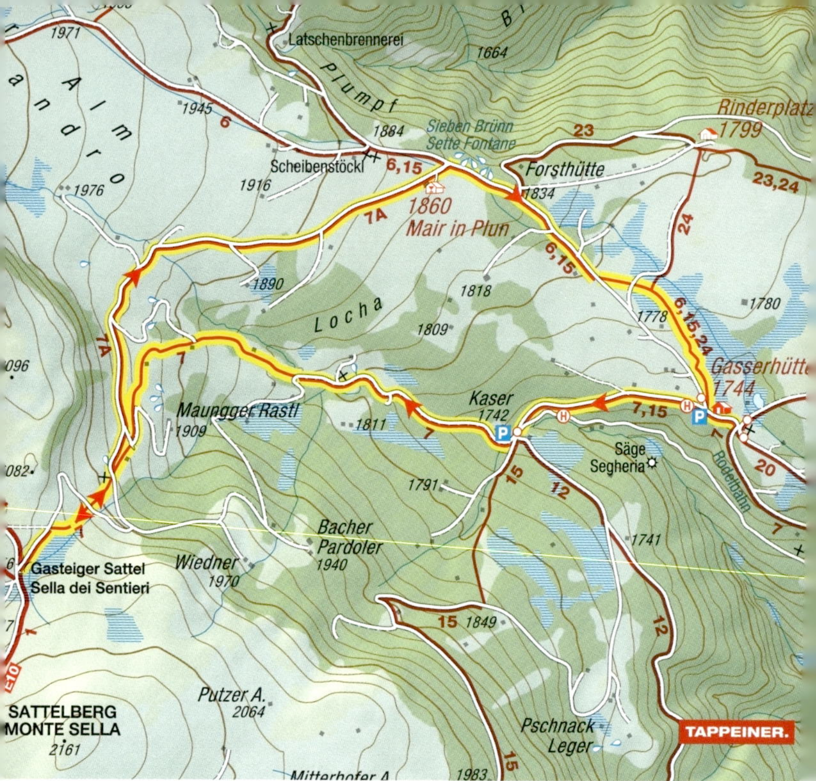

nicht mehr weit, aber wir gehen ein Stück des Aufstiegsweges zurück und erreichen nach 1 Stunde 40 Minuten auf dem breiten, fast ebenen Weg Nr. 7A die Mair-in-Plun-Hütte. Über die Gasserhütte gelangen wir wieder zum Ausgangspunkt zurück.
2 h 20 min 7 km 350 Hm

Der kürzeste Weg führt vom Parkplatz bei der Gasserhütte zur Mair-in-Plun-Hütte.
Hinweg 30 min 1,3 km 110 Hm

INFOS IN KÜRZE

Mair in Plun
Fam. Erlacher
Villanders
Tel. 335 474625
www.mairinplun.com

Von Mitte Mai bis Anfang Nov. ohne Ruhetag geöffnet, im Winter von 26. Dez. bis Ende März.

Von Villanders auf der Almstraße bis zum gebührenpflichtigen Parkplatz bei der Gasserhütte.

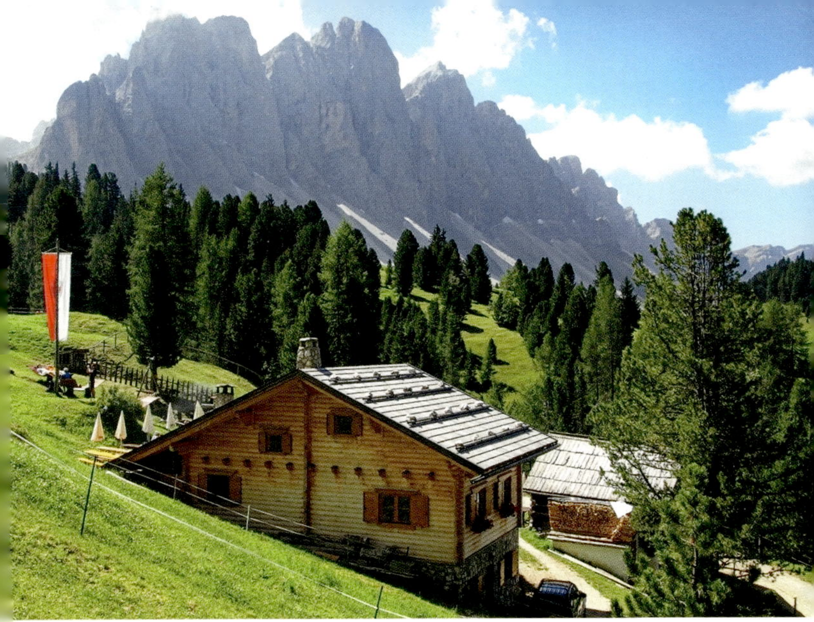

26 Kaserillalm, Villnöß

Am Ende des Villnößtals, zu Füßen der beeindruckenden Zacken der Geislerspitzen, liegen inmitten von Zirbel- und Lärchenwiesen einige Hütten und Almen, darunter auf 1920 m die Kaserillalm.

Die Privatalm gehört zum Unterkantiolerhof in St. Magdalena unten im Tal, eine Hofstelle, die bereits im 13. Jh. urkundlich erwähnt wird. Neben der alten hölzernen Almhütte wurde im Jahr 2006 eine neue Hütte erbaut und ein Ausschank eröffnet. Von der Alm aus geht der Blick direkt zu den berühmten Geislerspitzen, ein wahres Postkartenbild! Kein Wunder also, dass die Gäste so gern in den hölzernen drehbaren Liegestühlen auf der Wiese vor der Hütte verweilen. Die Kaserillalm ist eine Käsealm mit Schaukäserei, Junior Thomas Mantinger, der nach dem Abschluss der Berufsschule für Köche und einigen Lehrjahren in guten Häusern das Küchenzepter auf der Alm übernommen hat, erzeugt Frisch-, Schnitt-, Weich- und Bergkäse und lässt sich dabei gern über die Schulter schauen.

Wanderer, die auf der Alm einkehren, wünschen typische Hüttenkost: Knödeltris, Schlutzkrapfen, Bratkartoffeln mit Speck und Ei, Omeletten, Kaiserschmarrn und natürlich die Jausenteller mit den Käsevariationen und dem hausgeräucherten Speck. Eine Spezialität ist der Lammschinken vom Villnößer Brillenschaf. Oder die Spätzle

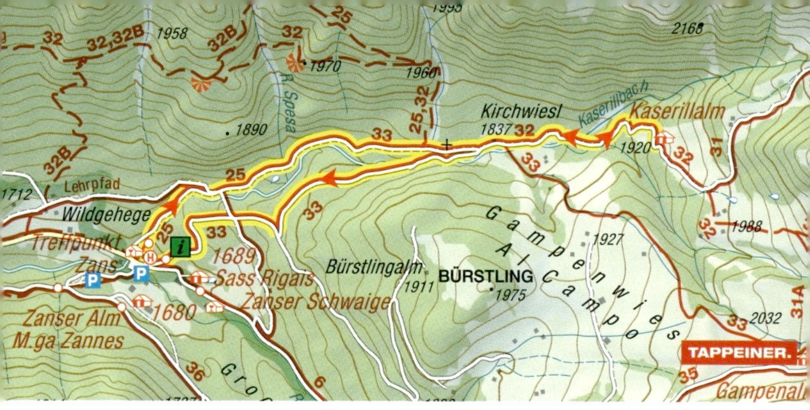

mit geröstetem Lammschinken und Käsespänen, weiters Bandnudeln mit Kräuterfrischkäse, frischen Tomaten und Basilikum. Hausgemachte Säfte und Kuchen runden das Speisenangebot ab.

In Zans, am Ende des Zufahrtsweges, finden wir die Infostelle des Naturparks. Zans ist Ausgangspunkt vieler Wanderungen, von leicht bis anspruchsvoll mit einer Reihe von Einkehrmöglichkeiten. Ich schlage hier eine sehr einfache, familienfreundliche Rundwanderung zur Kaserillalm vor. Für den Hinweg nehmen wir den alten Heuweg am Bach entlang, mit Nr. 25 markiert. Am Rückweg bleiben wir hingegen am breiten Güterweg (Nr. 33), der uns zum Parkplatz zurückbringt.
Rundweg 1½ h Länge 4,5 km 260 Hm

DER NATURERLEBNISWEG

Im Talschluss, neben dem Parkplatz Zans, hat die Forstverwaltung einen rollstuhlgerechten Naturerlebnisweg angelegt, durch die geringe Steigung ist er auch für Kinderwagen bestens geeignet. Unterwegs regen 14 Stationen zum aktiven Tun, Befühlen und Hören an. Kartenskizze unter www.villnoess.com, Suchwort: Naturerlebnisweg.

INFOS IN KÜRZE

Kaserillalm
Fam. Mantinger
Zanser Str. 4
St. Magdalena, Villnöß
Tel. 334 3344200
www.unterkantiolerhof.com

Von Anf. Juni bis Mitte Okt. geöffnet, im Winter von 26. Dez. bis 10. Jan., in der Faschingswoche sowie jeden Fr., Sa. und So. bis Mitte März.

Durch das Villnößtal bis zum gebührenpflichtigen Parkplatz mit Naturpark-Infostelle und Almausschank in Zans (1680 m).

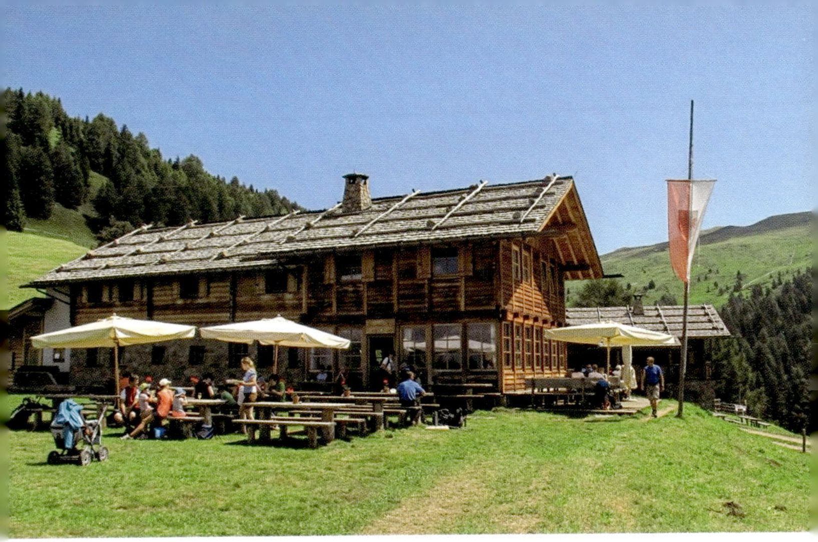

27 Kreuzwiesenalm, Lüsner Alm

Im Nordosten des Brixner Beckens liegt das ausgedehnte Almgelände der Rodenecker und der Lüsner Alm. Unterhalb der Kuppe des Astjoches und vor dem Gipfel des Peitlerkofels breitet sich die Kreuzwiese aus, eine der größten Bergwiesen auf der Alm.

Die Kreuzwiese mit der Almhütte gehört zum Zalnerhof in Lüsen. Fast 10 Hektar der Wiese zwischen 1900 und 2000 m Meereshöhe werden gemäht, auf den übrigen Grünflächen weiden die 15 Melkkühe und das Jungvieh. Bis in die 1930er-Jahre stand auf der Kreuzwiese eine armselige Kochhütte, dann wurde eine Schutzhütte gebaut, ebenerdig der gemauerte Stall, obenauf eine kleine Hüttenunterkunft. 2005 kam der große Neubau, mit einer separaten Käserei, gemütlichen Aufenthaltsräumen, Gästezimmern und einem Matratzenlager, das gern von Wanderern auf dem Weitwanderweg von München nach Venedig genutzt wird. Herbert Hinteregger, der Bauer, pendelt je nach Arbeitsaufkommen zwischen Hof und Alm hin und her, seine Frau Martha, gelernte Köchin, sorgt für die gute Hüttenkost. Die drei

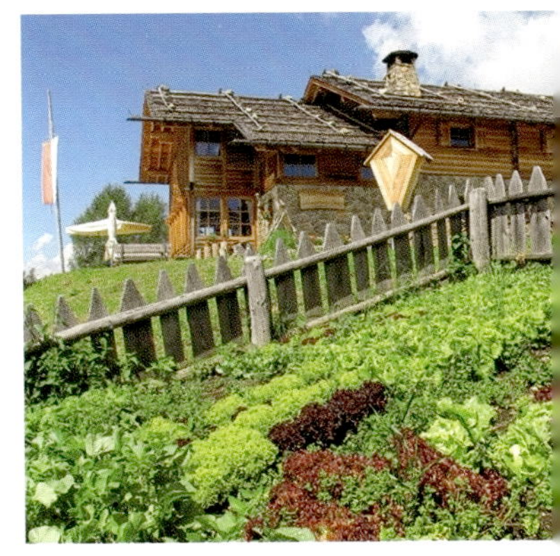

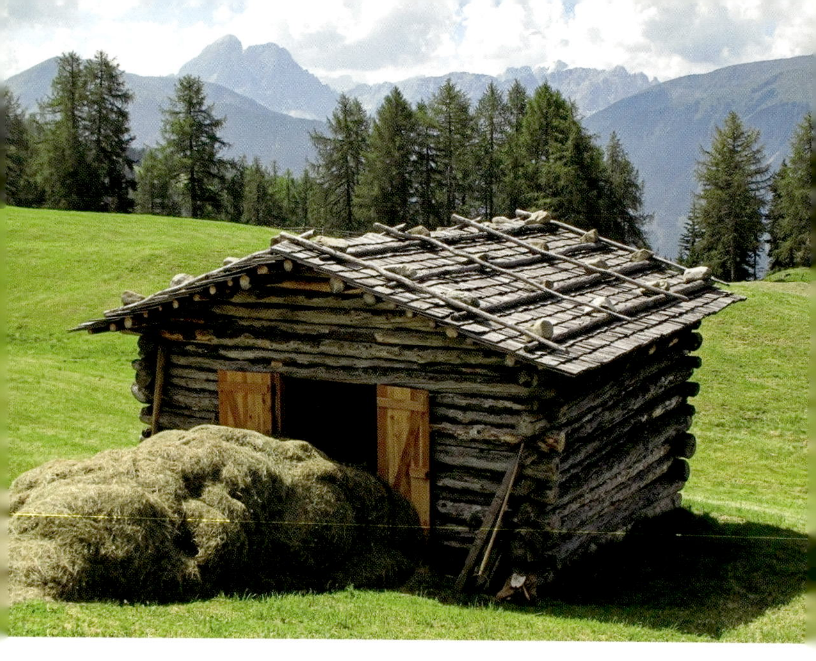

Söhne helfen überall mit, Johannes ist außerdem für die Käseproduktion zuständig, Manuel und Michael sorgen mit ihrer Ziehharmonika für die Hüttengaudi. Tochter Julia ist gelernte Hotelkauffrau und hilft während der Sommermonate im Service mit.

Beim Essen steht natürlich der Almkäse im Mittelpunkt: Es werden verschiedene Sorten hergestellt, vom Weich- über den Schnittkäse bis zum würzigen Graukäse, dazu wird ein pikantes Apfel-Zwiebel-Chutney gereicht. Käse ist auch in den Pressknödeln, den Käsenocken oder in den „Plentinan Spatzlan", Käse-Polenta-Spätzle mit Lauch-Speckkäse, verarbeitet, weiter im Omelett mit Käse und Tomaten. Allgemein gelobt wird der Schokoladekuchen, ganz ohne Creme und Glasur, aber trotzdem locker und zart, oder der Mohn-Topfen-Himbeerkuchen. Käse und Butter werden auch im Ab-Hof-Verkauf angeboten.

Dieser schöne Rundweg startet oberhalb von Lüsen, kurz vor dem Gasthaus Tulper (ausgewiesener Parkplatz Herol). Auf Markierung Nr. 3 geht es aufwärts, nach einer halben Stunde Gehzeit stoßen wir auf den Griablsteig, der oberhalb der Waldgrenze in sanftem Auf und Ab den Hang querend und immer mit prächtiger Aussicht zur Kreuzwiesenalm führt (ab Parkplatz 2 Stunden, 180 Höhenmeter). Für den Rückweg steigen wir von der Kreuzwiesenalm kurz 150 Höhenmeter aufwärts zum breiten Weg Nr. 2A der fast parallel, aber etwas höher als der Griablsteig unterhalb der

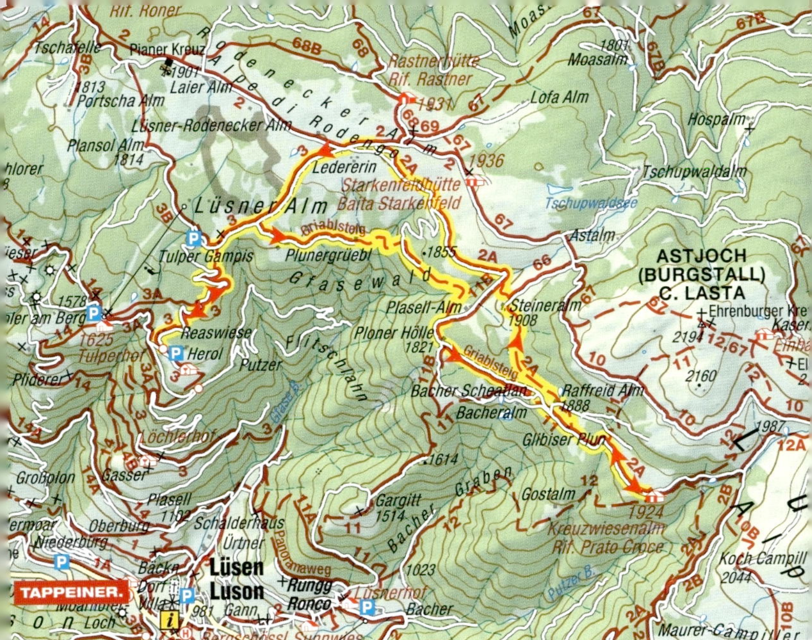

Rastnerhütte in den Weg Nr. 3 mündet und dann zum Parkplatz zurückführt.
4 h · 13 km · 410 Hm

Der direkte Zugang zur Kreuzwiesenalm startet beim Parkplatz Schwaigerböden oberhalb von Lüsen auf 1720 m. Ab hier auf einem Steig, die Kehren der Forststraße abkürzend, in 1 Stunde 10 Minuten zur Alm. Markierung Nr. 2 und 2A.
Hinweg · 1 h 10 min · 12,3 km · 230 Hm

Die Kreuzwiesenalm ist auch im Winter an den Wochenenden geöffnet und ein lohnendes Ziel für Schneeschuhwanderer und Rodler. Ausgangspunkt ist der Parkplatz Lüsen-Oberflitt (1600 m).

INFOS IN KÜRZE

Kreuzwiesenalm
Fam. Hinteregger
Lüsner Alm
Tel. 0472 413714 oder 333 7484880
www.kreuzwiesenalm.com

Geöffnet von Mitte Mai bis Anf. Nov., über Weihnachten, Jan. und Febr. an den Wochenenden.

Von Lüsen Anfahrt bis zum Parkplatz Schwaigerböden auf 1720 m.

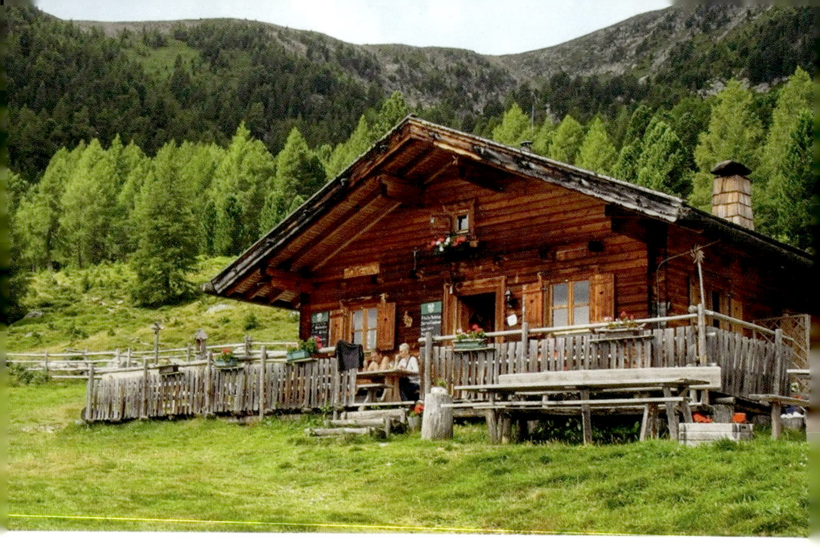

28 Zirmaitalm, Vahrn

Vom Talgrund bei Brixen ist die natürliche Aussichtsplattform der Spilucker Platte in den Wäldern über Vahrn nur zu erahnen. Sie schiebt sich von der in einer Geländemulde versteckten Streusiedlung Spiluck auf einer Waldkuppe über das Eisacktal vor, wieder höher, an der Waldgrenze, liegen weite Almen. Gegen Westen zieht sich das Schalderer Tal zu den Sarntaler Alpen hin, am Osthang der Karspitze liegt malerisch auf 1891 m die Zirmaitalm und bietet einen grandiosen Ausblick über die Hochebene von Natz-Schabs, die Lüsener und die Rodenecker Alm, zu den fernen Dolomiten und den Zillertaler Alpen.

Der Name der Alm, Zirmaitalm, leitet sich wahrscheinlich von den Zirben (Zirbelkiefern) ab, welche die einstigen Mähwiesen (maien = mundartlich „mähen") bei der Almhütte umgeben. Die Alm gehört dem Bauern vom Moarhof in Neustift bei Brixen, der im Sommer etwas Jungvieh auf die Almwiesen auftreibt. Wenig oberhalb der uralten Heuschupfe in Blockbau errichtete er 1984 eine neue großzügige Hütte mit Küche, Stübchen und großer Terrasse. Seit einiger Zeit betreibt die Familie Mulser aus Völs den Almausschank. Sie sind Quereinsteiger, Bernhard kommt aus der Holzbaubranche, seine Frau Bernadette war bei einer Bezugsgenossenschaft beschäftigt, sie teilen die Liebe zur Natur und die Freude, Gäste zu bewirten. Über einen teilweise steilen und holprigen Weg erreichen die Mulsers mit einem Allradfahrzeug die Alm. Für Romantiker und Naturfreunde gibt es in der alten Scheune eine Übernachtungsmöglichkeit im Heulager.

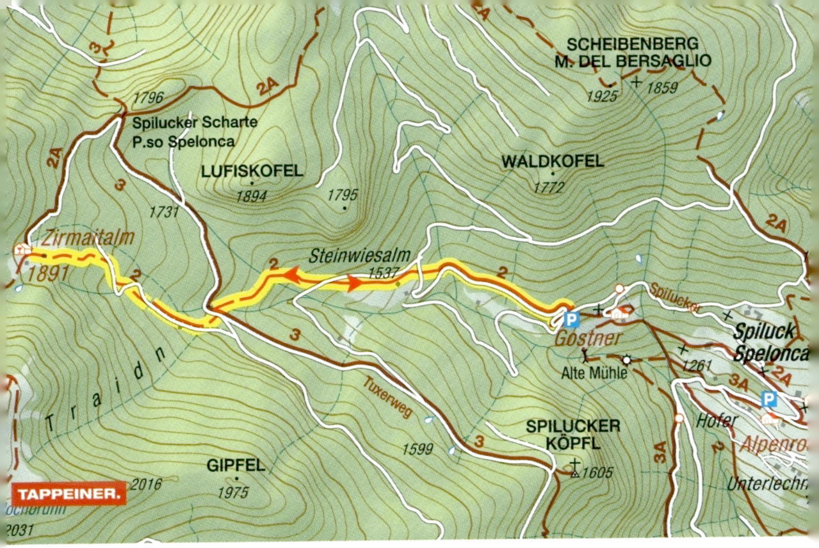

Auf den Tisch kommt typische Hausmannskost, die Speisekarte listet die einfachen Gerichte auch in Englisch auf. Speziell sind die Zirmknödel – bei diesem Almnamen ein Muss! An Sonn- und Feiertagen wird die Karte um Fleischgerichte erweitert. Das Kuchenbacken ist die Leidenschaft von Bernadette, bis zu sieben verschiedene Sorten gibt es manchmal, neben Linzerschnitten und Topfenstrudel auch so Besonderes wie Kokos-Rum-Torte.

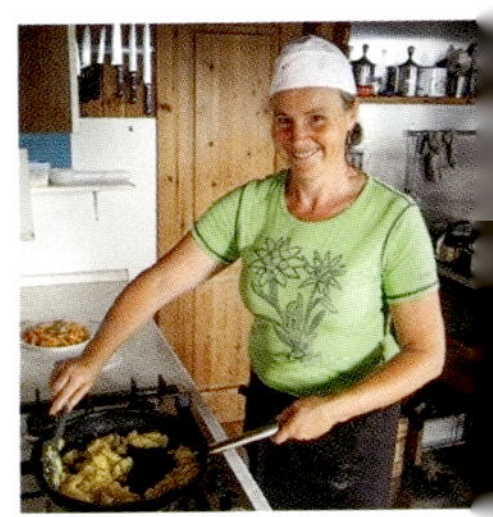

Die Wanderung zur Alm ist einfach: Vom Parkplatz beim Gostnerhof folgen wir der eindeutigen Markierung (Nr. 2) zuerst ein Stück auf der Forststraße, dann ab der Steinwiesalm (nicht bewirtschaftet) über einen Waldsteig in einer guten Stunde zur Alm. Rückweg wie Hinweg. Wer möchte, kann die Wanderung zur Zirmaitalm mit dem Aufstieg auf die Karspitze oder dem Rundweg über den Scheibenberg, beides wunderbare Aussichtspunkte, kombinieren.
Hinweg 1 h 10 min 2,2 km 445 Hm

INFOS IN KÜRZE

Zirmaitalm
Fam. Mulser
Schalders-Spiluck
Vahrn
Tel. 338 2613114

Von Anf. Juni bis Ende Sept. ohne Ruhetag geöffnet.
Vom Ortskern von Vahrn bei Brixen den Schildern nach Schalders folgen, zum Weiler Spiluck abbiegen und der Asphaltstraße bis zum Parkplatz hinter dem Gasthaus Gostnerhof (7 km) folgen.

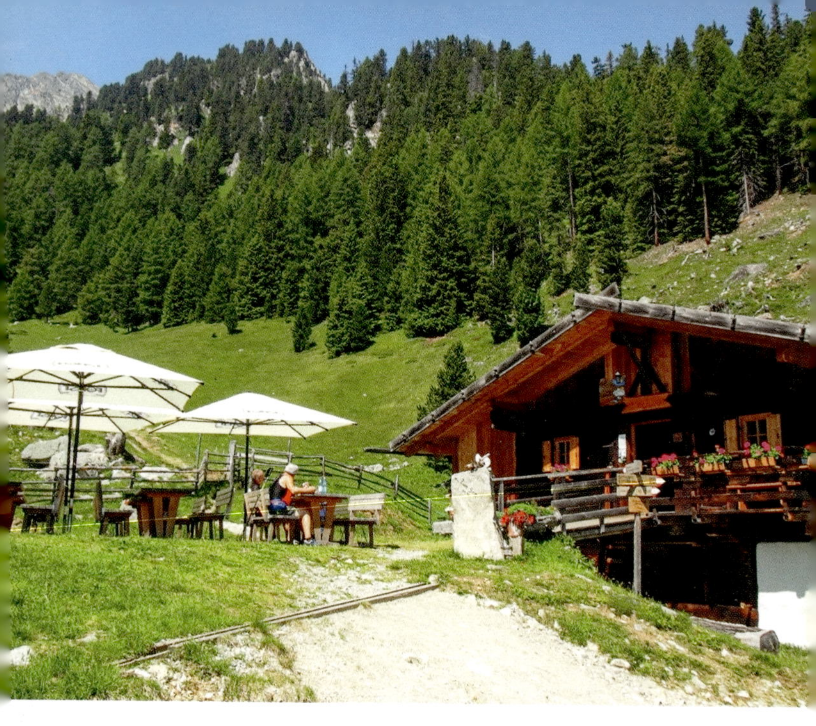

29 Puntleider-See-Alm, Grasstein

Zwischen Franzensfeste und Mauls rücken die steilen, bewaldeten und dunklen Bergflanken nahe zusammen, für Staatsstraße, Bahn, Eisack und Autobahn bleibt nicht viel Platz. Jetzt wird dort frenetisch am Brennerbasistunnel gebaut, bei einer Containersiedlung nahe der Werkskantine geht eine Brücke über den Fluss zu den wenigen Häusern von Grasstein. Dort mündet ein kleines Tal, das von der Nordseite der Sarntaler Berge herabläuft. Bei den Puntleider-Höfen beginnt eine Wanderung zu einem herrlich und einsam gelegenen Bergsee (1850 m) und der nahen Puntleider-See-Alm (1777 m).

Die Alm gehört zu einem Bauernhof in Stulfes im Eisacktal, dessen Vieh auf die Weiden um die Alm aufgetrieben wird. Frau Anni Perkmann, eine lustige und rührige Sarnerin, ist seit 11 Jahren die Hüttenpächterin und hat mit viel Elan und Einsatz dem einsamen Ort Leben eingehaucht. An den Wochenenden wird sie von ihrem Ehemann unterstützt, in der Küche geht ihr ein Koch zur Hand. Für müde Wanderer gibt es eine Übernachtungsmöglichkeit in einem Mehrbettzimmer mit alten Holzbetten und rotkarierter Bettwäsche oder – extraromantisch – im Heulager.

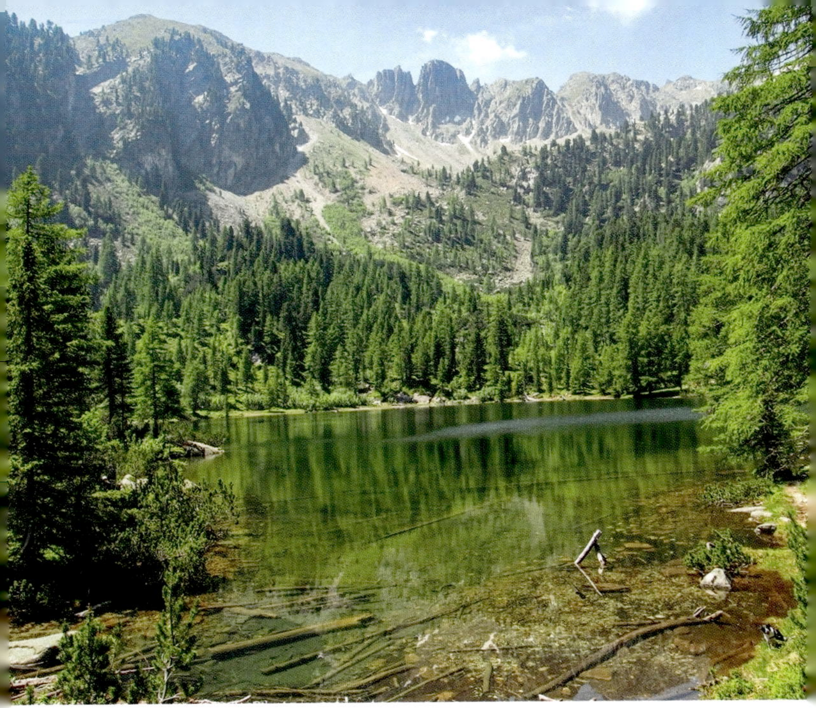

Die Speisekarte ist „almtypisch“, es gibt Knödel verschiedener Art, auch solche mit Wildragout, je nach Jahreszeit Brennnesselnocken. Weiters Gulasch, Röstkartoffeln und natürlich allerlei Jausen, darunter auch den würzigen Graukäse. Bei den Getränken geht es differenzierter zu, mit etlichen Biersorten, Prosecco, Holundersirup, einem spritzigen, hausgemachten Holundersekt und einigen guten Flaschenweinen.

Von Grasstein am rechten Eisackufer verläuft eine Asphaltstraße bergauf und endet an einer Schranke beim Fischnallerhof, wo das Auto abgestellt werden kann. Die Beschilderung ist eindeutig: Weg Nr. 14 geht über einen steilen Waldweg in 1 Stunde 20 Minuten direkt zur Alm. Er verläuft abwechslungsreich durch steiles Wald-

DIE SACHSENKLEMME

Es verwundert nicht, dass die Talenge zwischen Mittewald und Grasstein zur Zeit der Franzosenkriege (Beginn 19. Jh.) als Straßensperre genutzt wurde, um den durchziehenden, mit den Franzosen verbündeten, feindlichen Sachsen, eine empfindliche und verlustreiche Niederlage zuzufügen. Seit dieser Zeit heißt die Engstelle „Sachsenklemme“.

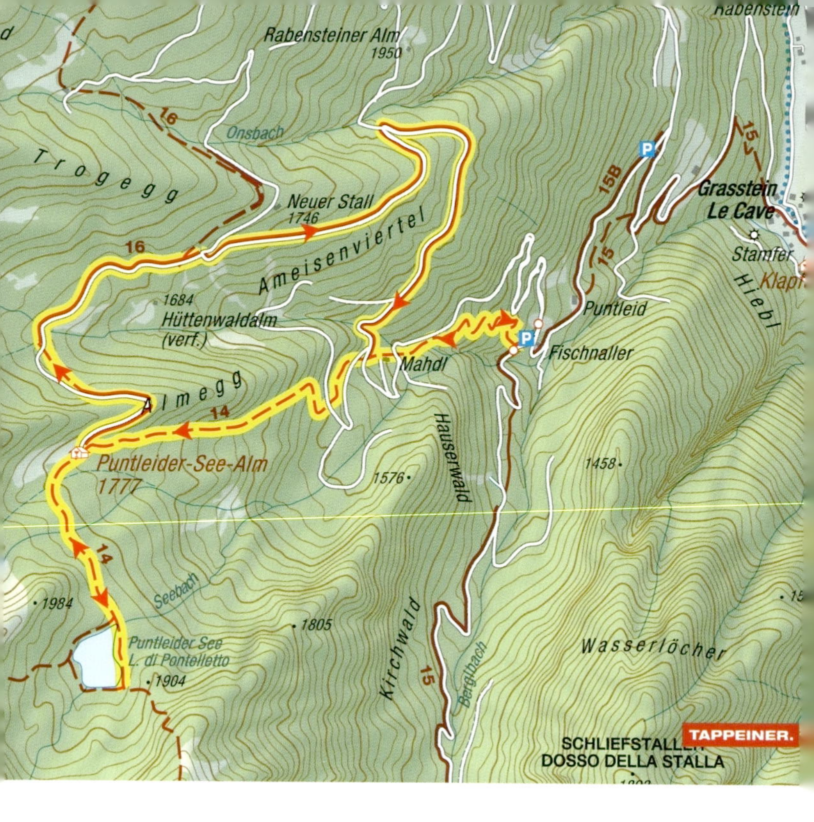

gelände, quert eine Forststraße, geht an der Brandruine eines Hofes vorbei und an Bächlein und Wasserfällen entlang. Den etwas sanfteren, aber wesentlich längeren Forstweg nehmen wir am Rückweg. Von der Alm sind es noch 20 Minuten zum wunderbar klaren und türkisblauen See, der in einer mit Lärchen und Zirbelbäumen bestandenen Senke am Fuß zerklüfteter Felswände liegt. Der Abstecher zu diesem traumhaft gelegenen See ist ein unbedingtes Muss!
Hin- und Rückweg 3 h 40 min 9,2 km 650 Hm

INFOS IN KÜRZE

Puntleider-See-Alm
Anni Perkmann
Grasstein
Tel. 349 6442391

Geöffnet von Anf. Juni bis Mitte Okt., bei schönem Wetter auch länger.
Anfahrt über die Brennerstaatsstraße, von Süden kommend bis zum Restaurant Sachsenklemme-AH Bräu in Grasstein, kurz danach über die Eisackbrücke und nun für 3,4 km weiter bergauf bis ans Ende der Höfezufahrt.

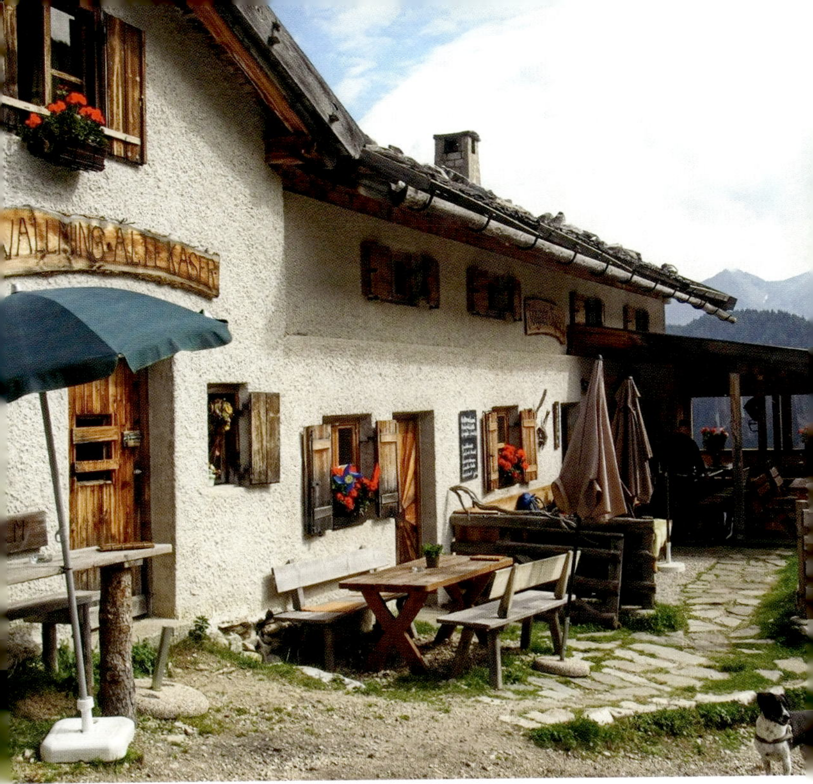

30 Jörgener Kaser, Rosskopf

Auf den Hängen des Rosskopfes, dem Hausberg von Sterzing, wo sich im Winter die Skifahrer tummeln, sind im Sommer Wanderer auf gut markierten Wanderwegen unterwegs, Kühe und Pferde grasen auf den Almwiesen. Eine Kabinenbahn erschließt das Gebiet und bringt uns rasch und mühelos auf 1860 m Höhe. Schon während der Fahrt genießen wir den fantastischen Ausblick auf das Städtchen Sterzing, die Zillertaler Alpen und das Wipptal. Von hier unternehmen wir einen Rundweg zu den Almen von Vallming.

Zehn Gebäude ducken sich in der weiten Talmulde an den Hang und bilden das Almdorf Vallming. Der seltsame Name Val(l)ming wird als „Tal des Minigo (Dominikus)" gedeutet. Gleich drei Almwirtschaften wetteifern um die Gunst der Gäste: die Jörgener Kaser, die früher zum Jörgenhof in Sterzing gehörte und mittlerweile ausgesiedelt wurde, die Walterkaser, zum Walterhof im Tal gehörend, und die Baronkaser, die zum Hof des Baron von Sternbach in Mareit gehört.

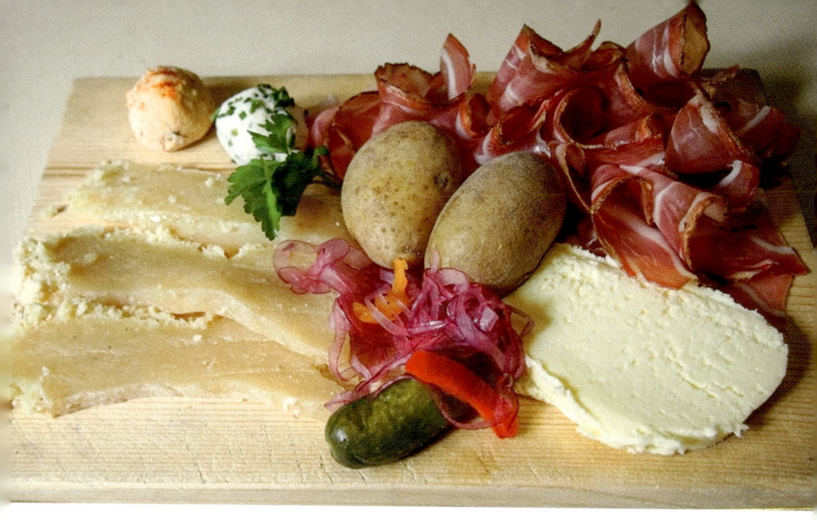

Wir entscheiden uns für die Jörgener Kaser, wo eine uralte Tradition der Graukäseherstellung gepflegt wird. Etwa 10 Melkkühe und 35 Stück Jungvieh werden im Sommer „eingenommen". Floragunde Hasler und Peppi Ralser verarbeiten bis zu 250 Liter Milch am Tag zu Graukäse und Butter, Topfen und Buttermilch. Auszeichnungen dieser Produkte auch bei internationalen Vergleichsverkostungen zeugen von deren Qualität.

Natürlich findet sich der Graukäse auf der Speisekarte wieder – etwa auf dem Jörgenbrettl, dazu gibt es hausgemachten Speck, Kaminwurzen und Butter, Essiggemüse und Pellkartoffeln. Renner sind das Tris (Graukäseknödel, Spinatknödel und Topfen-Spinat-Teigtaschen) und die Erdäpfelblattlen mit Sauerkraut. Bei den Süßspeisen sind die Apfelküchlein und die Brotprofesen, nach einem alten Rezept in Teig getunkte, gebackene, mit Zucker und Zimt bestreute und mit Marmelade gefüllte kleine Weißbrotscheiben, sehr beliebt. Joghurt, Sirupe und Säfte sind hausgemacht, neben einem offenen Vernatsch gibt es auch eine kleine Auswahl an Flaschenweinen und Fassbier.

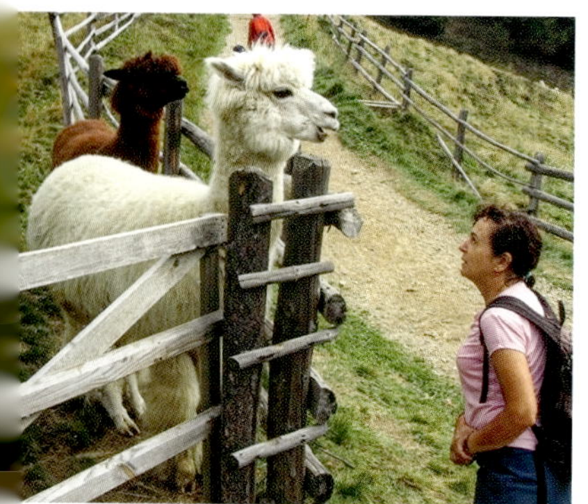

An der Bergstation der Rosskopfbahn nehmen wir den mit „Vallmingalmen" ausgeschilderten Weg, der nach kurzem Anstieg in schöner, aussichtsreicher Hangquerung zu einem Geländevorsprung mit Brunnen, Bänken, einem großen Kreuz und

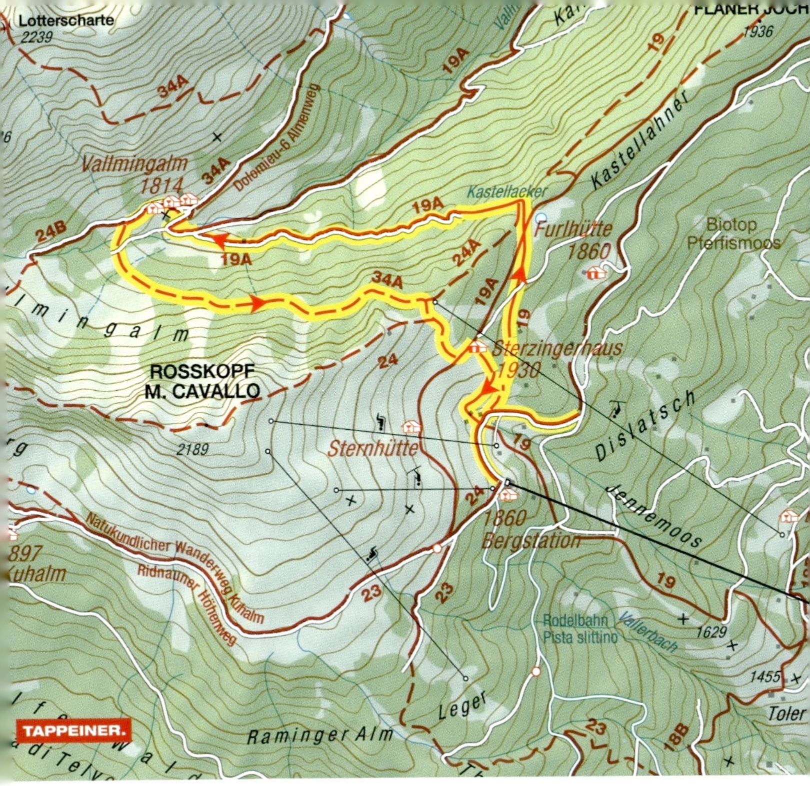

einem kleinen Teich führt. Hier beginnt nach einem Abstieg über breite Treppen der schattige und vorwiegend durch Wald führende Wanderweg Nr. 19A zur Vallmingalm (50 Minuten). Als Rückweg empfiehlt sich der markierte Steig Nr. 24B, von dem bald der Steig Nr. 34A abzweigt und über einen flachen Sattel und vorbei am Sterzinger Haus (großes Berggasthaus) zur bereits in Sichtweite liegenden Bergstation hinabführt.

2 h 5 km 80 Hm

INFOS IN KÜRZE

Jörgener Kaser
Peppi Ralser und Floragunde Hasler, Sterzing
Tel. 333 4501211 oder 333 2259558
www.vallmingalm.it

Von Anfang Juni bis Ende Sept. ohne Ruhetag geöffnet.

Am nördlichen Stadtrand von Sterzing Parkplätze an der Talstation der Rosskopf-Seilbahn. Achten Sie auf den Fahrplan für die Talfahrt.

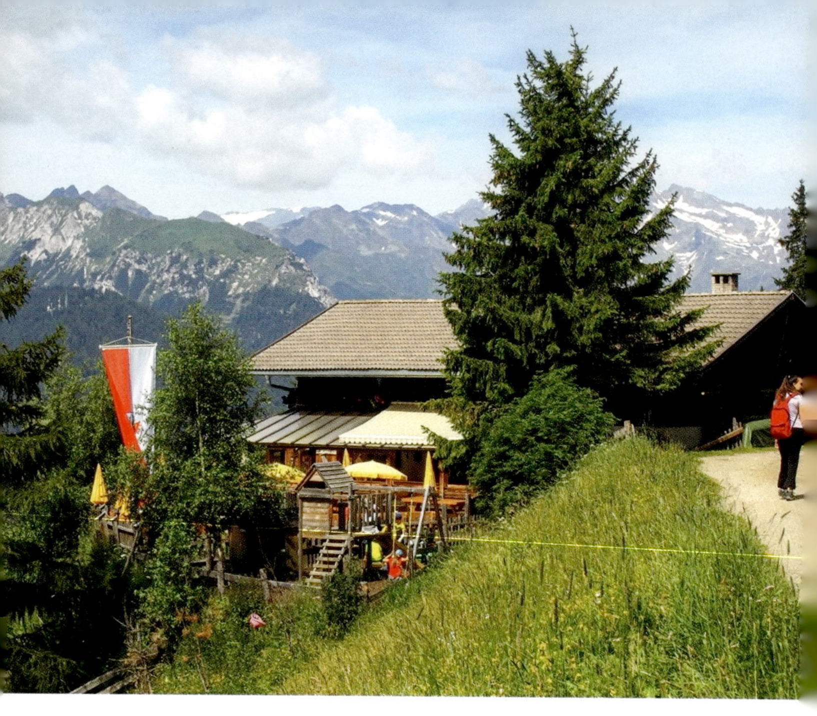

31 Prantneralm, Sterzing

Von Nordosten kommend verläuft ein Bergkamm von den Zillertaler Bergen zum Sterzinger Talbecken hin, er trennt das Pfitschtal vom Wipptal. An seinem sonnigen Abhang, in herrlicher Panoramalage und mit Aussicht zu den Stubaier Gletschern, zum Pflerscher Tribulaun und nach Sterzing liegt auf 1803 m die Prantneralm.

Die Prantneralm gehört zu einem Bauernhof im Tal, den ein Bruder von Hans Gogl, dem Hüttenwirt, bewirtschaftet. Im Sommer sind über ein Dutzend Melkkühe auf der Alm, deren Milch täglich zu Graukäse und Butter verarbeitet und an die Gäste der Alm und an Passanten verkauft wird. Die ganze Familie Gogl ist im Einsatz: Hans ist als Jäger auch Wildfleischlieferant, er ist der Koch, Sohn Christoph unterstützt ihn dabei tatkräftig, seine Frau Erna kümmert sich um den Service, Enkel Tobias hilft im Sommer fleißig im Stall und in der Käserei mit.

Auf der Speisekarte geht es traditionell zu: Jausenteller mit selbst gemachtem Butter, Speck und Käse, Knödel mit Speck, Leber, Rohnen, Käse oder Spinat und die Graukaspressknödel, Omeletten,

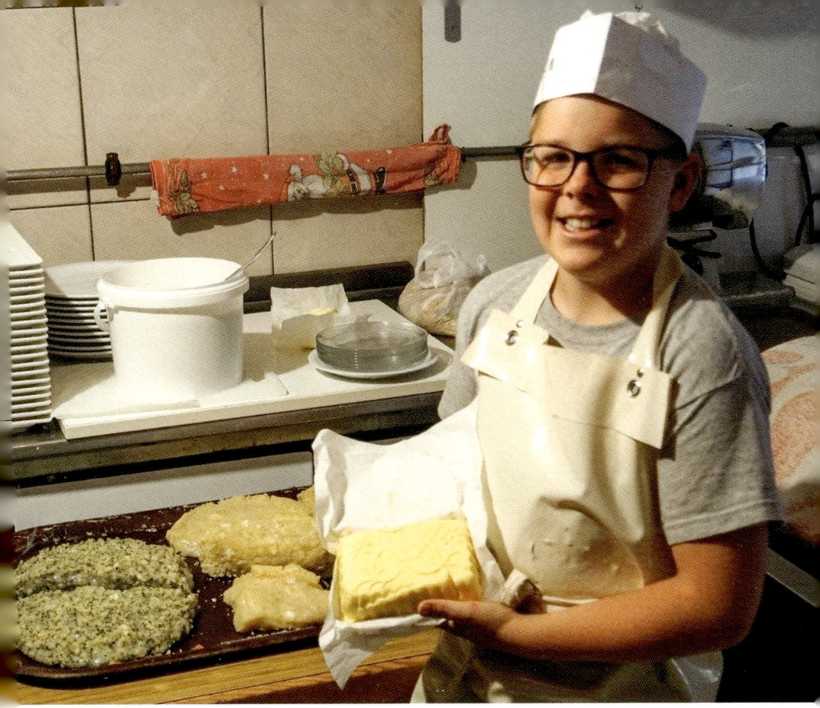

Schmarrn, Spiegeleier (drei Stück pro Portion!) mit Bratkartoffeln und Speck, Hirschgulasch, Rehbraten, Wildragout. Eine absolute Spezialität sind die Braten, Schweinshaxen und Schweinerippchen aus dem Steinofen. Mehrmals in der Woche wird in einem großen, freistehenden gemauerten Ofen Roggen- und Dinkelbrot gebacken – Hans behauptet, die Alm sei auch die höchstgelegene Bäckerei Südtirols. Nach dem Brotbacken kommt das Fleisch in den noch heißen Ofen und wird so besonders zart. Die verschiedenen Nudelgerichte sind eine Reverenz an die italienische Küche, eine Besonderheit ist die Graukassuppe, eine mit Sahne gebundene Kartoffelsuppe mit etwas Graukäse, Brotcroûtons und gebackenen Zwiebeln. Ab-Alm-Verkauf von Graukäse und herrlicher süßer Almbutter.

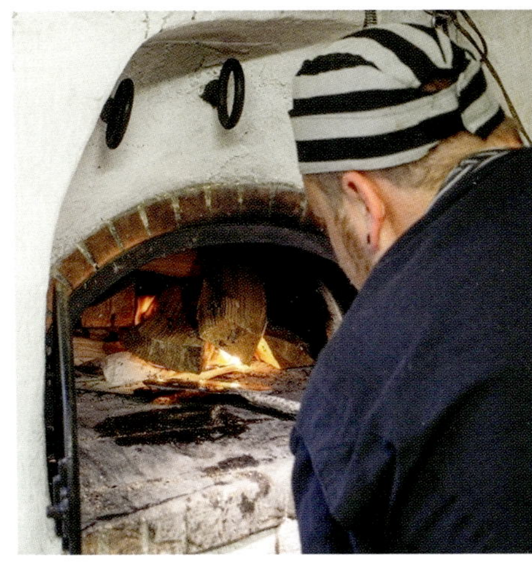

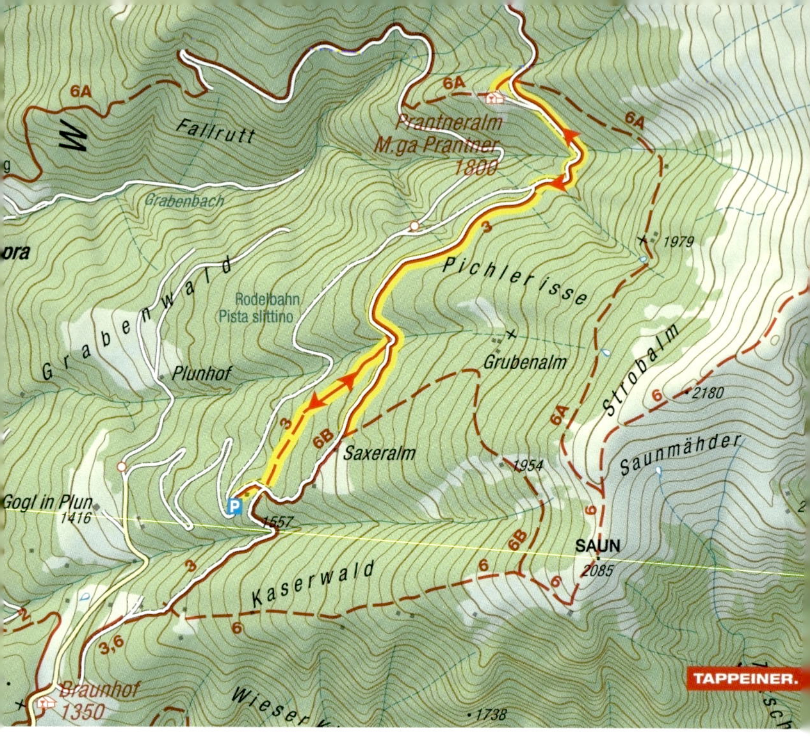

Vom Parkplatz führt eine breite, unbefestigte, zu militärischen Zwecken angelegte Straße in einer knappen Stunde zur Alm, im Winter ist die Strecke eine beliebte Rodelbahn. Schöner und naturnaher ist der Waldsteig (Nr. 3), der parallel zum Fahrweg zur Alm führt.

Hin- und Rückweg 1 h 40 min 5 km 270 Hm

Im Winter ist die Prantneralm ein beliebtes Ziel für Rodler und Winterwanderer. Die viel begangene Skiroute auf die Weißspitze führt direkt an der Alm vorbei, eine Einkehr auf der Alm ist ein Muss!

INFOS IN KÜRZE

Prantneralm
Fam. Gogl
Sterzing
Tel. 338 4959084
www.prantneralm.com

Von Mitte Mai bis Anf. Nov. ohne Ruhetag geöffnet, außerdem von Anf. Dez. bis Ostern. Küche durchgehend von 11.30 bis 21 Uhr

Von der Pfitscher Straße kurz vor Wiesen links nach Flains und Schmuders abbiegen. Nach dem Braunhof Parkplatz an der 4. Kehre. Die Zufahrt bis zur Alm auf der unbefestigten Straße wäre erlaubt.

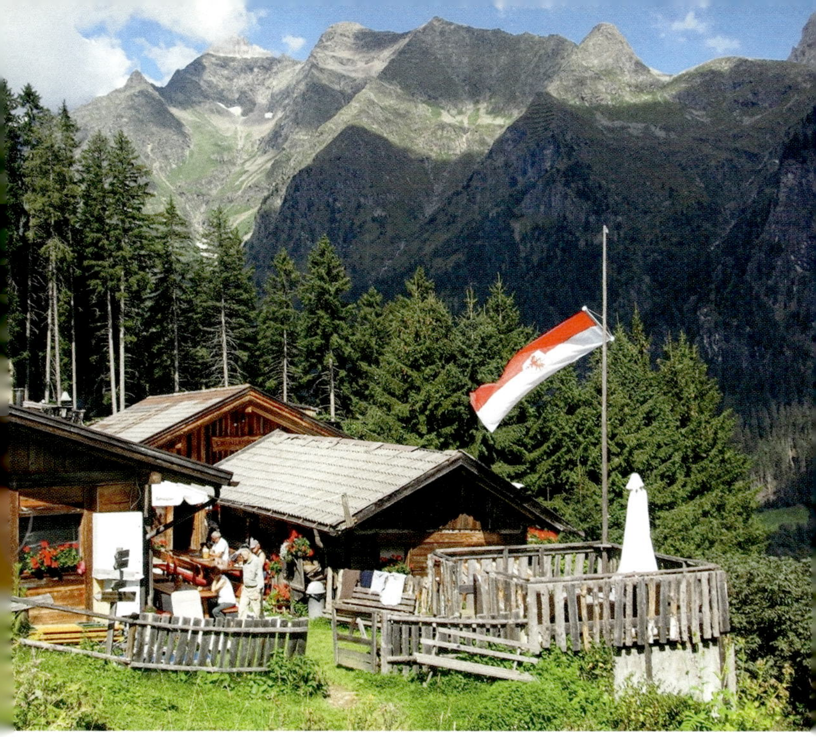

32 Allrissalm, Pflersch

Bei Gossensaß zieht sich ein kleines Tal zu den Bergriesen an der österreichischen Grenze hin. Eine Laune der Natur hat hier in Pflersch markante Gipfel aus Dolomitgestein entstehen lassen – der schönste und mächtigste von ihnen, der 3097 m hohe Tribulaun, schaut der gegenüberliegenden Allrissalm direkt bei den Stubenfenstern hinein.

Die Almbesitzer, die Familie Staudacher, haben sich auf die Schreibweise Allriss festgelegt. Die Gästebewirtung hat mittlerweile die Oberhand über die Viehwirtschaft gewonnen, aus der einst bescheidenen Hütte ist durch Zu- und Neubau fast ein kleines Almdorf entstanden. Die Alm ist leicht auf einem guten und kurzen Weg zu erreichen. Dank der weitum bekannten Küche ist sie ein beliebtes Ausflugsziel von Einheimischen und von Gästen aus dem nahen Österreich, auch die Rodelbahn zieht im Winter Jung und Alt an. Bodnerberg und Wetterspitz, im Rücken der Alm, sind außerdem beliebte Skitourenberge, eine Einkehr bei der Hütte auf dem Rückweg ist ein Muss! Walli führt das Küchenregiment, Schwager Franz,

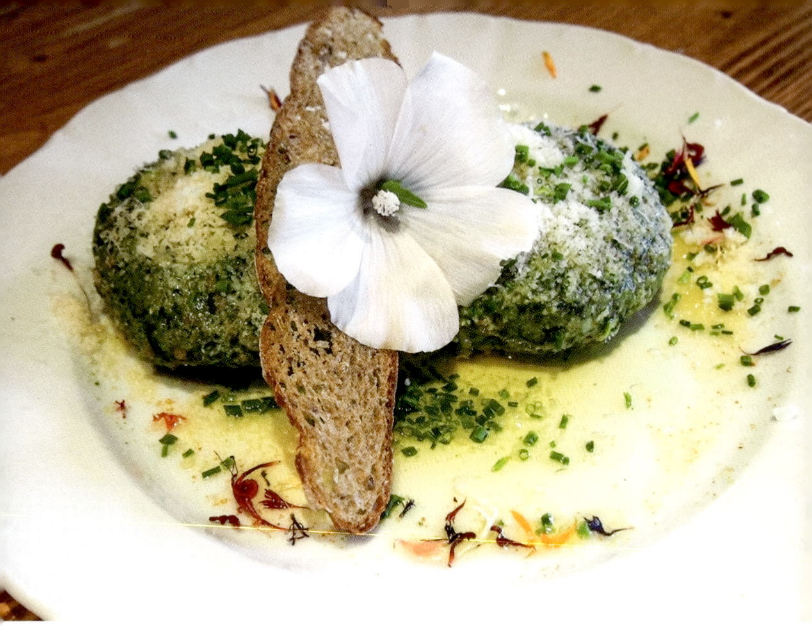

Profikoch, hilft ihr an den Wochenenden. Im Service wird sie von den Söhnen und der Schwiegertochter unterstützt, auch die kleinen Enkel sind mit Begeisterung im Einsatz!

Bei den traditionellen Hüttengerichten punkten die Knödelvariationen, herausragend sind die Rohnen- und die Pressknödel, das Hirschgulasch, an Sonntagen die Rippchen vom Rohr. Auf Bestellung gibt's das Rahmmus, zu dem die Krapfenfülle aus Apfel, Mohn, Rosinen, Zucker und Vanille gereicht wird. Walli ist auch die Kuchenbäckerin, abwechselnd gibt es Roulade, Torte, Apfelstrudel oder süße Krapfen. Selbst angesetzter Salbei- oder Schwarzbeerschnaps hilft bei der Verdauung.

Der kürzeste Weg geht vom Parkplatz in St. Anton-Pflersch auf kinderwagentauglichem Weg (Nr. 27, 27A und 27B) in einer knappen Stunde zur Allrissalm, Eilige nehmen die steilen, beschilderten Abkürzungen.
Hinweg 50 min 3 km 265 Hm

PATRICK STAUDACHER

In der Hütte hängen Plakate und Rennsporttrophäen von Patrick Staudacher. Seine größten Erfolge feierte der Skiprofi in den Speed-Disziplinen, 2007 wurde er Weltmeister im Super-G.

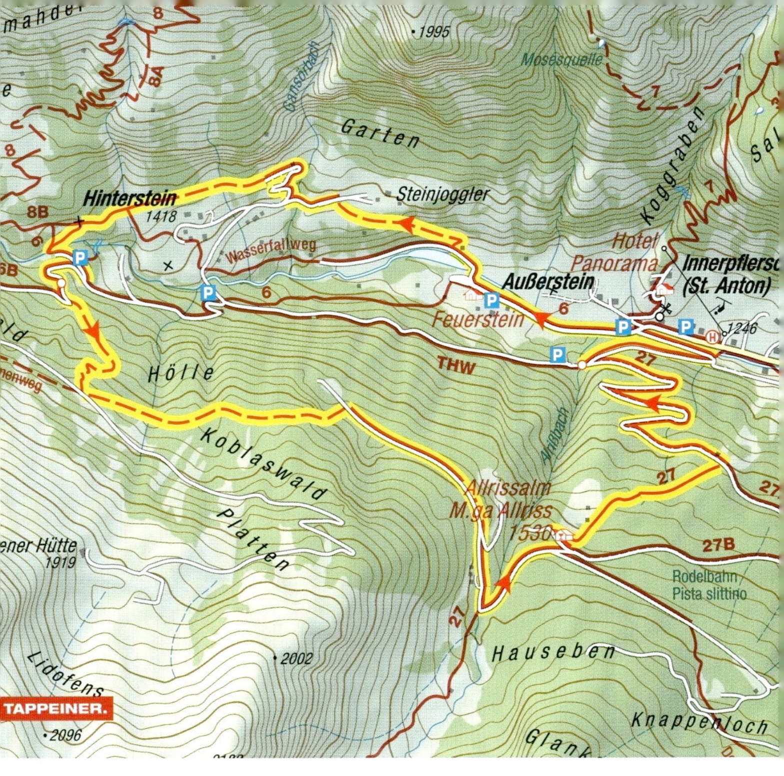

Für einen schönen Tagesausflug gehen wir vom Parkplatz beim Hotel Feuerstein hinter St. Anton über die Brücke, folgen dem Wasserfallweg auf der Sonnenseite bis zur Engstelle „Hölle", überqueren dort den Bach, steigen bei der zweiten Kehre über einen Steig (Wegweiser „Allriss") zum „Dolomieuweg" auf, der talauswärts durch Weiden und Wald mit prächtigen Blicken zum alles beherrschenden Tribulaun zur Alm (ab Start 2 h 15 min) führt. Von der Alm Abstieg zum Parkplatz.

3 h 9,1 km 560 Hm

INFOS IN KÜRZE

Allrissalm
Fam. Staudacher
Pflersch 111, Gossensaß
Tel. 349 2648358
www.ferienhaus-staudacher.com

Von Anf. Juni bis Ende Okt. und von 25. Dez. bis Ende März geöffnet, Mo. Ruhetag (außer im Aug.).

Von St. Anton-Pflersch 200 m auf der südlichen Hangseite bergauf bis zum Parkplatz.

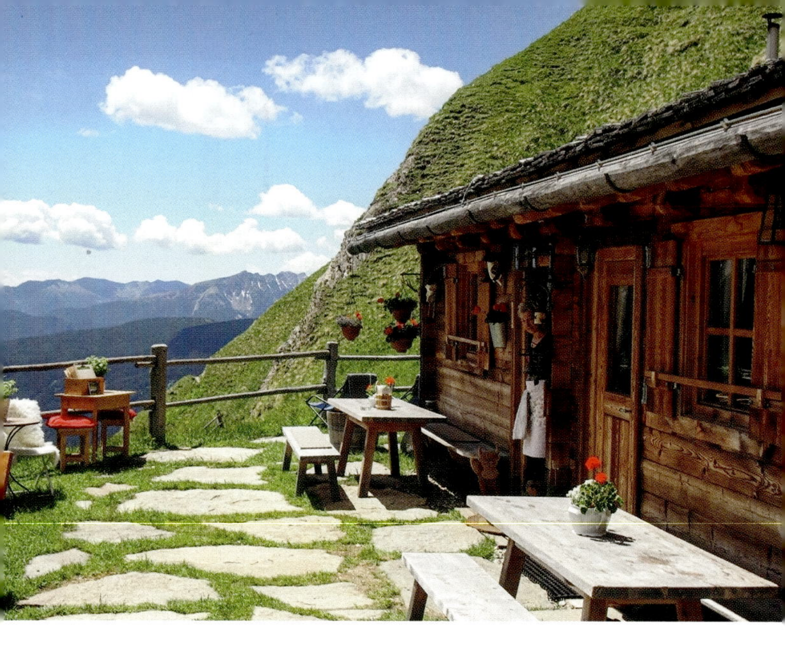

33 Tschiffernaunalm, Vals-Mühlbach

Welcher Wanderer kennt nicht die Fanealm in Vals bei Mühlbach? Es ist wohl unbestritten eines der schönsten Almdörfer Südtirols und dementsprechend viel besucht, ich möchte fast sagen, überlaufen. Aber ganz in der Nähe gibt es eine gemütliche Almhütte, eine echte Oase der Ruhe, ein Logenplatz mit wunderbarer Aussicht und netten Hüttenwirten. Also nichts wie hin zur Tschiffernaunalm. Der Name Tschiffernaun ist übrigens ein Flurname, die Almgegend und eine der Bergspitzen hinter der Alm heißen so.

Die Tschiffernaunalm (2216 m) gehört zum Schallmaierhof in Stegen bei Bruneck. 2019 haben Armin und Kornelia, beide Quereinsteiger, die Hütte übernommen. Dass Kornelia jahrelang im Service und an der Rezeption in der gehobenen Gastronomie gearbeitet hat, zeigt sich in der geschmackvollen Präsentation der durchwegs traditionellen Hüttengerichte – sie steht selbst am kleinen Holzherd – und der liebevollen Tischdekoration.

Die Knödel werden gedämpft und nicht gekocht, so bleiben sie lockerer, Brot-Crunch darüber gestreut sorgt für etwas Biss, ein grünes Blättchen Frauenmantel und die Blüte einer Kapuzinerkresse sind essbare Verzierungen. Diese Aufmerksamkeit wird allen Speisen gewidmet, vom Jausenteller bis zum Strudel mit Vanillesauce. Die

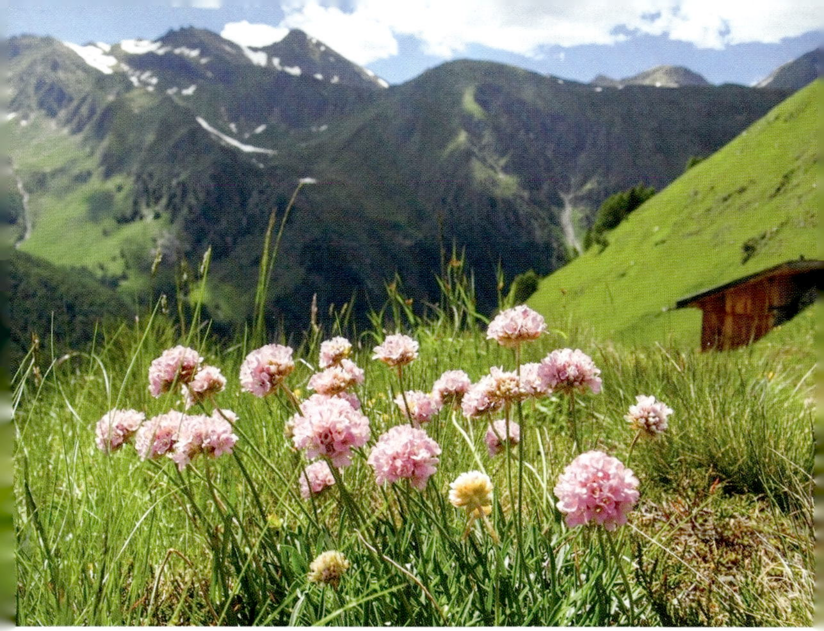

Weinkarte wartet mit einer kleinen aber feinen Auswahl auf, darunter sind etliche Bioweine.

Wir parken am Parkplatz Ochsensprung (1716 m) kurz vor der Fanealm und orientieren uns an der Tafel mit der Wanderkarte. Zwei Anstiege stehen zur Wahl: der steile AVS-Jägersteig (Markierung 15A, Gehzeit ca. 1 Stunde) oder der etwas längere, aber sanfte Forstweg (Markierung 15, Gehzeit 1 Stunde 40 Minuten). Der Jägersteig ist streckenweise sehr steil, aber abwechslungsreich mit Wiesen- und Waldstücken, Bächlein, kleinen Almhütten und Brunnen, immer wieder gibt es Flachstücke zum Verschnaufen. Am Wegesrand

DER STALL IM BERG

Neben der Almhütte fällt ein in den Berghang gemauertes Gebäude mit grasbewachsenem Dach, Rundbogentür und kleinen Fenstern auf. Es ist ein ausgedienter, ungewöhnlicher Stall, jahrhundertealt und unter Denkmalschutz. Wahrscheinlich wurde diese Bauweise zum Schutz vor Lawinen und Steinschlag gewählt.

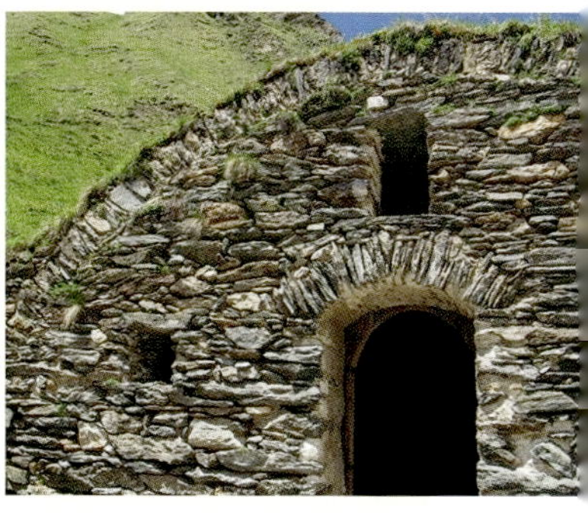

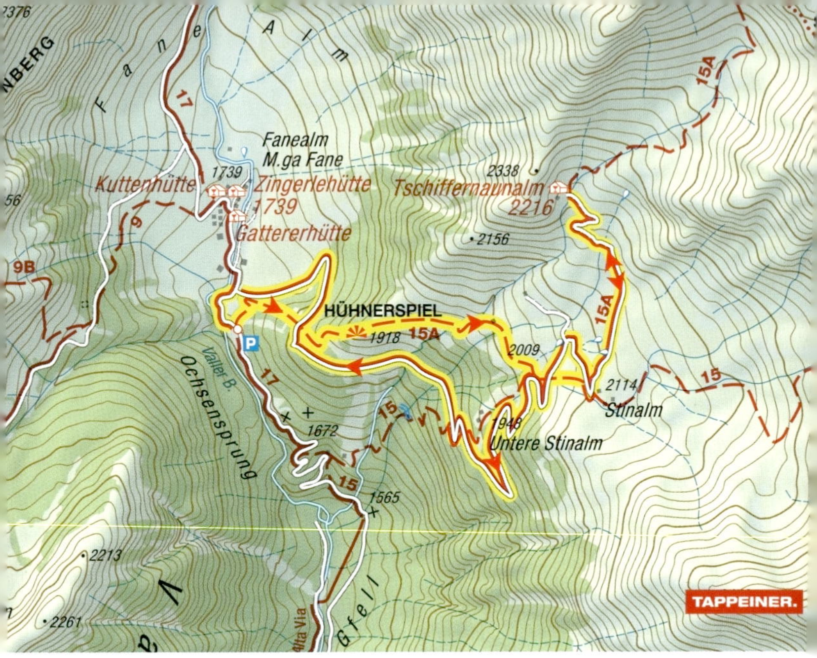

finden wir die schönsten Alpenblumen. Das letzte Stück oberhalb der Waldgrenze ab der Stinalm (nicht bewirtschaftet) verläuft über Almwiesen auf der Forststraße, die Hütte versteckt sich bis zuletzt in einer Geländemulde. Wer also seine Knie schonen möchte, steigt über den Jägersteig auf und wandert auf der Forststraße zurück, dabei sind die steilen Pfunderer Berge, das Valser Tal und im Hintergrund die Dolomiten im Blickfeld.
Rundweg ⌛ 2½ h ↔ 6,8 km ⛰ im Aufstieg 496 Hm

INFOS IN KÜRZE

Tschiffernaunalm
Vals
Tel. 346 5030427
www.tschiffernaunalm.business.site

Mitte Juni bis Ende Sept. ohne Ruhetag geöffnet.
Von Mühlbach am Eingang zum Pustertal nach Vals abbiegen, Parkplatz am Talschluss (bis hierher 10,8 km). Nun weiter auf der schmalen, kurvenreichen Autostraße bis zum Parkplatz beim sogenannten Ochsensprung. Dieser Streckenabschnitt unterliegt Verkehrsbeschränkungen. Von Juli bis zur ersten Woche im Oktober ab Parkplatz im Tal Straßensperre von 9 bis 17.30 Uhr, kostenpflichtiger Shuttleservice für die Strecke Talebene–Ochsensprung, Infos: Tourismusverband Gitschberg-Jochtal, Mühlbach, Tel. 0472 886048.

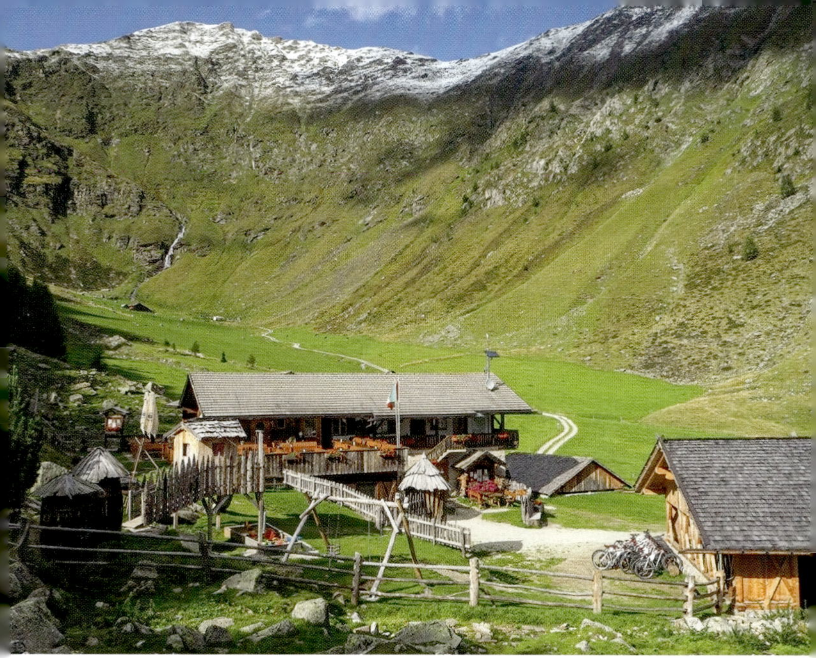

34 Wieserhütte, Altfasstal/Meransen

In den Bergen oberhalb von Mühlbach, im Ski- und Wandergebiet Gitschberg-Jochtal, geht es auf bequemen Wegen entlang eines Bächleins durch Wiesen und Wälder zur Wieserhütte.

Das Altfasstal ist eines der schönsten Bergtäler Südtirols, sonnig und offen, bequem zu erwandern und aus diesem Grund insbesondere für Familien mit Kindern ein ideales Ausflugsziel. Mehrere Almwirtschaften liegen auf dem Weg, wir aber lassen uns nicht verführen und peilen die Wieserhütte am Talende an, dort wird neben dem Ausschank auch eine Hofkäserei betrieben. Es ist die Alm des Wieserhofs in Meransen. 50 Stück Vieh, davon 20 Kühe, sind zu versorgen, im Hochsommer gehen die Tiere auf die Hochalmen bei den Seefeldseen, im Früh- und Spätsommer grasen sie auf den Weiden rund um die Hütte. Simon, der Sohn des Wieserbauern hat seit einigen Jahren die Wieserhütte übernommen und führt sie mit viel Leidenschaft und Freude. Seine Frau Petra unterstützt ihn in der Gästebewirtung und führt das Küchenteam. Vor allem die Produkte der eigenen Almkäserei machen das Essen auf der Wieserhütte zu einem besonderen Geschmackserlebnis.

Es werden Graukäse, Ricotta, Frischkäse, verschiedene Kräuter- und Gewürzkäse, gelagerter Almkäse, Butter, Buttermilch und

Joghurt hergestellt. Alle Erzeugnisse können auf der Hütte verkostet und gekauft werden.

Der einfachste Weg zur Hütte ist der breite, viel begangene Talweg, der anfangs durch Wald, dann zum größten Teil über Wiesen führt und auf dem es an sonnigen Tagen recht heiß sein kann. Er bringt uns in 1½ Stunden ans Ziel. Als Alternative empfehle ich folgenden Rundweg, der weniger begangen ist und teilweise durch hellen Wald zur Wieserhütte führt: Am Parkplatz nehmen wir Weg Nr. 15, später 16A. Er führt uns durch schönen Hochwald, der immer wieder Blicke ins Altfasstal freigibt, an der rechten Talseite allmählich bergauf. Bei einer Weggabelung gehen wir geradeaus. Unser Weg trägt jetzt die Nr. 16B, er geht in einen Waldsteig über, der sich bei einer Almwiese (höchster Punkt, 1994 m) wieder ins Tal senkt. Nach ca. 2 Stunden haben wir die Wieserhütte erreicht.
Der Rückweg geht talauswärts (Markierung Nr. 15), bei einer Wegteilung nach einem Brunnentrog nehmen wir den linken, ostseitigen Weg (Nr. 16), er ist weniger begangen und geht bald in einen schönen, ebenen Waldsteig über, der kurz vor dem Parkplatz in den Hinweg mündet.
3½ h 11 km 390 Hm

DIE WIESERHÜTTE, EIN SCHUTZHAUS

Einst stand im Tal ein Schutzhaus des Alpenvereins Südtirol. 1968 brach während einer Silvesterfeier ein Brand aus und zerstörte es. In den darauffolgenden Jahren übernahm die Wieserhütte die Schutzhüttenfunktion, so wie alle Schutzhäuser bietet sie Betten und Schlaflager sowie einen Winterraum an. Sie ist das Ziel von Wanderern, die in den dahinterliegenden Bergen alpine Touren oder Mehrtageswanderungen unternehmen. Im Winter ist das Altfasstal wenig besucht. Der Talweg ist zwar nicht steil, wegen der seitlichen Hänge ist die Lawinengefahr aber sehr hoch.

INFOS IN KÜRZE

Wieserhütte
Simon und Petra Fischnaller
Meransen
Tel. 340 3756419 (Hütte)
oder 0472 520350 (Hof)
www.schutzhaus-wieserhuette.com

Von Mitte Mai bis Anf. Nov. (Allerheiligen) ohne Ruhetag geöffnet.

In Meransen den Schildern „Altfasstal" bis zum großen, gebührenpflichtigen Parkplatz (1606 m) folgen.

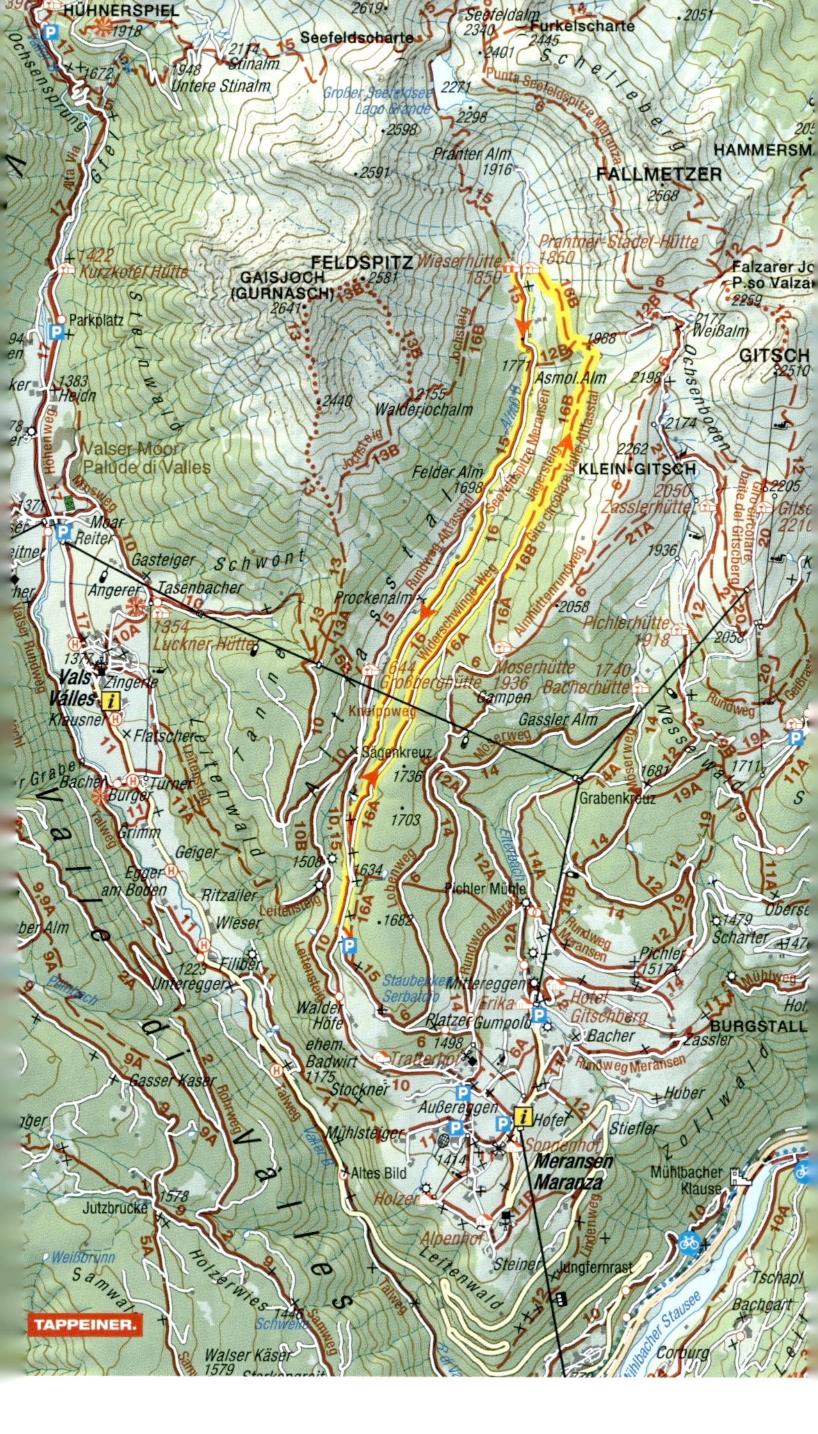

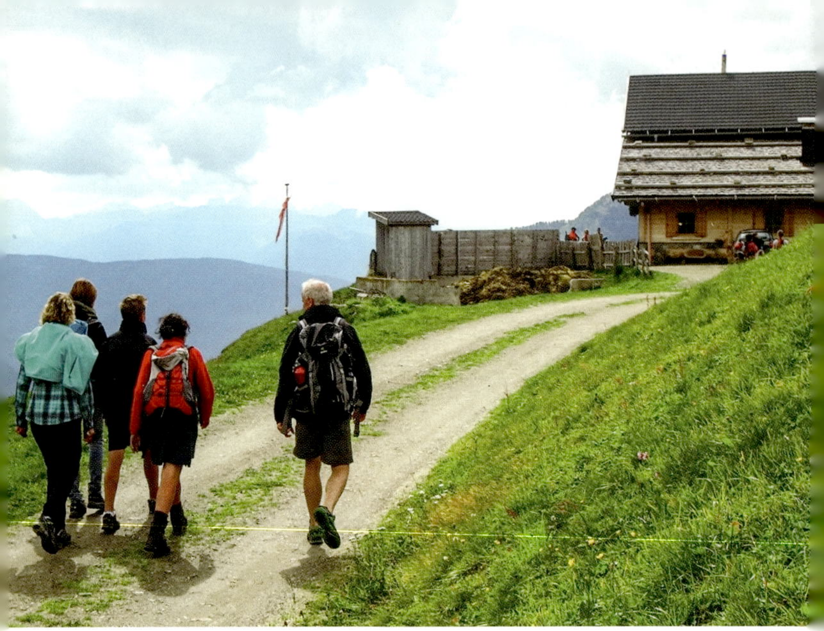

35 Gampielalm, Pfunders

Bei Niedervintl im Pustertal biegt das Pfunderer Tal ab, an den Dörfern Weitental und Pfunders vorbei führt die Straße in eine wilde und scheinbar unzugängliche Bergwelt. Die Pfunderer Berge, eine Untergruppe der Zillertaler Alpen, sind fast ein weißer Fleck auf der Wanderkarte Südtirols, ein Grund mehr, zur Gampielalm (2047 m), auf einer aussichtsreichen Kuppe gelegen, aufzusteigen.

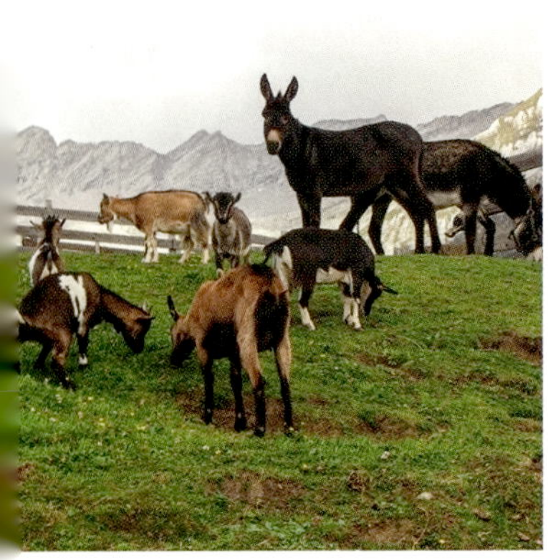

Die Gampielalm gehört zum Jenneweinhof in Pfunders. Im Sommer übersiedelt die ganze Familie vom Bauernhof in die Sommerfrische auf die große, gut ausgebaute und moderne Alm. Mit dabei sind die 12 Milchkühe, aber auch Katze, Hund, Hennen, Ziegen und Esel, etliches Vieh von anderen Bauern wird ebenfalls auf die Weide aufgetrieben. Manuela Huber steht in der Küche und verwöhnt die Gäste mit herzhafter Bauernkost, an Sonntagen wird sie dabei von ihrer Mutter unterstützt.

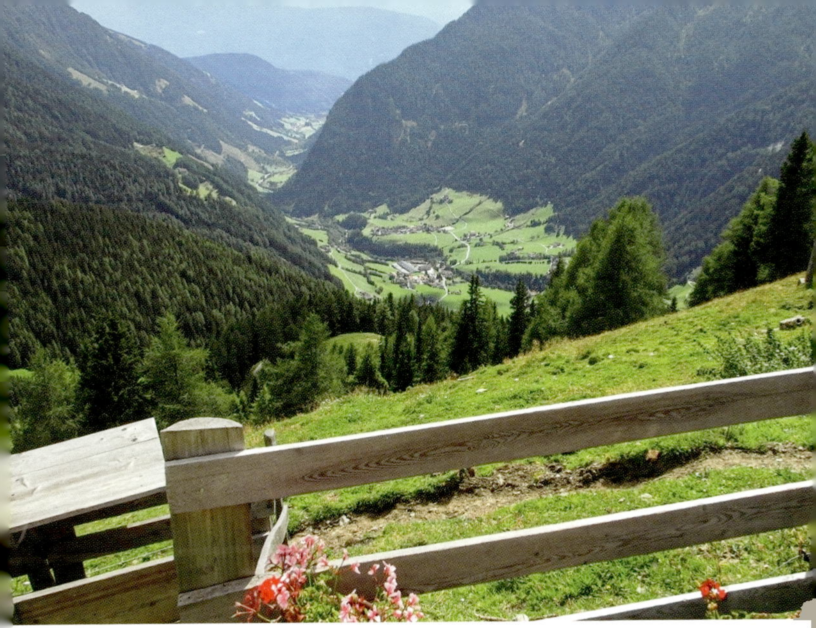

Eine Köstlichkeit sind die Erdäpfelblattln mit Sauerkraut, auch die Press-, Käse-, Spinat- und Speckknödel schmecken vorzüglich. Der Graukäse kommt von einem Nachbarn bzw. der Käserei im Dorf, die Eier von den Hühnern auf der Alm, Kartoffeln und die Krautköpfe (Weißkohl) für das Sauerkraut vom eigenen Acker. Die Portionen sind riesig, die Hüttennudeln, Maccheroni mit Ragù, Speck und Sahne, sind kaum zu bewältigen. Viele Säfte wie Zitronenmelissen- oder Holundersaft, Himbeersirup, Eistee und Apfelsaft sind hausgemacht. Im Übrigen haben auch die Tester von Gault-Millau die gute Küche der Gampielalm entdeckt und entsprechende Auszeichnungen vergeben.

Der schnellste Weg startet beim Parkplatz oberhalb des Hintereggerhofes in Pfunders. Teils auf dem Forstweg, teils auf steilem Steig (Nr. 30), die Kehren abkürzend, ist die Strecke in einer guten

DER PFUNDERER MARMOR

Die Pfunderer Berge sind aus unterschiedlichen Gesteinen gebildet, die auch wirtschaftlich genutzt wurden. Für den Bau der Klosterkirche in Ettal (Bayern), des Brixner Doms und der Franzensfeste wurde im 18. und 19. Jahrhundert Chloritschiefer gebrochen. 1963 wurde in Pfunders ein Unternehmen zum Abbau von Chloritschiefer, Serpentin und Quarzit gegründet.

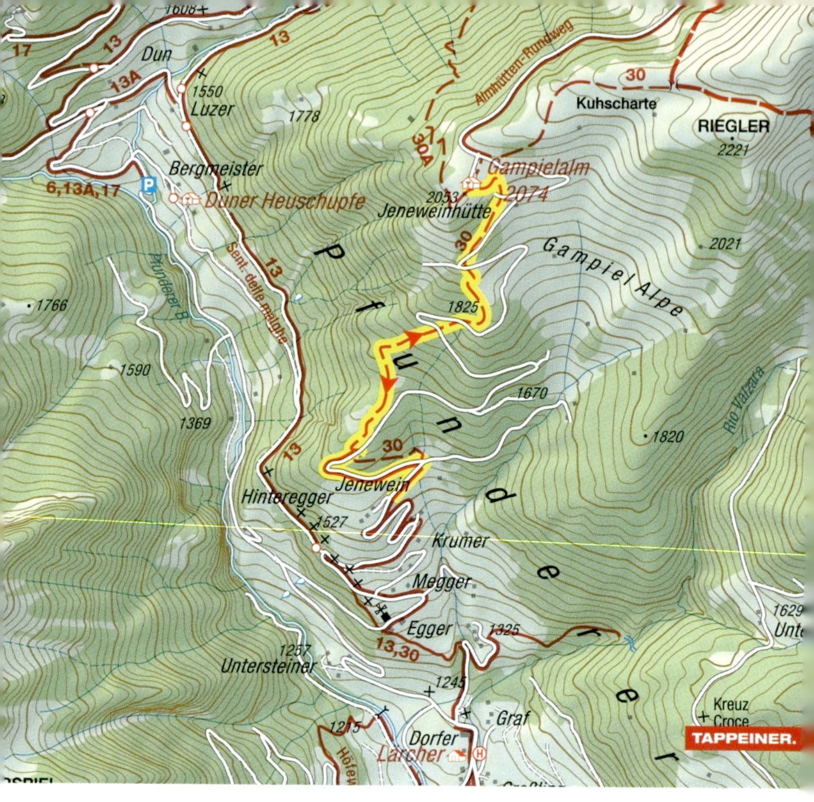

Stunde leicht zu schaffen, wer auf der Straße bleibt, benötigt eine halbe Stunde mehr.
Hinweg ⌛ 1 h 10 min ⟼ 2,2 km ⩘ 515 Hm

Auf der Website der Alm finden sich weitere Zustiegsmöglichkeiten zur Alm sowie längere Touren oder Rundwege ab der Alm, z. B. zur Edelrauthütte oder zur Tiefrastenhütte (über den Pfunderer Höhenweg). Info: www.gampielalm.com

INFOS IN KÜRZE

Gampielalm
Manuela und Andreas Huber
Vintl-Pfunders
Tel. 0472 549204 oder
338 4858383
www.gampielalm.com

Von 1. Juli bis Ende Sept. ohne Ruhetag geöffnet, im Juni und Okt. sofern es die Witterung zulässt, nur an den Wochenenden.

Von der Pustertaler Straße ab Niedervintl 14 km bis zum Parkplatz beim Hintereggerhof.

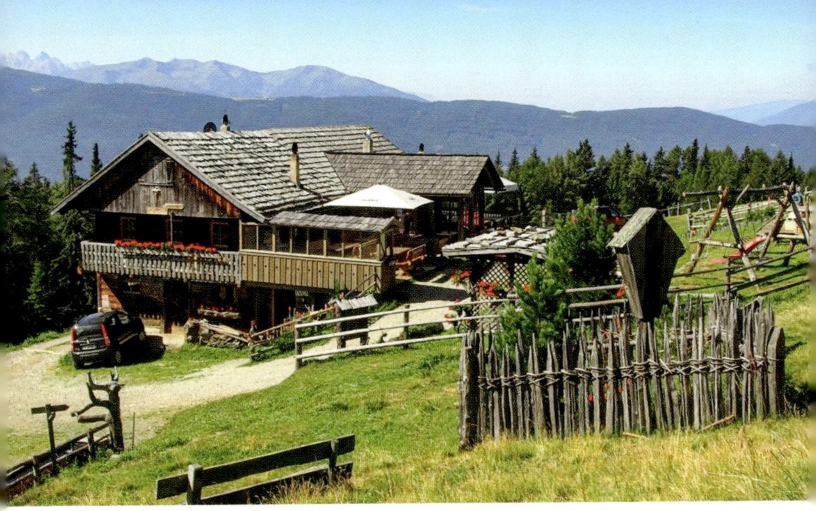

36 Pertingeralm, Terenten

Im unteren Pustertal schieben sich die letzten niederen Ausläufer der Pfunderer Berge zur Sonnenterrasse von Terenten und Pfalzen vor. Am Fuß einer dieser zahmen Gipfel liegt knapp an der Baumgrenze mitten in weiten Almen das Ziel unserer heutigen Tour, die Pertingeralm. Der Ausblick auf das Pustertal und den Talkessel mit Bruneck, ins Gadertal, zur Rodenecker Alm sowie zu den Dolomiten im Südosten ist prächtig.

Die Pertingeralm gehört zum in den Wiesen über Terenten gelegenen Unterpertingerhof und wird von der Familie Passler bewirtschaftet. Die Alm auf 1861 m ist wegen der schönen Lage, dem einfachen Aufstiegsweg und der guten Küche ein viel besuchtes Ausflugsziel von Einheimischen und Feriengästen. Kinder können sich auf der Wiese und am großen Spielplatz mit Spielhäuschen und Geräten austoben. Haustiere, darunter drei Esel, freuen sich über Streicheleinheiten.

AUF DER ALM DA IST WAS LOS!

Am 3. August wird auf der Wiese vor der Alm unter Freunden und in Dirndl und Lederhose mit hölzernen Kugeln und Schlägern um den Pokal im hier erfundenen „Gaudigolfen" gespielt. Am 18. August beginnt es – zunächst ernst – mit einer Feldmesse, dann geht das fröhliche Kirchtagstreiben los.

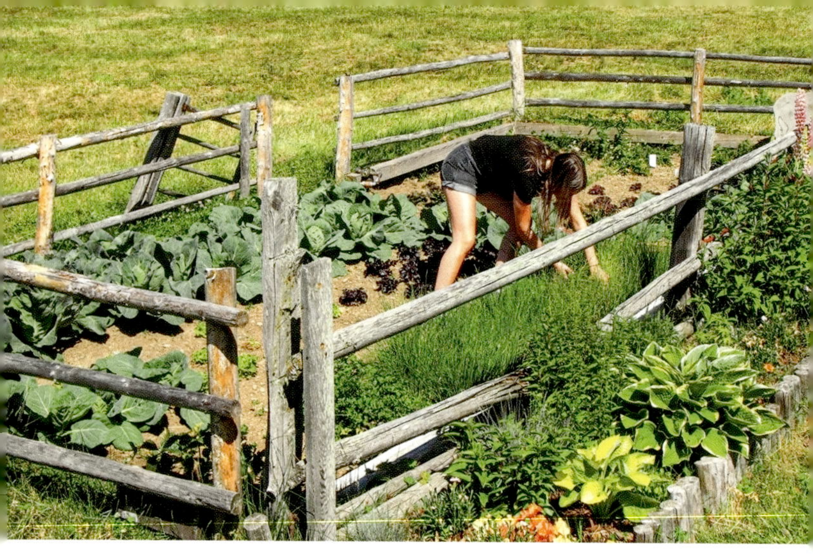

Auf die Tische in den zwei gemütlichen Stuben und auf der Sonnenterrasse kommt einfache Pusterer Kost, als Reverenz an die vielen italienischen Sommergäste gibt es Bandnudeln und Polenta mit Pfifferlingen oder Hirschragout. Beliebt sind die „Spareribs", von den verschiedenen Knödelsorten sind die Buchweizenpressknödel (die plentenen) besonders zu erwähnen, zur Verdauung empfehlen sich die selbst angesetzten Kräuterschnäpse. Bernhard kümmert sich um den Service, Margit ist die Kuchenbäckerin, es locken Apfelstrudel, Buchweizentorte (Schwarzplentene), Joghurtkuchen oder Sachertorte.

Östlich von Terenten zweigt ein Fahrweg zu den letzten Höfen am Waldrand ab, oberhalb des letzten Bauernhofes, dem Nunewieser, befindet sich ein Parkplatz. Hier beginnt die Wanderung auf einer

DER TEUFELSSTEIN

Hinter den letzten Höfen liegt auf einer Waldlichtung ein hausgroßer Felsblock, vermutlich ein Findling aus der Eiszeit, den die Gletscher beim Abschmelzen zurückließen. Um diesen Felsen, im Volksmund Teufelsstein genannt, rankt sich eine Sage: Der Teufel, der mit diesem Stein das Dorf Mühlwald zerstören wollte, holte ihn von den Bergen bei Lüsen und flog damit durch die Lüfte. Als er sich über Terenten befand, läuteten plötzlich die Kirchenglocken und der Teufel, dem die Kräfte schwanden, ließ den Stein fallen. Ein Wegweiser führt vom Aufstiegsweg in wenigen Minuten zum Stein, wo eine Ruhebank und eine Erklärungstafel stehen.

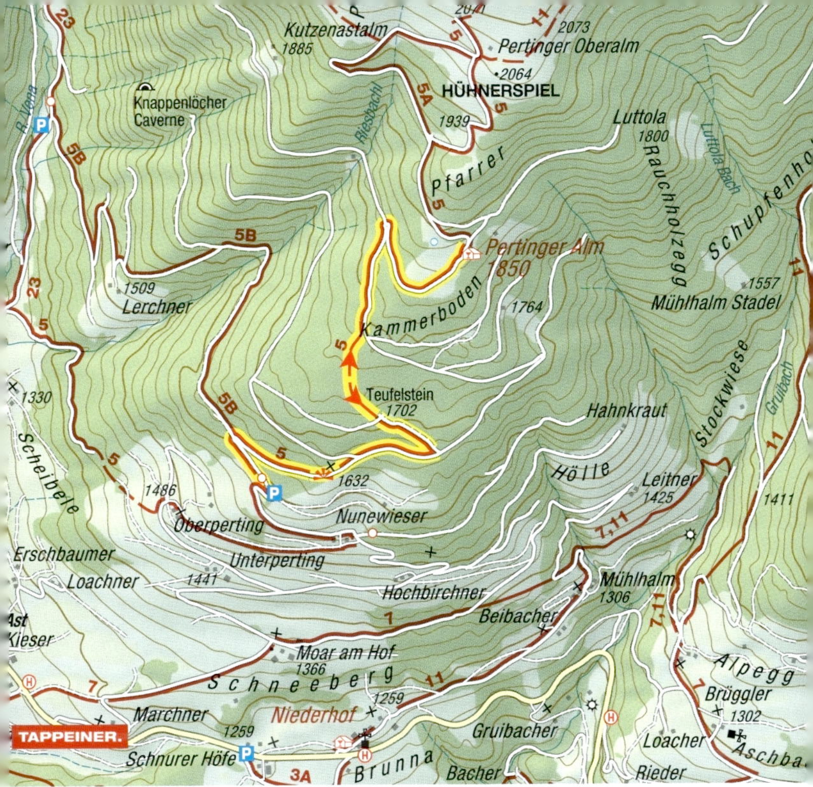

Forststraße zur Alm. Wer den Weg etwas abkürzen will, nimmt den alten Almweg (Nr. 5), der mehrmals die Serpentinen der weniger steilen, aber längeren Forststraße schneidet. Nach einer knappen Stunde erreichen wir das Wiesenplateau mit der Pertingeralm (1861 m). Der Rückweg geht über die Aufstiegsroute.

Hinweg 1 h 2,5 km 270 Hm

INFOS IN KÜRZE

Pertingeralm
Fam. Passler
Schneebergstr. 4
Terenten
Tel. 348 9054028
www.pertingeralm.it

Geöffnet von Anf. Juni bis Mitte Okt. (Mo. Ruhetag, außer im Aug.), von 26. Dez. bis 6. Jan., bis Mitte März immer am Wochenende.

Auf der Pustertaler Straße bis Niedervintl, nun bergauf nach Terenten. Die 3 km lange Zufahrt zum Parkplatz (auf 1587 m) zweigt von der Hauptstraße östlich von Terenten ab und ist gut ausgeschildert (Schneebergstraße, Pertingeralm). Bus Nr. 421 bis Terenten, Haltestelle an der Schneebergstraße.

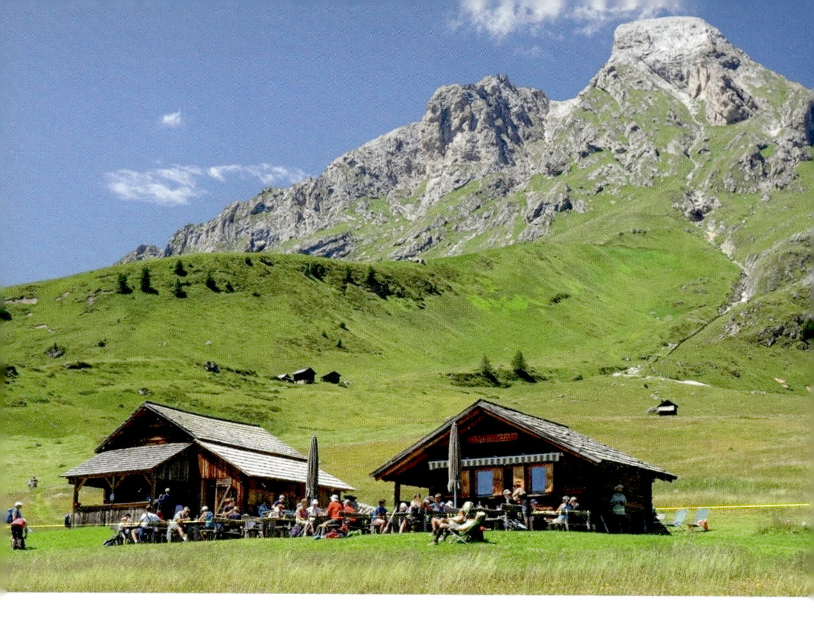

37 Ütia Vaciara, Campill, Gadertal

Auf dem Südosthang des Peitlerkofels breiten sich sanfte, buckelige Bergwiesen aus, auf denen etliche hölzerne Almhütten liegen. Eine davon ist die Ütia Vaciara, die auf leichten Wanderwegen zu erreichen ist.

Die Hütte liegt prächtig, inmitten von Almwiesen, mit Traumblick auf die Berge! Die Wiesen werden seit jeher gemäht, das Heu wird ins Tal auf den Gscnara-Hof gebracht. Mittlerweile ist die Hütte ein Ausflugsgasthaus, die Speisekarte von Renata Pezzei ist beachtlich!

Da mischt sich Tirol-Gadertalerisches mit Italienischem: Neben Knödeln, Nocken, Omeletten, Spiegeleiern und Bratkartoffeln sind verschiedene Nudelgerichte, Polenta mit Käse, Bratwurst, Gulasch

ALMHÜTTENFERIEN IN DEN DOLOMITEN

Machen Sie sich den Traum wahr! Nichts stört die Ruhe in dieser Traumlandschaft auf der Vaciarahütte. Hier, auf 2090 m, übernachtet man umgeben von der hochalpinen Bergwelt am Fuß des Peitlerkofels: Der Blick zu den Dolomiten, zum Piz da Peres, zum Kreuzkofelmassiv, auf die Lavarella, den Lagazuoi und den Monte Pelmo ist einzigartig. Info: www.gscnara.it/almhuette

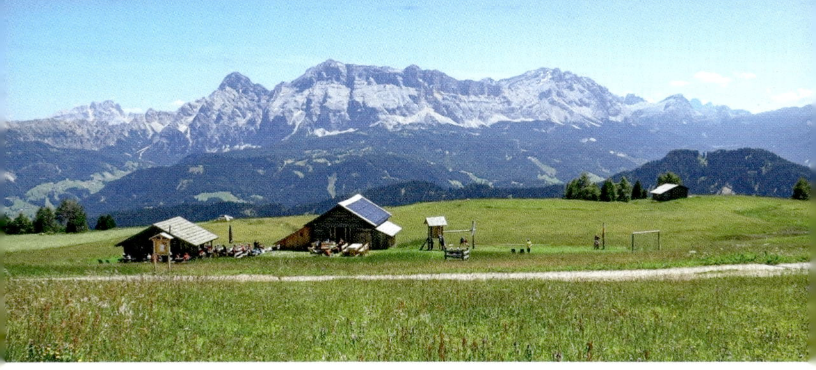

oder Pilzen im Angebot. Außerdem gibt es am Sonntag eine Gerstensuppe und die Turtres mit Spinat und Topfen. Wunderbar sind die Mehlspeisen: Apfelmohntorte und Apfelstrudel. Aus eigener Produktion stammen hausgemachte biologische Milchprodukte wie Butter, Käse und Joghurt.

Der einfachste Weg geht vom Parkplatz am Waldrand oberhalb von Campill-Vì durch Lärchenwald und später Almwiesen (Nr. 9) zur Alm. Rückweg wie Hinweg.
Hinweg 1 h 40 min 3,9 km 490 Hm

Eine Tageswanderung der Extraklasse ist die Umrundung des Peitlerkofels, des markanten nordwestlichsten Dolomitengipfels. Der abwechslungsreiche Weg führt an schroffen Felswänden und einer geologisch interessanten Schlucht vorbei, durch Wälder und blumenreiche Matten. Wir starten am Parkplatz Würzjoch auf 2004 m. Der Weg (Nr. 8A) geht gemütlich bergauf, am Rand der Schlucht des Moibaches vorbei, zur Almwirtschaft Munt de Furnela (2073 m), quert das Kar unter den Peitlerwänden, um als steiler Steig in Kehren bis zur Scharte (2348 m, 1 Stunde 10 Minuten) zu klettern. Hier geht der Blick weit über die Dolomitentäler. Nun wandern wir bergab (Weg Nr. 4B) und dann in leichtem Auf und Ab zur Vaciarahütte (2090 m, 2½ Stunden). Danach steigt der Steig zum Gömajoch (2108 m) und zur gleichnamigen Hütte, um dann kurzweilig durch Wald, Wiesen und Latschenbestände, an Felsblöcken vorbei zur Munt-de-Furnela-Hütte und zurück zum Parkplatz am Würzjoch zu gehen.
4 h 10 min 13 km 650 Hm

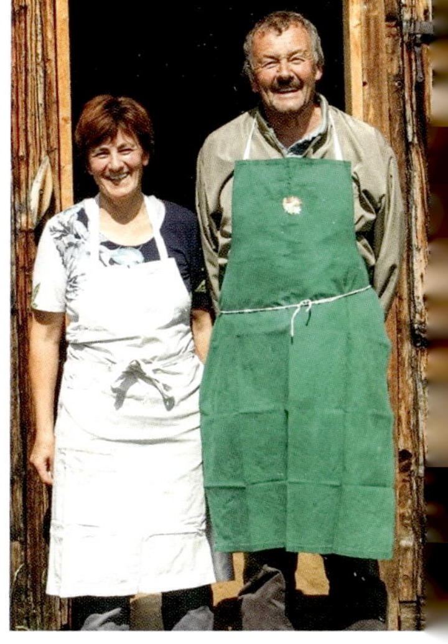

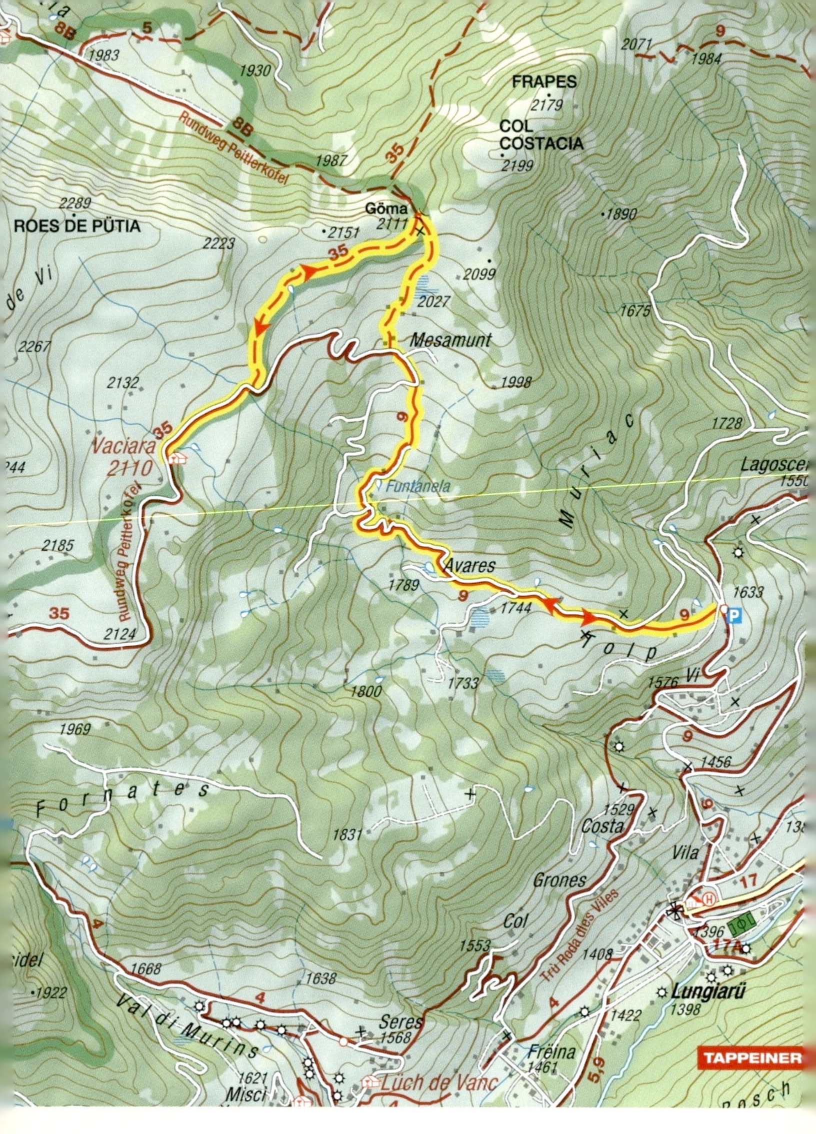

INFOS IN KÜRZE

Ütia Vaciara
Giuseppe Zingerle und Renata Pezzei
Campill-St. Martin in Thurn
Tel. 339 7026003
www.gscnara.it

Von Juni bis Okt. ohne Ruhetag geöffnet.

Von der Gadertaler Straße nach St. Martin abbiegen und weiter bis Campill. Ab Campill, Ortsteil Vì, mit dem Auto bis zum Parkplatz am Waldrand.

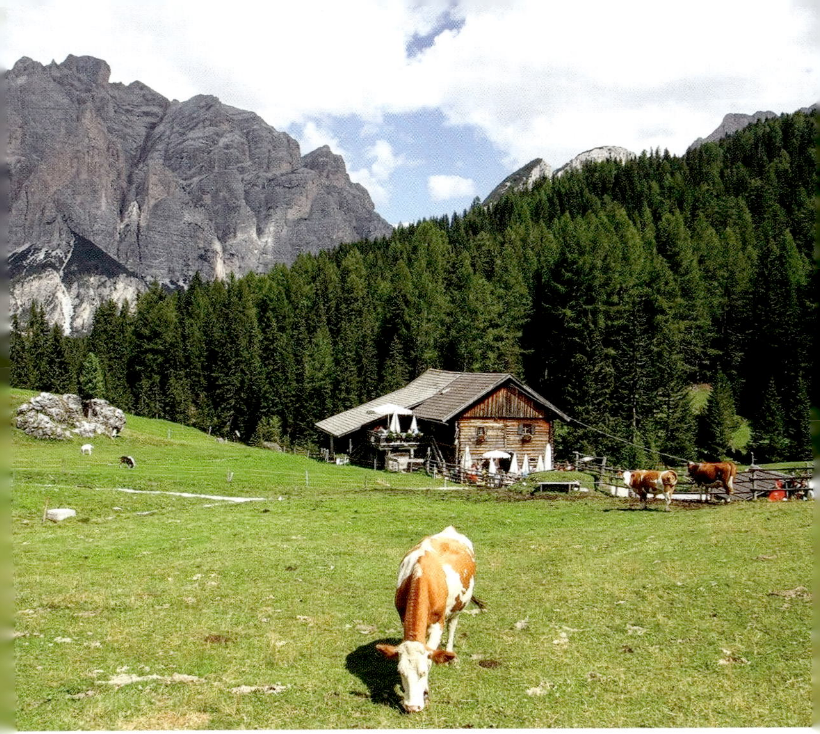

38 Valparolaalm (Eisenöfenalm), St. Kassian, Gadertal

Im äußersten Südosten Südtirols breitet sich eine der prächtigsten Dolomitenlandschaften überhaupt aus. Eingerahmt von den Gipfeln der Fanesgruppe und den Felsentürmen des Lagazuoi zieht sich ein breites sonniges Tal von St. Kassian zum Valparola- und zum Falzaregopass hin. In dieser Traumlandschaft liegt auf 1740 m die Valparolaalm.

Die urige Valparolaalm – auch als Eisenöfenalm bekannt – gehört zum Moserhof in Hofern bei Terenten, das erklärt, warum der Almpächter und Käser, Oswald Oberhofer, aus dem Pustertal kommt. Das Weideland gehört der Diözese Bozen-Brixen, bis vor wenigen Jahrzehnten wurde am Vinzentinum in Brixen noch Vieh gehalten, im Sommer auf die Alm geschickt und die Milch hier verarbeitet. Die Almgebäude stehen kurioserweise auf dem Gebiet der Provinz Belluno, der Zufahrtsweg beginnt in Südtirol, im Sommer grast hier Weidevieh von Bauern aus der Gegend. Aus der Milch wird Topfen

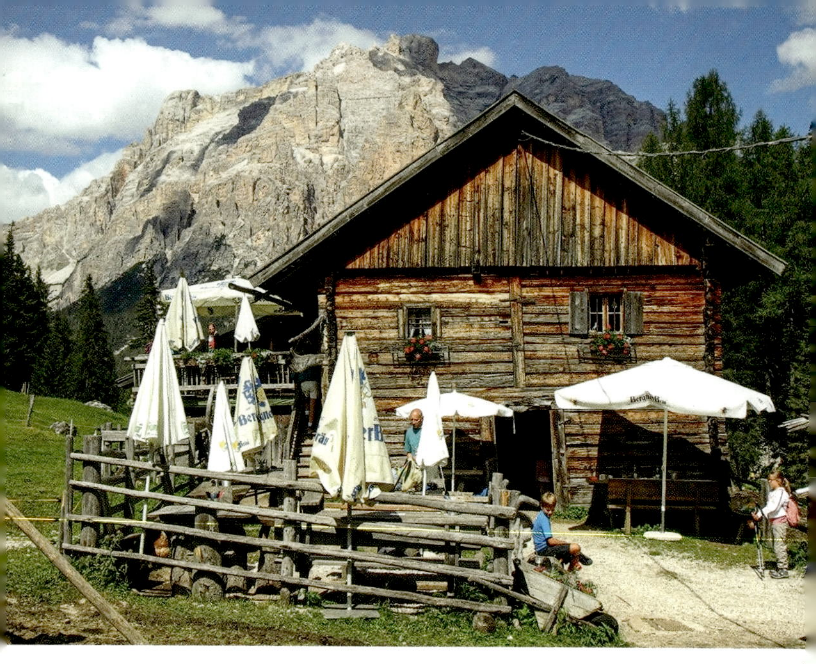

(Quark), Joghurt, Frischkäse und gereifter Mager-, Weich- und Vollmilchschnittkäse hergestellt. Es ist ein richtiger Familienbetrieb: Ruth Oberhofer steht in der Küche, Tochter Lena bedient, Sohn David arbeitet als Hirte.

Das Lieblingsgericht der Gäste ist das Bauernomelett (Frittata alla contadina) in der Pfanne serviert, mit Eiern, Speck, Käse, Tomaten und Frischkäse („primo sale"), dicht gefolgt von den Käsevariationen und den Süßspeisen wie Topfen- und Apfelstrudel, der Buchweizentorte und den Muffins mit Waldfrüchten.

WAS ES MIT DEN EISENÖFEN AUF SICH HATTE

Bereits 1177 wird das Eisenwerk von Fursil erwähnt, das Schmelz- und Hammerwerk Andraz bei Buchenstein wurde 1554 erbaut, es war im Besitz des Bistums Brixen und lieferte das weitum geschätzte „ferro d'agnello", Messer und Waffenklingen mit dem Siegel der Bischöfe von Brixen, dem Lamm. Wegen der schweren Erreichbarkeit und des Mangels an Brennholz für die Öfen – die Wälder waren abgeholzt und verheizt –, wurden die Eisenöfen 1612 nach Valparola verlegt, daher der Name. Im 17. Jahrhundert waren die Erzminen erschöpft, die Öfen wurden kurzzeitig nach Piccolein verlegt und bald stillgelegt.

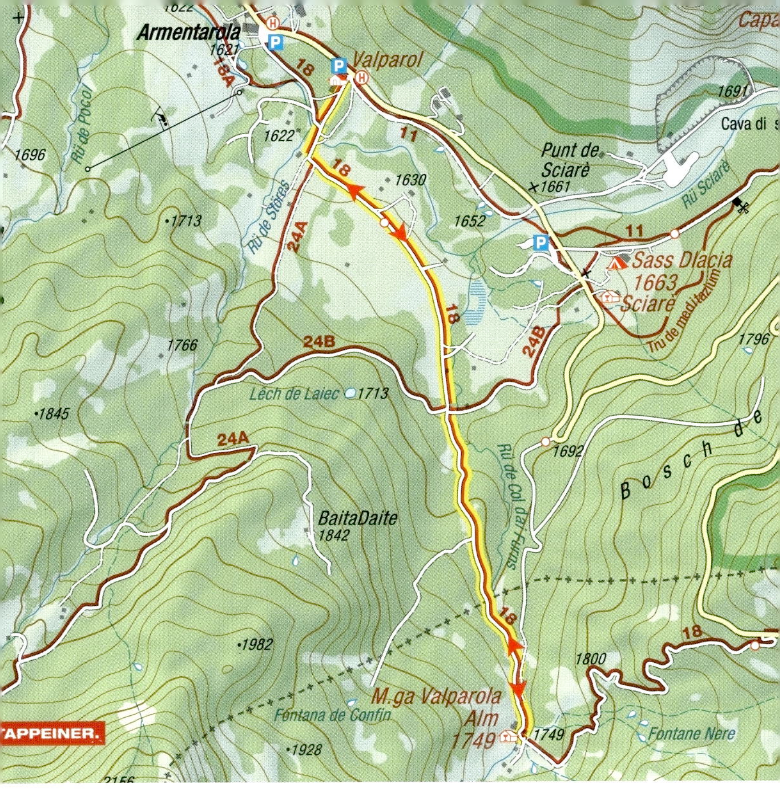

Vom Parkplatz an der LS37 biegen wir beim Hotel Valparol in die Pre-de-Costa-Straße ein, queren auf gutem, breitem Weg (Nr. 24B) über Wiesen und am Waldrand entlang den Talgrund und den Bach, folgen der Beschilderung „Malga Valparola" (Weg Nr. 18), immer mit prächtiger Sicht auf die nahen Felswände der Cunturinesspitze, der Lavarella und des Setsass in 35 Minuten zur Alm. Der Weg ist bei Familien und Senioren äußerst beliebt und dementsprechend frequentiert. Rückweg wie Hinweg.

Hinweg 45 min 2,5 km 115 Hm

INFOS IN KÜRZE

Valparolaalm
Oswald und Ruth Oberhofer
St. Kassian
Tel. 333 9105378 oder
348 9379501

Von Mitte Juni bis Mitte Sept. ohne Ruhetag geöffnet.

Von der Straße St. Kassian–Valparolapass nach der Brücke über den Bach mit dem Kiesabbau, nahe dem Hotel Valparol (Bushaltestelle und Parkplatz) parken.

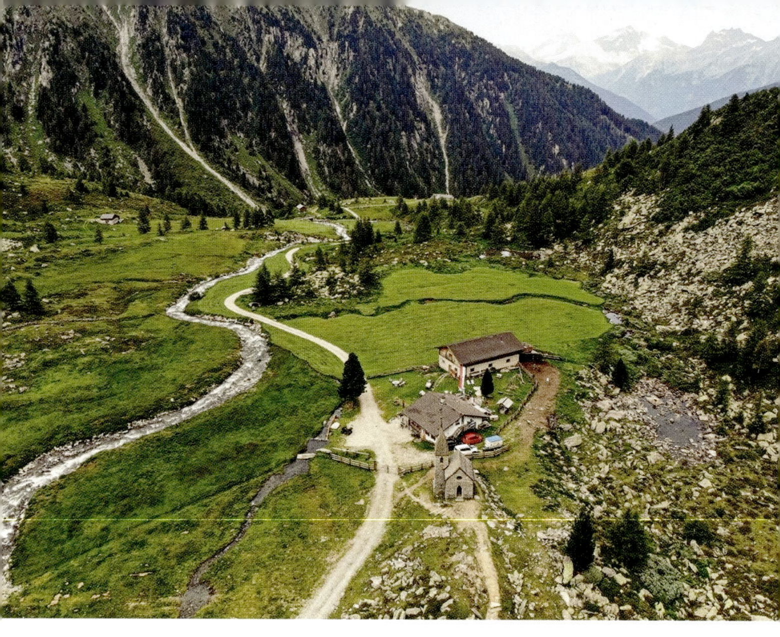

39 Gögealm, Weißenbach

Bei Luttach, am Beginn des Ahrntals, mündet an der orographisch rechten Seite das kleine Seitental Weißenbach ein, in dessen Talschluss die Gögealm mit der Kapelle Maria Schnee auf einem ebenen Wiesengrund liegt. Hohe Berge rahmen das Almgelände ein, zum Alpenhauptkamm hin erhebt sich der Turnerkamp mit stattlichen 3420 m.

Die Gögealm gehört dem Außerhof-Bauern aus dem Tal, Familie Engl führt die Almwirtschaft, die am Weg zur nahen Chemnitzer Hütte und dem Kellerbauerweg liegt. Vom Tal bis zu diesem besonderen

SCHAUFELN FÜR DIE GÖTTER

Auf dem Moosboden wenig oberhalb der Gögealm, einst ein See, entdeckten Archäologen bei Grabungen in den Jahren 2008 und 2009 an einer ufernahen Stelle über 150 Kellen und Schaufeln aus Holz. Der Depotfund stammt aus dem Zeitrahmen vom 1. Jahrtausend v. Chr. bis zur vorrömischen Eisenzeit. Die Gegenstände dürften im Rahmen von Kulthandlungen an einem Brandopferplatz deponiert worden sein. Im Rathaus/Pfisterhaus in Steinhaus sind die Funde ausgestellt. Infos: www.ahrntal.eu

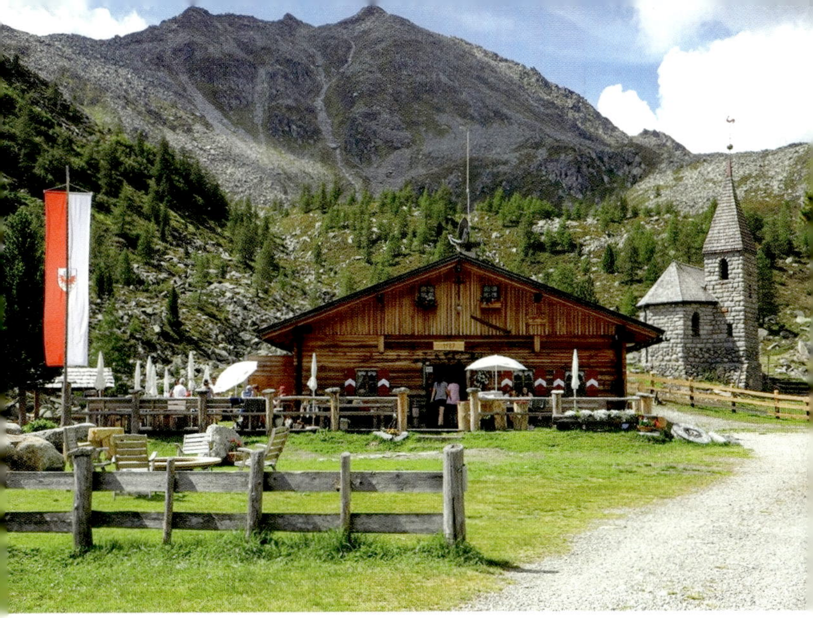

Plätzchen sind über 600 Höhenmeter zu überwinden, da kommen Hunger und Durst auf – gut, dass es auf der Alm was Ordentliches zu essen gibt! Die kleinen Gäste können sich auf dem Spielplatz vor dem Haus austoben oder im flachen Bächlein mit Wasserrad und Teich hinter dem Haus nach Herzenslust planschen.

Wie es sich für das Ahrntal gehört, sind die Hauptdarsteller auf der Speisekarte die Pressknödel, meist von Krautsalat begleitet. Natürlich fehlen die verschiedenen Knödelvarianten nicht. Speck und Kaminwurzen sind hausgemacht, ebenso die verschiedenen Säfte, die wie das Fassbier bei Durst Abhilfe schaffen. Groß ist auch die Kuchen- und Süßspeisenauswahl, wechselnd sind Apfelstrudel, Buchweizentorte, Tiramisù, Linzerschnitten oder Käsesahnekuchen im Angebot. Bei der Verdauung helfen selbst angesetzte Schnäpse.

Vom Parkplatz hinter Weißenbach, beim Bergrestaurant Schnaidaleachn, führt ein breiter Weg (Nr. 24) in vielen Kehren durch das Tal stetig aufwärts, den Bach entlang bis zu einem ebenen Hochtal

KIRCHTAG AUF DER ALM

Zu Maria Schnee (an einem Sonntag Anfang August) ist bei der Gögealm Kirchtag, da wird eine Bergmesse gelesen, die Musik spielt auf, und für die vielen Gäste gibt es Extra-Festtagsgerichte.

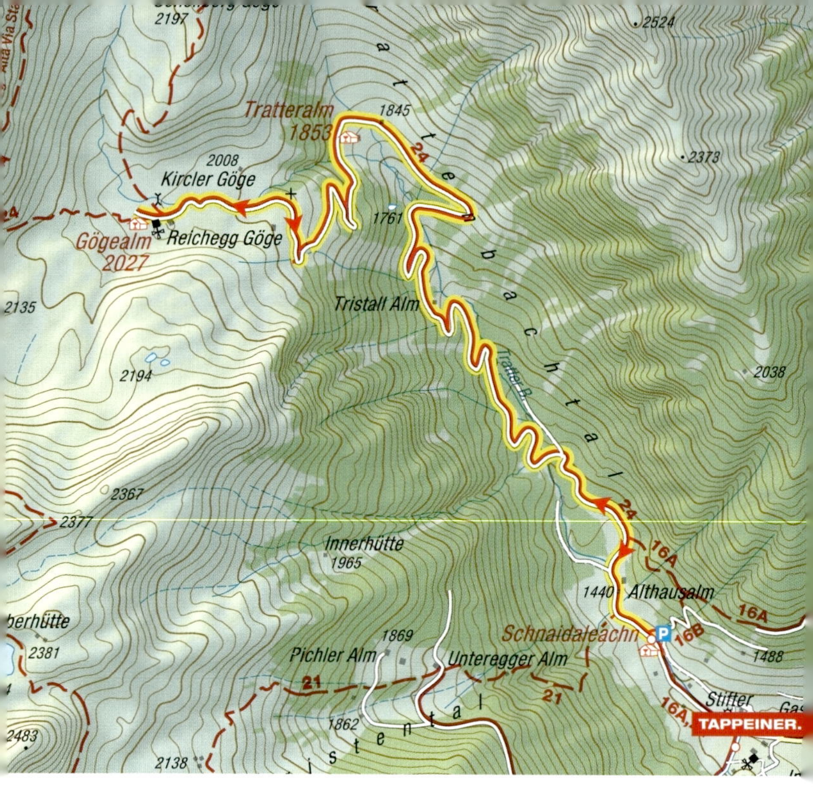

oberhalb der Baumgrenze. Ein etwas steilerer, kurzweiliger und markierter Steig kürzt die Straßenkehren und die Aufstiegszeit zur Alm ein wenig ab. Wo sich im Sommer der breite Weg von Weißenbach zur Gögealm heraufzieht, steigen im Winter bei sicheren Wetterverhältnissen gern die Schneeschuhwanderer auf. Von der Alm ist es auch nicht mehr weit bis zur Chemnitzer Hütte (2424 m), in einer Stunde sind die 400 zusätzlichen Höhenmeter zu schaffen (Weg Nr. 24 und 24A).

Hinweg 2 h 4,9 km 625 Hm

INFOS IN KÜRZE

Gögealm
Fam. Engl
Innertal 125
Weißenbach-Ahrntal
Tel. 0474 646313

Von Mitte Juni bis Mitte Okt. ohne Ruhetag geöffnet.

Von Luttach nach Weißenbach bis zum Parkplatz beim Bergrestaurant Schnaidaleachn

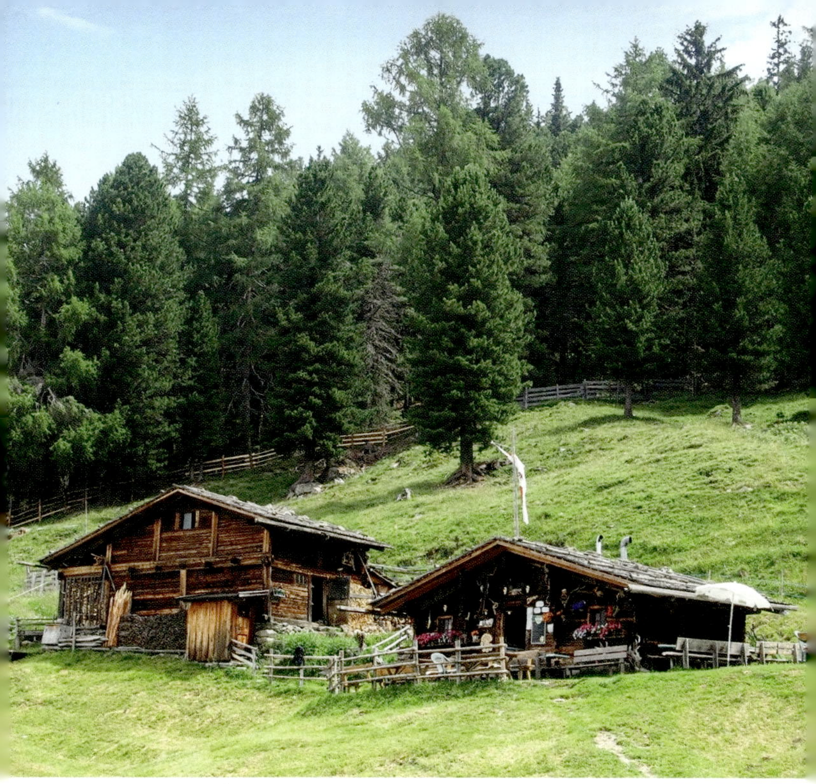

40 Gruberalm, Ahrntal

Auf der linken Talflanke des Ahrntals liegen auf einzelnen Rodungsinseln Bauernhöfe am steilen Hang, der hier Gföllberg (von „Gefälle", „steil") heißt. Eines dieser Anwesen ist der Gruberhof. Er stammt aus dem 14. Jh. und wird seit sieben Generationen von der Familie Oberkofler bewirtschaftet. Zum Hof gehört die auf 1838 m und inmitten einer Verebnung gelegene Gruberalm. Der Blick zu den gegenüberliegenden Dreitausendern mit den beherrschenden Gipfeln von Schwarzenstein, Großem Löffler, Turnerkamp, Mösele und Hohem Weißzint ist prächtig und beeindruckend.

Die Gruberalm ist ob ihrer aussichtsreichen Lage, Einfachheit und typischen Gerichte bei Einheimischen und Feriengästen zu einem beliebten Ausflugsziel geworden. Die Almhütte sowie der daneben liegende Stall samt Stadel sind in ihrer Ursprünglichkeit – Blockbauweise und Schindeldach – erhalten geblieben, alte Holzbalken datieren aus dem fernen Jahr 1807. Im Sommer wird die Alm von der Familie des Gruberbauern bewirtschaftet, diese pendelt täglich vom Hof in die Höhe. Frau Annemarie (Anni), die Bäuerin, kommt aus dem angrenzenden salzburgischen Pinzgau, dort, auf der österreichischen Nordseite der Ahrntaler Bergriesen besitzen die Oberkoflers nämlich auch eine Alm – Liebe überwindet problemlos Staatsgrenzen! Den Strom für die Alm und den Küchenbetrieb liefert ein kleines E-Werk am nahen Bach.

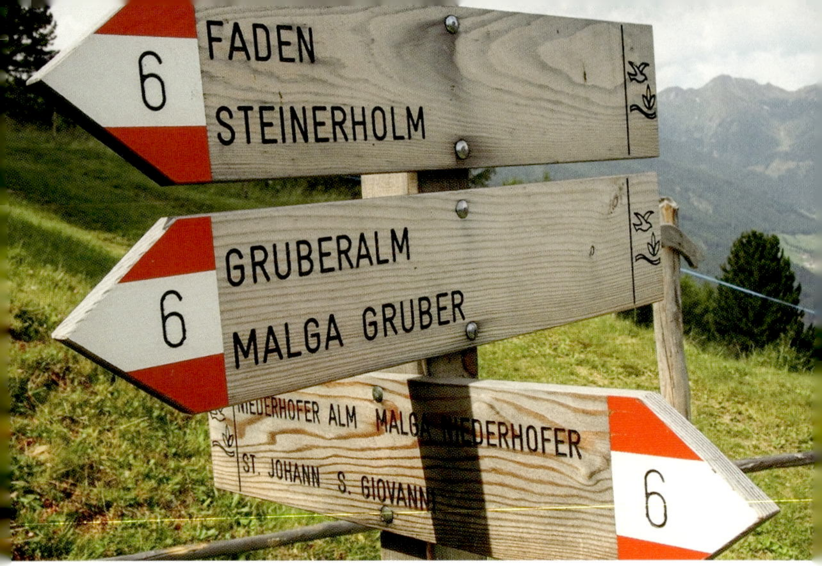

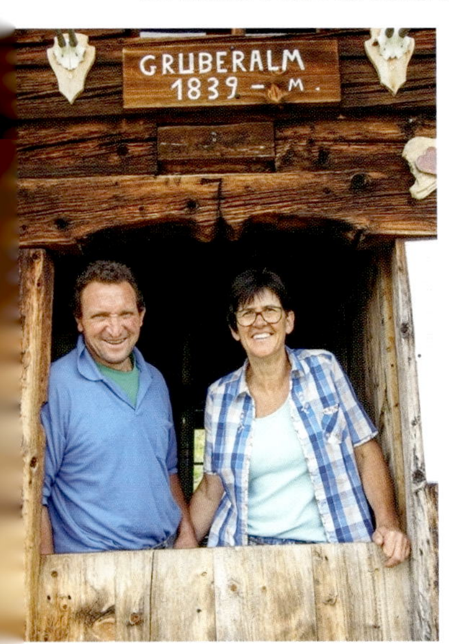

Viele Zutaten für die Gerichte kommen vom eigenen Bauernhof: Milch, Butter, Fleisch, Speck und Kaminwurzen. Schnäpse werden selbst angesetzt, Preiselbeer- und Himbeersirup sind selbst gemacht. Wanderer lieben die Kaspressknödel und den Kaiserschmarrn, an Sonn- und Feiertagen ergänzen ein Sonntagsbraten oder Gulasch die Hüttengerichte, dann helfen auch Sohn Roland und Tochter Anita in der Küche und im Service an den vielen Tischen im Freien mit.

Der klassische Weg zur Alm, mit der Nr. 6 markiert, führt von St. Johann im Talgrund in konstanter Steigung in zwei Stunden Gehzeit zur Gruberalm oder Grüiba

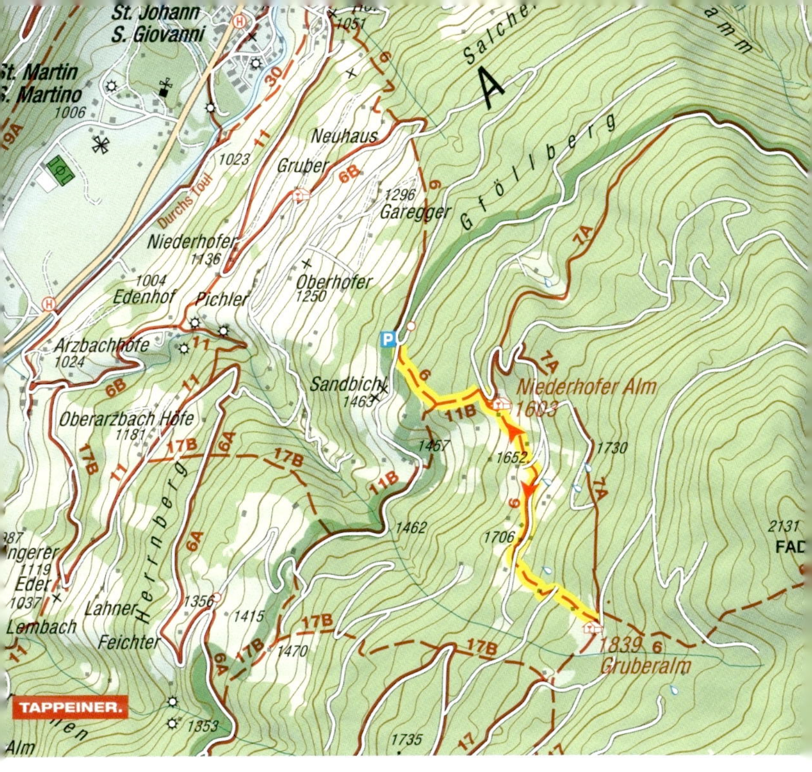

Olbe, wie die Einheimischen sagen. Einfacher ist es, auf der asphaltierten Höfezufahrt zum Gruberhof und weiter bis zum Sandbichlerhof zu fahren und dort zu parken. Die Wegweiser, immer mit der Nr. 6, führen uns auf dem Wald- und Wiesensteig, an der Niederkofleralm vorbei, in einer Stunde zur Gruberalm. Für Gipfelstürmer: Von der Gruberalm ist der Steinerholm, ein 2364 m hoher aussichtsreicher Gipfel am Pojener Kamm, in 1 Stunde 25 Minuten auf gutem Steig zu erreichen.

Hinweg 50 min 1,4 km 365 Hm

INFOS IN KÜRZE

Gruberalm
Fam. Oberkofler
Herrnberg
St. Johann-Ahrntal
Tel. 0474 671734
oder 347 7511602

Geöffnet von Mai bis Okt., kein Ruhetag.

Am nördlichen Dorfausgang von St. Johann von der Umfahrungsstraße abfahren, über die Brücke, am Gebäude der Feuerwehr vorbei und nun bergauf, bis ans Ende der Asphaltstraße vor dem Sandbichlerhof, hier einige Parkplätze.

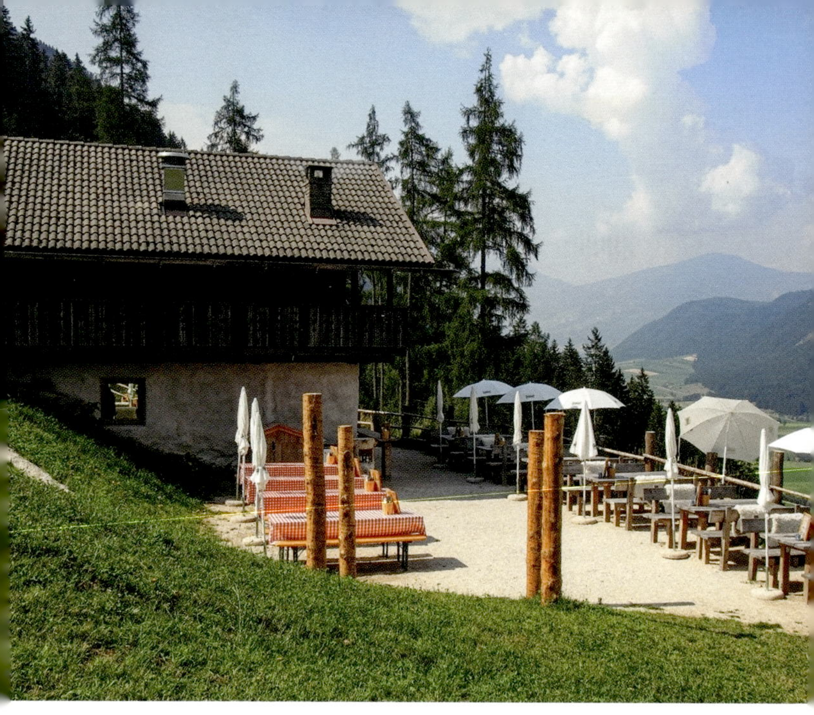

41 Hofstattalm, Antholz

Bei Olang erstreckt sich das idyllische Antholzertal zum Alpenhauptkamm hin, es ist vielen wegen der dort stattfindenden Biathlon-Wettkämpfe bekannt. Nach Norden wird es von der mächtigen Rieserfernergruppe mit Hoch- (3436 m) und Wildgall (3273 m) abgeschirmt, im Süden geht der Blick zum Kronplatz und den Dolomiten. Hier liegen nacheinander die Weiler Niederrasen, Antholz Niedertal, Antholz Mittertal und Antholz Obertal in einer breiten Talmulde, an der steilen Ostflanke liegt auf einer Wiesenterrasse die Hofstattalm, das Ziel unserer kurzen Wanderung.

Die Alm gehört zum Obermairhof im Talboden, einem der sogenannten Walderhöfe. Im Sommer treibt der Bauer seine Rinder in die Wälder und auf die Weiden um die Alm. Die alte Sennhütte wurde in den 1980er-Jahren abgetragen und in der Nähe, auf einem aussichtsreicheren Platz auf 1350 m neu errichtet. Im Juni 2018 eröffnete hier Manuel Egger mit Partnerin Patrizia den Ausschank. Kinder lieben die Alm nicht nur wegen der kurzen Wanderung, sondern auch wegen des Abenteuerspielplatzes mit Rutsche und Sandkasten und der großen Spielwiese.

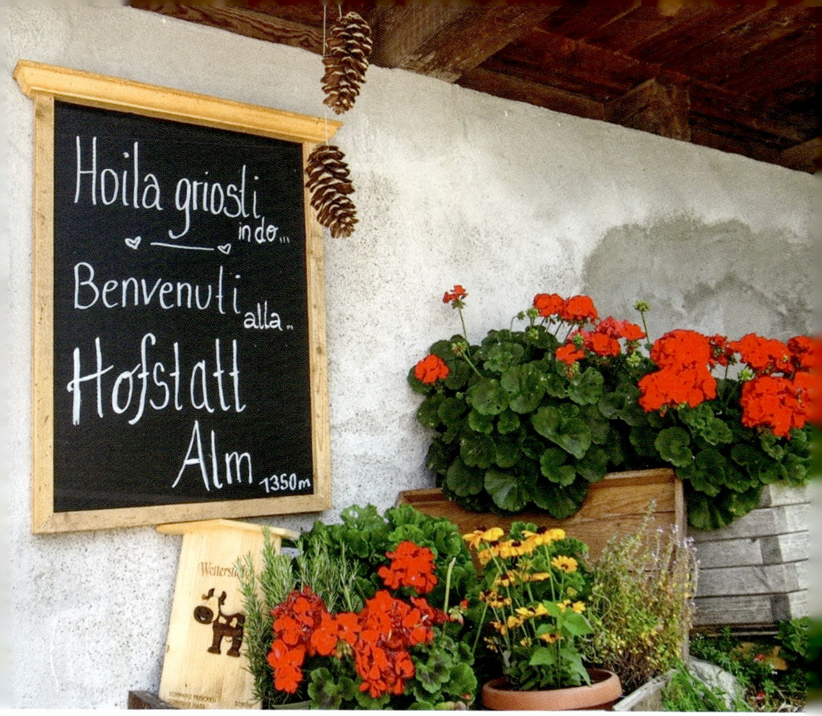

Manuel hat das Kochhandwerk von der Pike auf gelernt und in guten Häusern gearbeitet, es hat sich schnell herumgesprochen, dass auf der Hofstattalm die Liebhaber regionaler und gleichzeitig raffinierter Küche auf ihre Rechnung kommen. Weltoffen aber regional, lässig-locker aber immer frisch und frech sei seine Küche, so bringt es Manuel mit eigenen Worten auf den Punkt. Vieles vom Fleisch kommt von einem Bauern aus der Verwandtschaft, Speck und Würste sind hausgemacht, Nudeln, Schlutzkrapfen und Brot ebenso, frische Kräuter geben einen feinen Geschmack. Am Sonntag werden die Rippchen im Holzofen und im Rauch gegart (gesmoked), wer nicht vorbestellt, kommt zu kurz, bereits um 12 Uhr mittags sind sie meist aufgegessen. Ein Renner ist der Kaiserschmarrn, viele kommen extra deshalb von weit her. Er wird mit Früchten in der Pfanne serviert, begleitet von Vanillesauce und Apfelmus – nicht nur ein Gaumen-, sondern auch ein Augenschmaus! Auch die „Marende", eine üppige Jause mit Speck, Würsten, Aufstrich, Käse und Häppchen, wird in einer originellen hölzernen Kehrichtschaufel, dem „Kehrtatl", serviert.

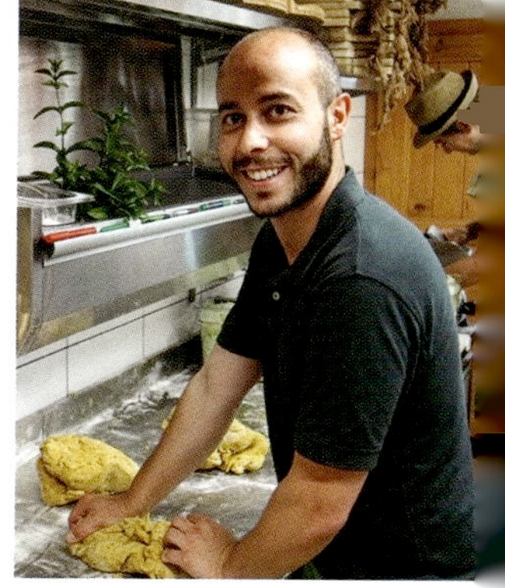

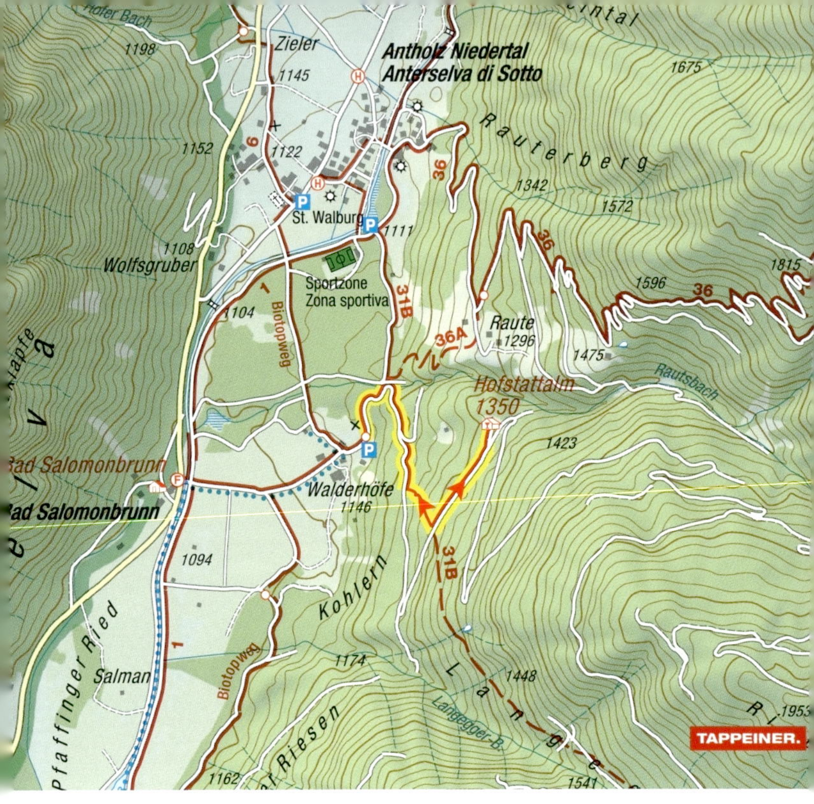

Vom Parkplatz hinter den Walderhöfen, an der Schranke der Forststraße, beginnt der Güterweg Nr. 31B. In 40 Minuten führt er durch den Wald mit zwei Kehren zum Wiesenboden und der Alm. Wer will, kann auf steilen Abkürzungen die Kehren abschneiden und ist dann 10 Minuten schneller am Ziel. Rückweg wie Hinweg.

Hinweg 40 min 1,2 km 200 Hm

INFOS IN KÜRZE

Hofstattalm
Manuel Egger
Walderhöfe
Antholz Niedertal
Rasen-Antholz
Tel. 340 0596718
www.hofstatt-alm.com

Von Mitte Mai bis Mitte Okt. von 10 bis 17 Uhr geöffnet, Mo. Ruhetag, außer im Aug.

Ins Antholzertal, nach Oberrasen, beim Hotel Bad Salomonsbrunn, von der LS44 rechts über die Brücke zu den Walderhöfen abbiegen, hinter den Höfen, am Ende der Asphaltstraße am Waldrand Parkplatz. Bushaltestelle an der Talstraße beim Hotel Bad Salomonsbrunn.

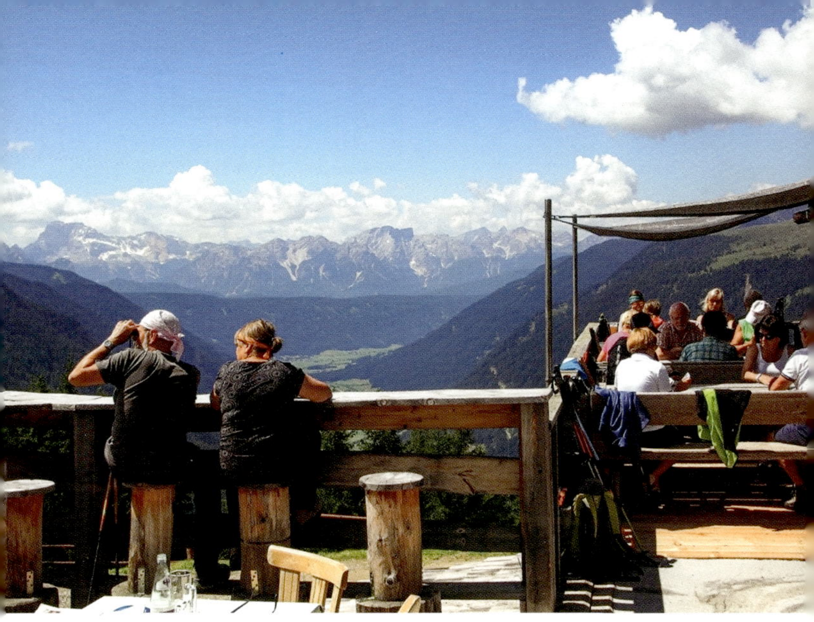

42 Uwaldalm, Gsies

Von Welsberg im Pustertal zieht sich das weite, ebene Gsieser Tal bis zu den österreichischen Grenzbergen hin. Bei St. Magdalena, im Talschluss, liegt auf der linken Bergflanke oberhalb der Baumgrenze auf 2042 m die Uwaldalm. Es ist ein fantastischer Logenplatz mit unglaublichem Ausblick über das ganze Tal bis hin zu den fernen Dolomiten im Süden.

Die Uwaldalm gehört einem Bauern im Tal, der auf die umliegenden Weiden Vieh, darunter auch die ob ihres hochwertigen Fleisches viel gerühmten Gsieser Ochsen, auftreibt. Seit Jahren führt hier Mathilde Außerhofer mit einem Partner die Almwirtschaft. Die flotte und lustige Wirtin, allgemein „Matti“ genannt, sorgt für originelle Hüttenkost. In der Küche wird sie von Cristoforo, einem seit Langem in Gsies verheirateten Sizilianer, unterstützt.

Cristoforo kocht mittlerweile perfekt Kaspressknödel, Kaiserschmarrn und andere einfache Südtiroler Gerichte. Der Renner neben den Knödeln ist ein Gericht namens „Heu und Stroh“, (weiße und grüne Bandnudeln). Fleischtiger müssen auf der Uwaldalm kürzertreten, außer Würstchen und Leberkäse finden sich keine Fleischgerichte auf der Karte. Ausnahme ist das sogenannte „Hutessen“. Das ist eine Variante des Raclettes oder Fondues: Ein konischer

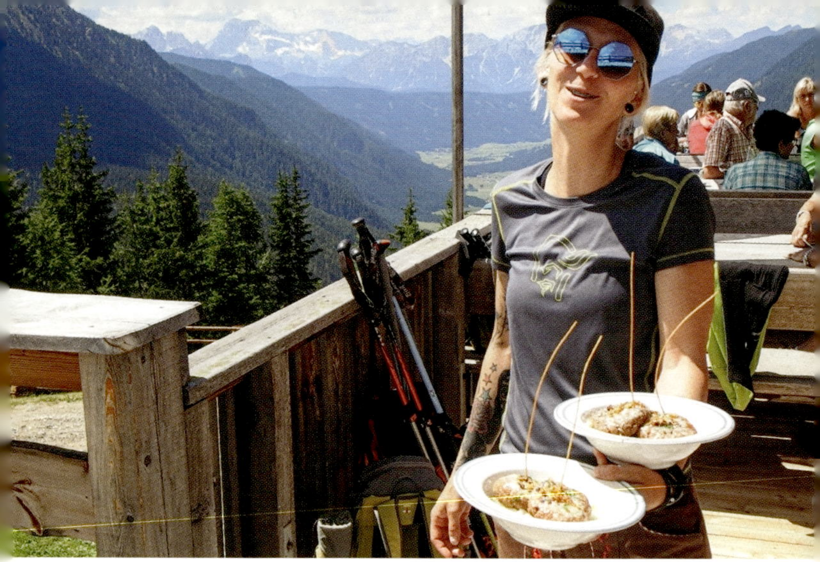

Stahlblechhut, der sogenannte Tatarenhut, wird auf den Tisch gestellt und mit Brennpaste erhitzt. Das auf den Stahlspitzen des Hutes angebrachte Hühner-, Rind- oder Schweinefleisch wird so gegrillt. Dazu werden Pellkartoffeln, Gemüse und pikante Saucen gereicht. Besonders im Winter ist das gemeinschaftsfördernde Hutessen beliebt.

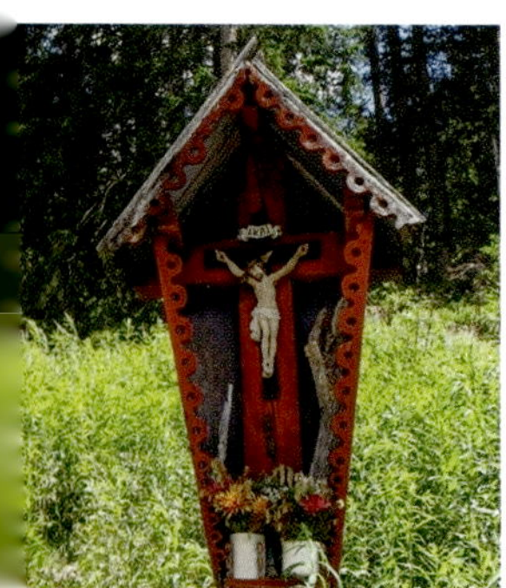

Der einfachste Weg zur Alm startet am Parkplatz der Talschlusshütte (1465 m), ein breiter Forstweg (Wegweiser Nr. 12) führt in gleichmäßiger Steigung durch den Wald in die Höhe, immer wieder bieten sich beeindruckende Ausblicke über das Tal und die Bergwelt. Ab dem Pfoibach, bei einer Bank und einer aus Stahlblech gestalteten Bergbauernfigur, gehen wir links auf einem Waldsteig weiter zur Hütte. Gipfelstürmer können von der Alm aus auf die Spitze des 2272 m hohen Spielbühels, eines Ausläufers der Deferegger Grenzberge auf-

DER ALMWEG 2000

Die Alm liegt am Almweg 2000, der mehrere bewirtschaftete Almen im Tal durch einen Höhenweg verbindet und lange hangquerende Wanderungen ermöglicht. Wanderkarte und Wegbeschreibungen finden sich unter www.gsieser-tal.com.

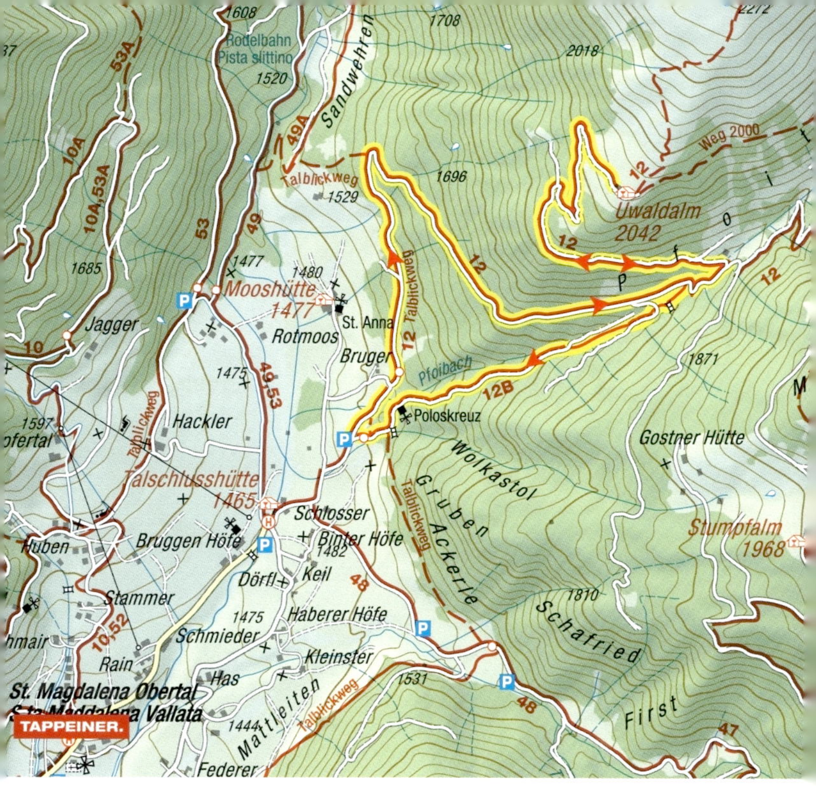

steigen und werden mit einer herrlichen Aussicht belohnt. Dafür sind zusätzliche 30 Minuten Gehzeit und 230 Höhenmeter Aufstieg einzuplanen. Für den Rückweg von der Alm nehmen Sportliche eine Abkürzung entlang des Baches, sie ist als „Pfoiriese" beschildert. Riese ist die Bezeichnung für einen steilen, rinnenartigen Weg, über den im Winter Holz und Heu auf großen Lastenschlitten von der Alm zu Tal gebracht wurden – eine gefährliche Arbeit!

Hinweg 1 h 50 min 4,3 km 555 Hm

INFOS IN KÜRZE

Uwaldalm
Mathilde Außerhofer
St. Magdalena, Gsies
Tel. 345 9192552

Von Ende Mai bis Nov. und von Mitte Dez. bis Mitte Apr. geöffnet, für Gruppen ab 8 Personen auch am Abend (außer So.), Mo. Ruhetag.

Von der Pustertaler Staatsstraße in Welsberg ins Gsieser Tal abbiegen und 16,6 km bis zum Parkplatz hinter dem Kreisverkehr bei der Talschlusshütte.

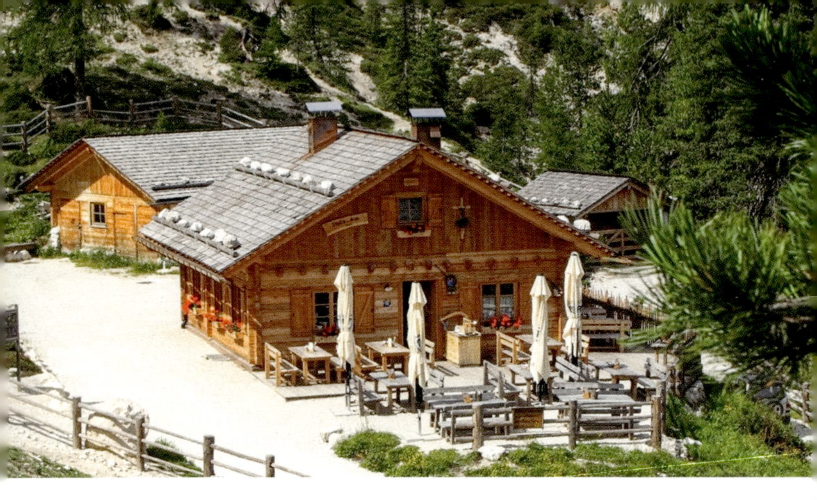

43 Stollaalm, Pragser Dolomiten

Das Pragser Tal zählt zu den Perlen der Dolomiten: Die dunklen Wälder, die sattgrünen Wiesen und die Felswände des mächtigen Seekofels und der Hohen Gaisl ziehen viele Besucher in ihren Bann. Bei Altprags führt ein kleines Tal zur Stollaalm am Rand der Plätzwiese, einer Hochalm mit fantastischer Aussicht. Im Winter ist die Gegend ein Paradies für Langläufer, Schneeschuhwanderer und Skitourengeher, außerdem führt von der Plätzwiese eine vier Kilometer lange, familienfreundliche Rodelbahn zu Tal.

Die Stollaalm ist im Besitz der Alminteressentschaft Plätzwiese, deren Vieh im Sommer hier weidet. Im Jahr 2018 wurde die Alm vollständig neu in duftendem Zirbelkieferholz errichtet. War sie früher ein winziges hölzernes Gebäude, eine „Schönwetterhütte", in der die Gäste bei Regen keinen Unterstand fanden, so gibt es jetzt ein gemütliches Stübchen, auch vor der Hütte finden viele Wanderer an rustikalen Tischen und Bänken Platz. Auf der Alm arbeitet die ganze Familie Golser mit, von Vater Franz bis zur Tochter Doris. Übrigens, Stolla hat nichts mit einem Stall zu tun, der Name kommt von der Stolle („Klumpen"), Stollaalm bedeutet also so viel wie „Almwiesen mit vielen Kotklumpen bzw. Wiesenbuckeln".

Auf der Stollaalm soll es die besten Knödel weit und breit geben. Sie werden in mehreren Varianten serviert, darunter Pressknödel mit Käse oder Brennnesseln. Beliebt sind auch die Schlutzer, Teigtaschen mit Spinat und Topfen, oder die verschiedenen Nocken. Italiener, das Gros der Gäste im Hochsommer, bestellen gern Polenta mit Käse, Pilzen oder Gulasch. „Die Italiener sind gute Gäste, die

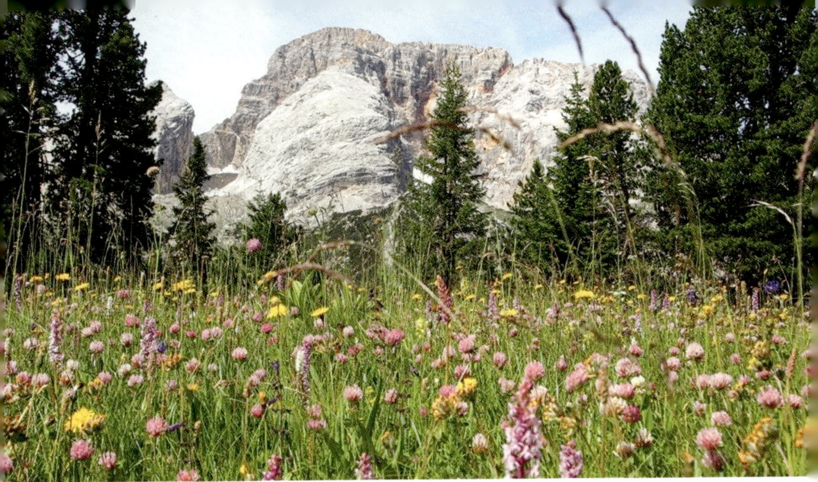

essen gern und viel", sagt Franz. Ein Gedicht sind die Nachspeisen: Apfelküchlein, Kuchen, Waldfrüchte-, Schoko- und Marillenschnitten sowie Erdbeer- und Apfeltiramisù.

Ein schöner Wanderweg (Nr. 18) schlängelt sich vom Gasthof Brückele im Talgrund (1491 m) den Bach entlang zur Stollaalm (1940 m) und auf die Plätzwiese. Rückweg teilweise auf Weg Nr. 37.
3 h 20 min 9,8 km 500 Hm

Für Wandermuffel, die nicht gerne aufsteigen: Während der Sommermonate fährt ein Linienbus von Brückele auf die Plätzwiese (1976 m) und ermöglicht so eine gemütliche 30-minütige Wanderung zur Stollalam und zurück.
Hinweg 30 min Länge 1,5 km 50 Hm

DER FÖRSTER PIETRO

Um welch schönes Fleckchen Erde es sich hier handelt, beweist die Tatsache, dass hier das italienische öffentlich-rechtliche Fernsehen Rai in den letzten Jahren die mehrteilige Serie „Un passo dal cielo" mit Terence Hill, dem bekannten US-Schauspieler mit italienisch-deutschen Wurzeln, als Förster Pietro in der Hauptrolle gedreht hat. Unzählige italienische Fans der erfolgreichen Serie pilgern im Sommer an die Drehorte in den Pragser Dolomiten. In Deutschland war die Serie mit dem Namen „Die Bergpolizei" weniger erfolgreich, aus dem fäusteschwingenden Westernhelden wurde ein alternder, zahmer Förster (Hill ist immerhin Jahrgang 1939), der Handlung fehlt der rechte Schwung, die Südtiroler werden als Bauerntölpel abgestempelt.

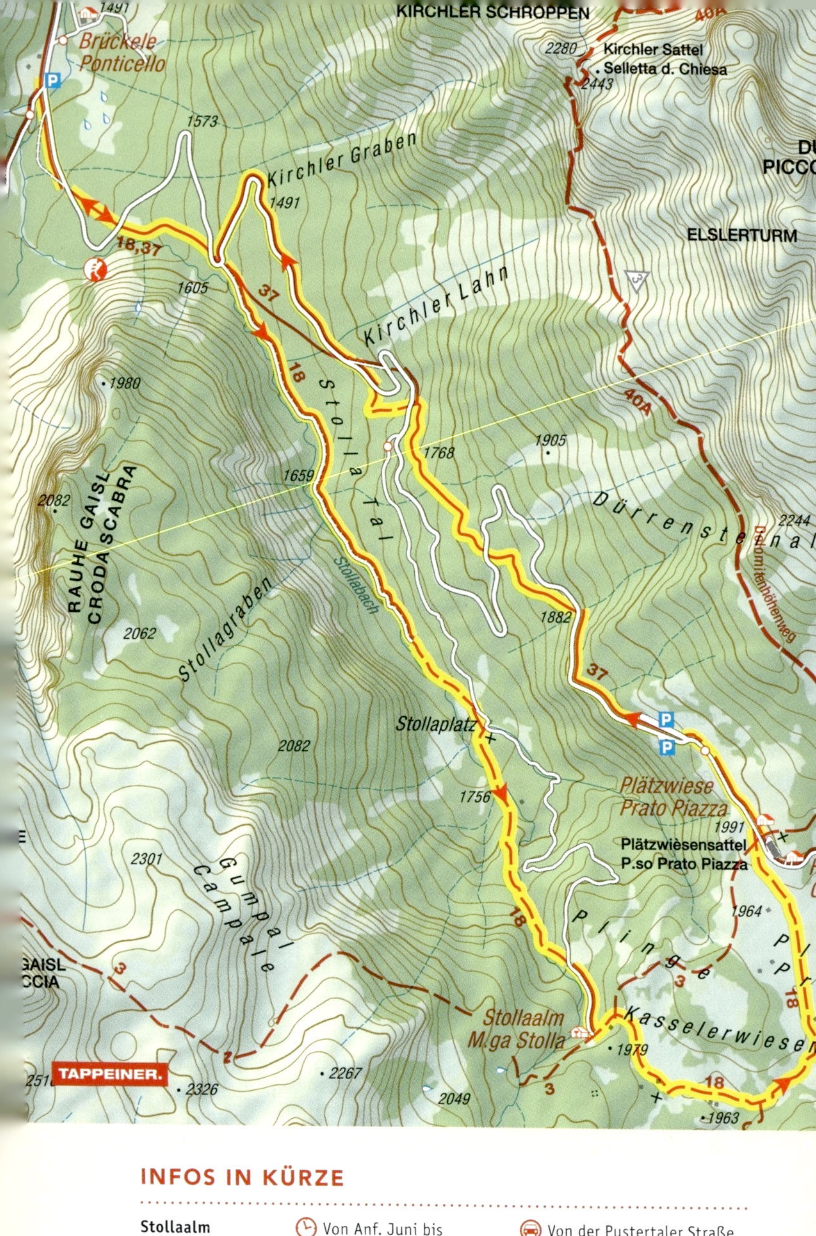

INFOS IN KÜRZE

Stollaalm
Fam. Golser
Prags
Tel. 338 9992438

Von Anf. Juni bis zum 1. So. im Okt. ohne Ruhetag geöffnet.

Von der Pustertaler Straße nach Altprags und weiter zum gebührenpflichtigen Parkplatz beim Gasthof Brückele.

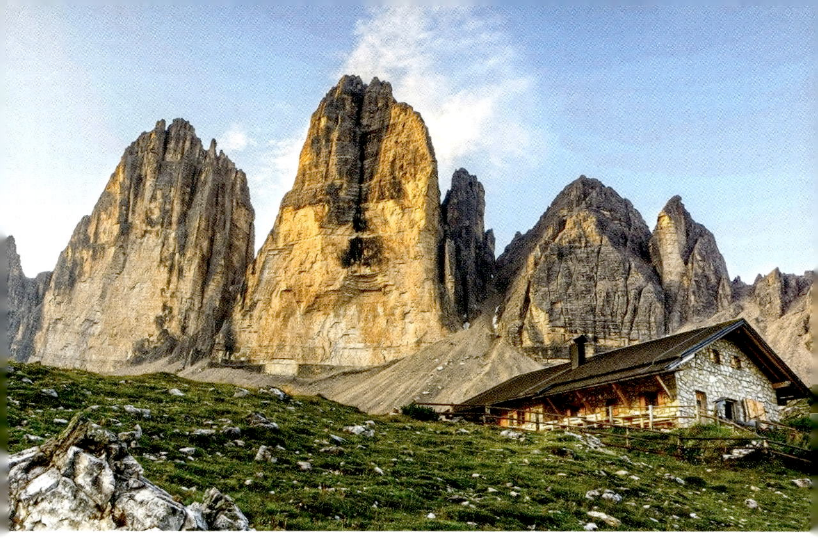

44 Langalm, Drei Zinnen

Welch ein Panorama, was für ein majestätischer Anblick! Die Drei Zinnen, das Wahrzeichen der Dolomiten, sind zum Greifen nahe, ihre gelben Wände ragen himmelhoch auf, Berge und Felstürme soweit das Auge reicht. Die karge grasige Hochalpe zieht sich bis zu den Geröllhalden am Fuß der Felswände hin, hier liegt auf 2282 m die Langalm.

Die Südseite der Drei Zinnen gehört verwaltungstechnisch zur Provinz Belluno, die Grenze verläuft über den Gipfelkamm, und weil die Zinnen markant nach Norden überhängend sind, ist es nicht so sicher, dass Teile des Almgeländes am Fuß des Gebirgsstocks Südtiroler Gebiet sind. Die 1992 anstelle einer alten Hütte erbaute Alm gehört jedenfalls einer Interessentschaft von Toblacher Bauern, die rund 120 Stück Jung- und Galtvieh auf die hoch gelegenen, steinigen Weiden auftreiben. Alles, was auf der Hütte benötigt wird, muss zu Fuß oder mit dem E-Bike auf die Alm gebracht werden, nur Schwerstlasten werden per Hubschrauber eingeflogen. Entsprechend ist das Speisenangebot, aber an ausgezeichneter Qualität mangelt es nicht; die Hüttenwirte Josef Stauder und Katharina Riegler sind mit Begeisterung im Einsatz.

Die „Alm-Kost" besteht aus einfachen, einheimischen Zutaten. Die regionalen Produkte sind vorwiegend biologisch, alle Gerichte werden frisch vor Ort zubereitet. Es gibt verschiedene Brettljausen, Graukäse mit Demeter-Holzofenbrot, Suppen, Pressknödel mit

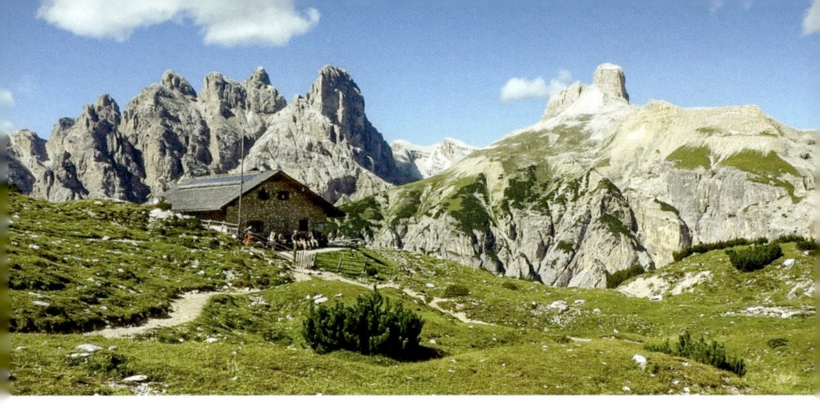

Krautsalat, Polenta- und Nudelgerichte sowie wechselnde Tagesteller, je nach Verfügbarkeit. Wenn die Zeit reicht, gibt es Tirtlan, Kniakiachl und anderes Festtagsgebäck. Und natürlich köstlichen Kuchen, Säfte, Kaffee, Bier und Wein.

Wer die Umrundung der Drei Zinnen in Angriff nimmt, kommt an der Langalm, der Lavaredo- und der Drei-Zinnen-Hütte (italienisch „Rifugio Locatelli") vorbei. Da diese Tour nicht sehr schwierig ist, ist der Andrang von Familien, Senioren und Kindern entsprechend groß. Ausgangspunkt ist der Parkplatz bei der Auronzohütte (2326 m). Der gut markierte Steig (Nr. 101 und Nr. 105) lässt sich sowohl im als auch gegen den Uhrzeigersinn begehen. Der schnellste Weg (40 Gehminuten) zur Langalm startet am linken, südwestlichen Ende des Parkplatzes an der Auronzohütte.
3 h 20 min 9,6 km 415 Hm

PAUL-GROHMANN-WEG

Am 21. August 1869 haben Paul Grohmann, Peter Salcher und Franz Innerkofler mit der Erstbesteigung der Großen Zinne Alpingeschichte geschrieben – die Drei Zinnen galten bis dahin als unbezwingbar. Pünktlich zum 150-Jahre-Jubiläum der Besteigung wurde der Paul-Grohmann-Weg eröffnet – er führt von Landro/Dürrensee durch das ruhige Rienztal über die Malga Rinbianco auf die Forcella Col di Mezzo, mündet direkt in den Rundwanderweg um die Drei Zinnen und führt zur Alpini-Kapelle auf der Südseite der Zinnen. Er bietet eine sehr schöne Alternative zum Rundwanderweg, um abseits der Touristenströme das Gebiet der Drei Zinnen zu erwandern. Wege Nr. 102, 108, 105, Länge 11 km, Gehzeit 4 Std., 950 Höhenmeter im Aufstieg. Der Rückweg geht ohne große Höhenunterschiede in 45 Min. zur Auronzohütte und von dort mit dem Linienbus (Fahrplan unter www.sii.bz.it) retour zum Dürrensee.

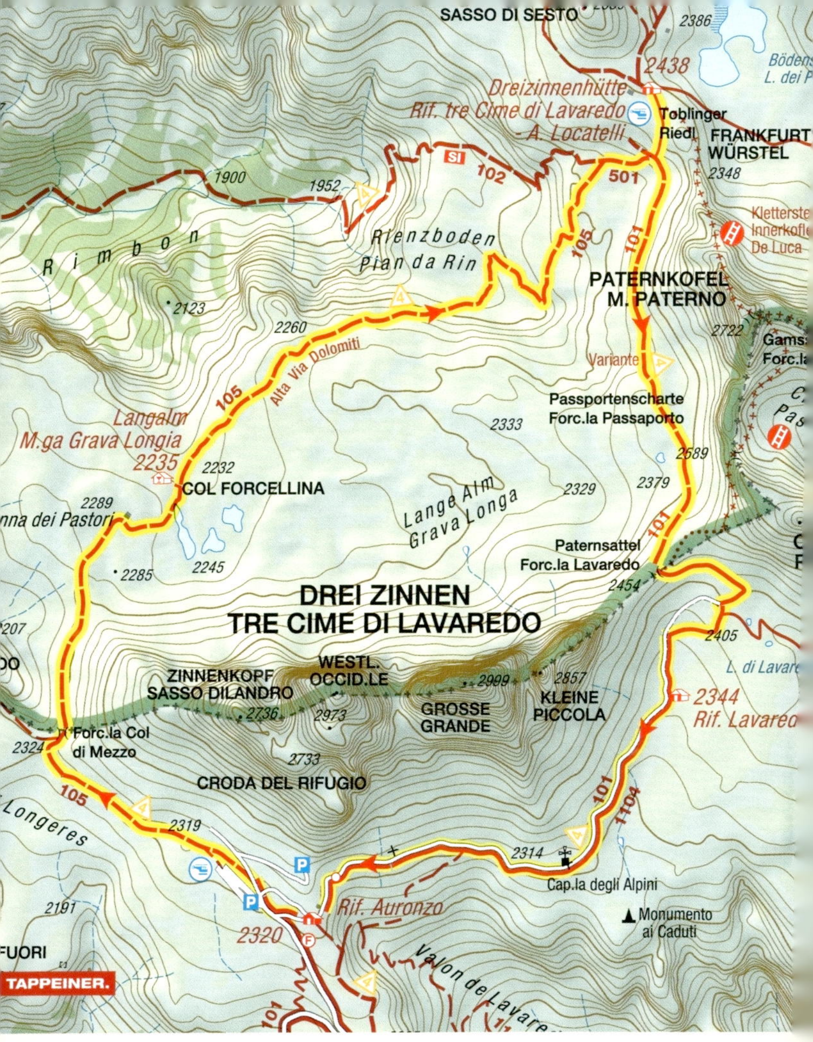

INFOS IN KÜRZE

Langalm, Josef Stauder und Katharina Riegler
Tel. 342 8553644 oder 335 5470247
www.longolbe.com.
Auf der Hütte kein Netz, bei Talbesuchen wird gelegentlich die Mailbox abgehört und Mails werden gelesen.

Von Juni bis Sept. ohne Ruhetag geöffnet.

Von Toblach über den Misurinapass auf einer privaten Mautstraße (Fahrgemeinschaft bilden oder den Linienbus nehmen) zum Parkplatz bei der Auronzohütte an der Südseite der Drei Zinnen. Der Linienbus 444, Drei-Zinnen-Shuttle genannt, fährt von Innichen über Toblach zur Auronzohütte.

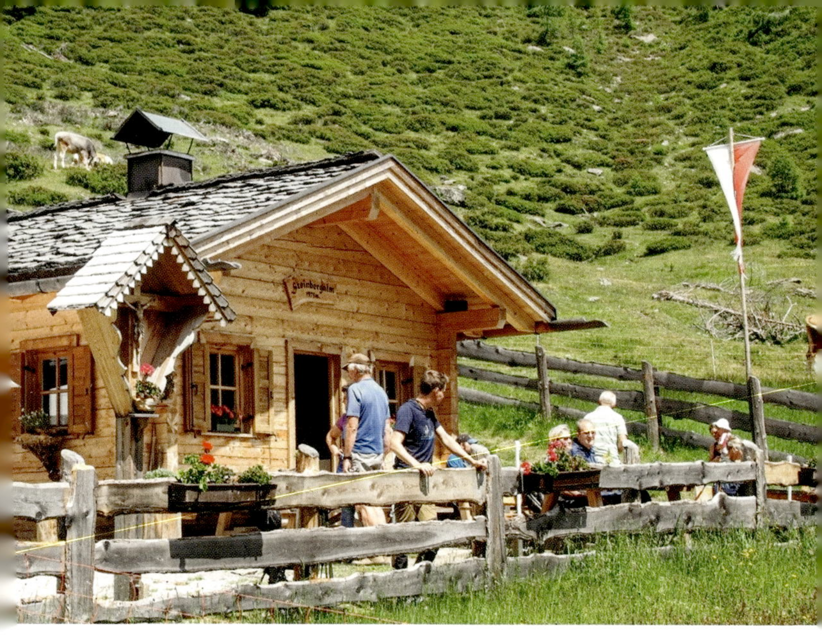

45 Steinbergalm, Toblach

Im Hochpustertal, auf der Höhe von Innichen und Toblach, zieht sich parallel zum Haupttal das Silvestertal hin, die bewaldeten dunklen Buckel des Innichberges trennen diese beiden Täler. Unser Ziel ist die Steinbergalm am Ende des Silvestertales. In ihrem Rücken erheben sich die grasigen Gipfel von Markinkele und Toblacher Pfannhorn, die Grenzberge zum dahinter liegenden Osttiroler Villgratental.

Wie der Name Steinberg schon sagt, liegt die Alm inmitten steiler, von großen Steintrümmern durchsetzten Almwiesen auf 1975 m, knapp an der Baumgrenze. Die Alm gehört zum Fasslerhof in Wahlen bei Toblach. Der Almplatz besteht seit sehr langer Zeit. Als eine

WANDERUNG MIT DREIZINNENBLICK

Manch einer wählt die Steinbergalm auch deshalb als Wanderziel, weil es einer der wenigen Orte ist, von wo aus die Drei Zinnen, die Symbolberge der Dolomiten, wenn auch nur in gebührender Entfernung, zu sehen sind. Kurz vor der Hütte schieben sie sich hinter dem bewaldeten Innichberg hervor.

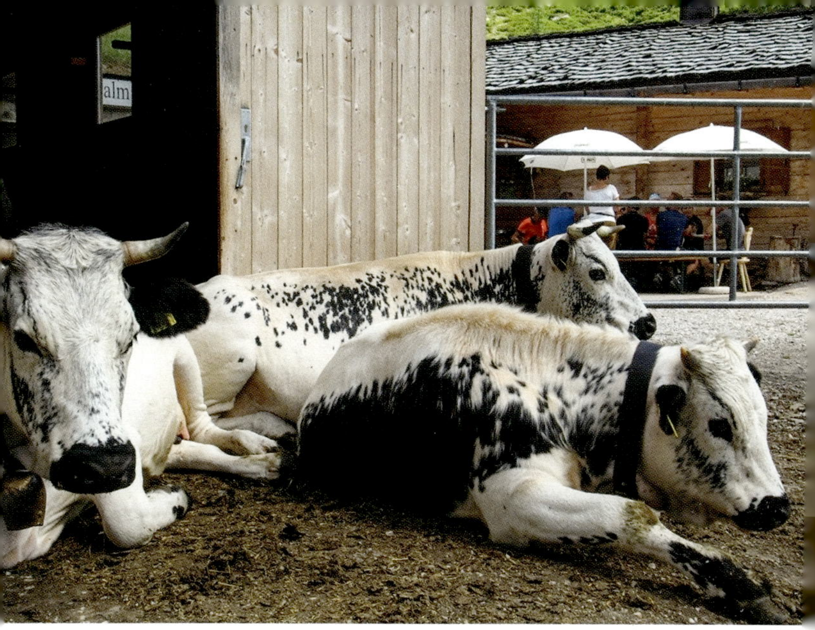

Lawine die alte Alm zerstörte, wurde sie auf einem sicheren, etwas höher gelegenen Platz neu und größer, mit Küchenanbau und einem gemütlichen Stübchen, errichtet, seit 2016 wird sie von der Familie Steinwandter als Ausschank geführt. Im Sommer zieht ein Großteil der Familie auf die Alm. Bauer Christian und Schwester Monika helfen im Service, Frau Angelika kocht mit Vergnügen. Wenn er bei Laune ist, spielt Sohn Mirko, Jahrgang 2007, zur Unterhaltung für die Gäste auf der Ziehharmonika.

Eine Spezialität auf der Steinbergalm sind die Pressknödel. Jeden Sonntag wird gegrillt, das Fleisch für Hamburger und Bratwürste liefern die eigenen Rinder, die in Mutterkuhhaltung aufgezogen werden und den Sommer auf der Alm verbringen. Manchmal kommt auch die Oma auf die Alm und kocht Tirtlan, mit Spinat und Topfen

ST. SILVESTER AUF DER ALM

Unser Weg geht nahe an der Silvesteralm vorbei, von dort ist auch das uralte Silvester-Kirchlein, mit herrlichen Fresken von Meister Leonhard von Brixen (um 1450) geschmückt, in einer knappen halben Stunde fast ebenen Weges zu erreichen. Dem hl. Silvester wurde der Schutz des Almviehs anvertraut. Das Heiligtum (von Juni bis Oktober geöffnet) des hochverehrten Viehpatrons wird immer noch von Bauern und Hirten des gesamten Hochpustertales besucht.

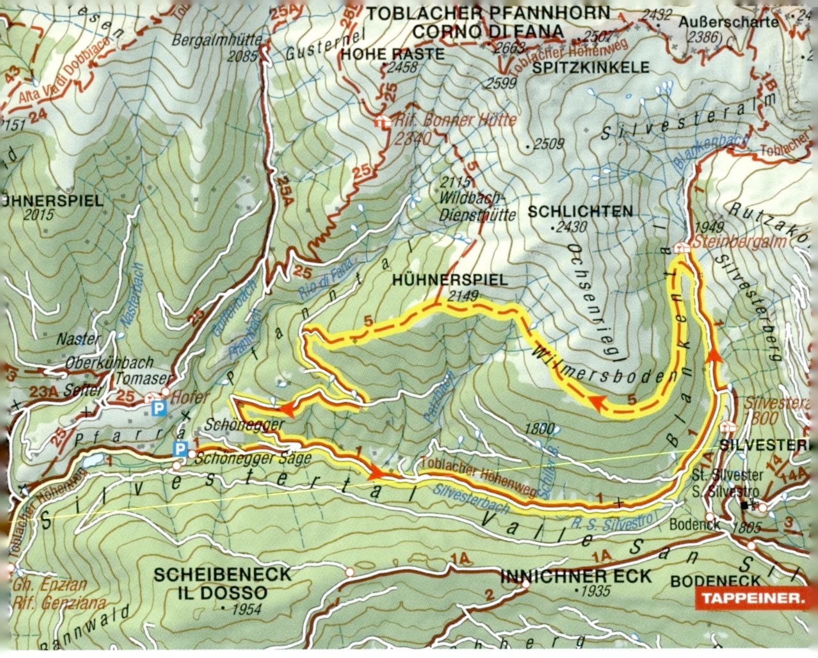

(Quark) gefüllte und in heißem Fett gebackene Teigtaschen. Dazu wird, wie es im Hochpustertal Brauch ist, eine Gerstensuppe gereicht. Auch Brennnesselknödel und Polenta mit Käse oder Speck sind im Angebot, wer Süßes liebt, dem seien Buchweizentorte oder Apfelstrudel empfohlen.

Vom Parkplatz aus folgen wir dem breiten Weg Nr. 1 ins Silvestertal und wandern in 1 Stunde und 45 Minuten bis zur Alm. Für den Rückweg schlagen wir den Steig 5A ein, er umrundet bei leichter Steigung und mit prächtiger Aussicht den Buckel des Hühnerspiels, stößt nach etwa einer Stunde Gehzeit auf den Aufstiegsweg zur Bonner Hütte und geht mit der Nr. 5 bergab zum Parkplatz bei der Schöneggensäge.

4 h 12,1 km 615 Hm

INFOS IN KÜRZE

Steinbergalm
Fam. Steinwandter
ilvestertal, Toblach
Tel. 347 2333937

Geöffnet von Mitte Juni bis Mitte Okt., Mo. Ruhetag.

Von Toblach nordwärts nach Wahlen, an der Straßenteilung rechts weiter bis zum Parkplatz bei der Schöneggensäge (4,1 km).

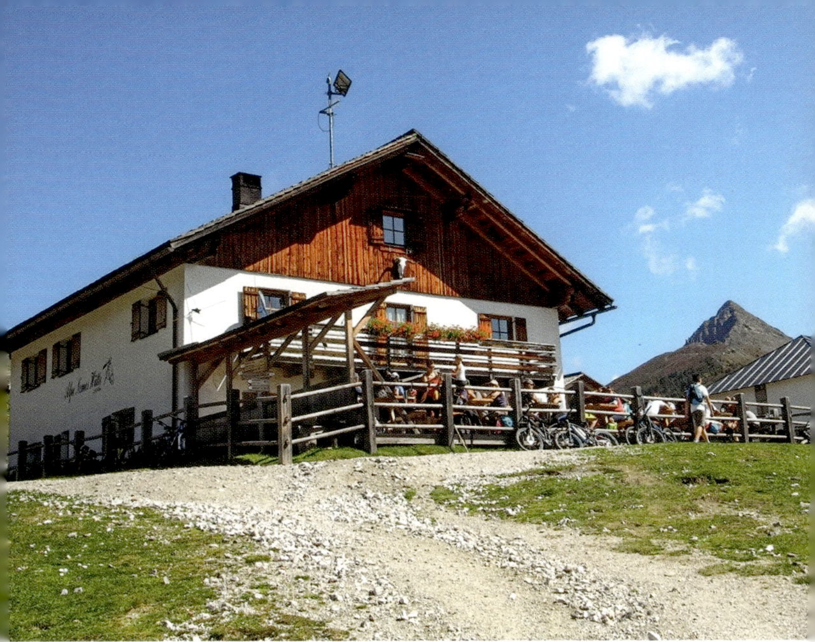

46 Nemesalm, Sexten

Zwischen dem Karnischen Kamm an der österreichischen Grenze ganz im Osten Südtirols und den Sextner Dolomiten zieht sich vom Pustertal her das Sextner Tal nach Süden. Im Talschluss liegt der Kreuzbergpass, der Übergang ins benachbarte Venetien. Auf den sonnigen Westabhängen liegt oberhalb der Baumgrenze, inmitten ausgedehnter Wiesen, die Nemesalm.

Die weiten, sanften Hänge hinter der Nemesalm sind bestes Weidegebiet, seit über einem Jahrtausend ist der Viehauftrieb hier dokumentiert. Othmar (Otti) Innerkofler, Pächter der Alm, betreut je nach Jahr 300 bis 400 Stück Vieh, darunter etliche Melkkühe. Deren

DIE SEXTNER SONNENUHR

Im Südwesten des Tales türmen sich die zerklüfteten Dolomitenberge der eindrucksvollen Sextner Sonnenuhr auf. An deren Spitzen lässt sich, je nach Sonnenstand, die Uhrzeit ablesen, die einzelnen Gipfel, darunter zwei Dreitausender, heißen Neuner, Zehner (auch als Sextner Rotwand bekannt), Elfer (3092 m), Zwölfer (3094 m) und Einser.

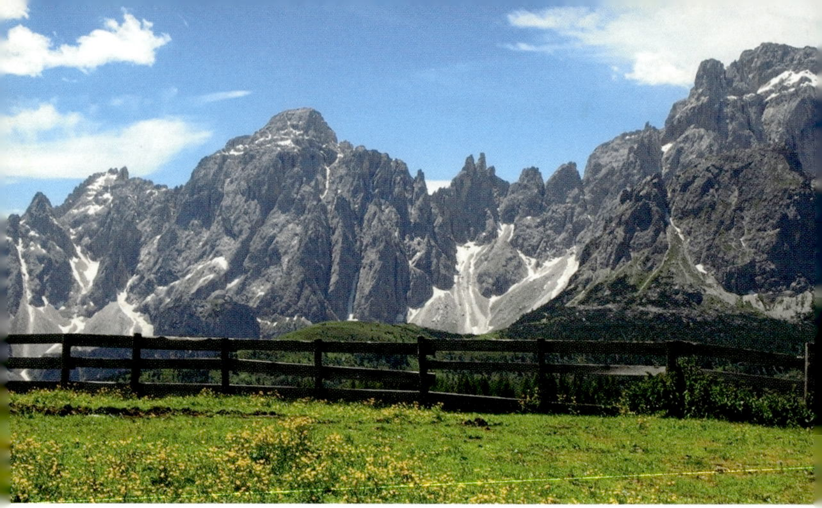

Milch wird auf der Alm verarbeitet, u. a. zu Topfen (Quark). Dieser landet z. B. im Topfenstrudel – eine heiß begehrte Süßspeise! Die Almhütte steht in prachtvoller Panoramaposition auf einer weiten Ebene, die geschützte Sonnenterrasse und die offenen Wiesen vor der Hütte, mit tollem Ausblick zu den Dolomiten mit der Sextner Sonnenuhr, laden zum Verweilen und Genießen ein. Im August, der Hauptferienzeit der Italiener, und an Feiertagen ist die Alm wegen der leichten Erreichbarkeit, der prächtigen Lage, der guten Küche und trotz beachtlichen Preisniveaus unglaublich gut besucht. Klara und Otti leisten dann im Service Schwerstarbeit, trotzdem sind sie immer fröhlich und zuvorkommend.

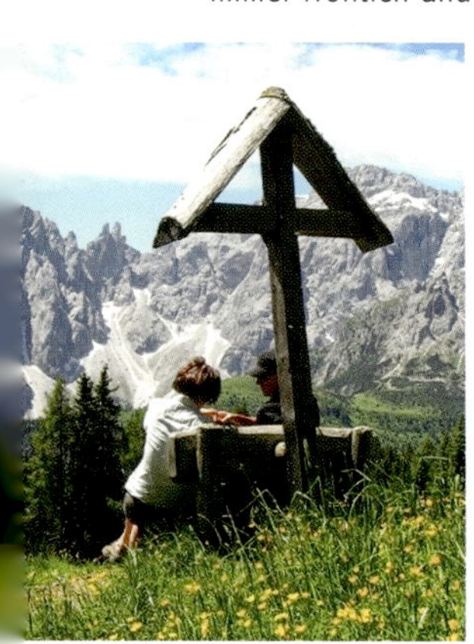

Den Wanderer erwartet hier einfache Hüttenkost: gemischte Knödel mit Krautsalat, Spiegeleier mit Speck und Röstkartoffeln, Bratwurst, Kaiserschmarrn, Gerstensuppe, Gulasch, Bandnudeln mit Wildragout. Auf der Tageskarte stehen abwechselnd Hirschgulasch oder Schnitzel. Bei den Nachspeisen ist der oben genannte Topfenstrudel beliebt. Apfelstrudel ist auch immer im Angebot, dazu mehrere Kuchen und Frucht-Joghurtbecher.

Diese leichte Rundwanderung bietet herrliche Ausblicke und sanfte Wege über Hochalmen im Kammgebiet. Am Pass, gegenüber vom Hotel Kreuzbergpass, folgen wir dem breiten Weg Nr. 131, anfangs leicht bergauf, dann in leichtem Auf und Ab, nun entlang der Nr. 149, durch lichten Fichtenwald, an Hochmooren und Tümpeln vorbei in Richtung „Malga Coltrondo“

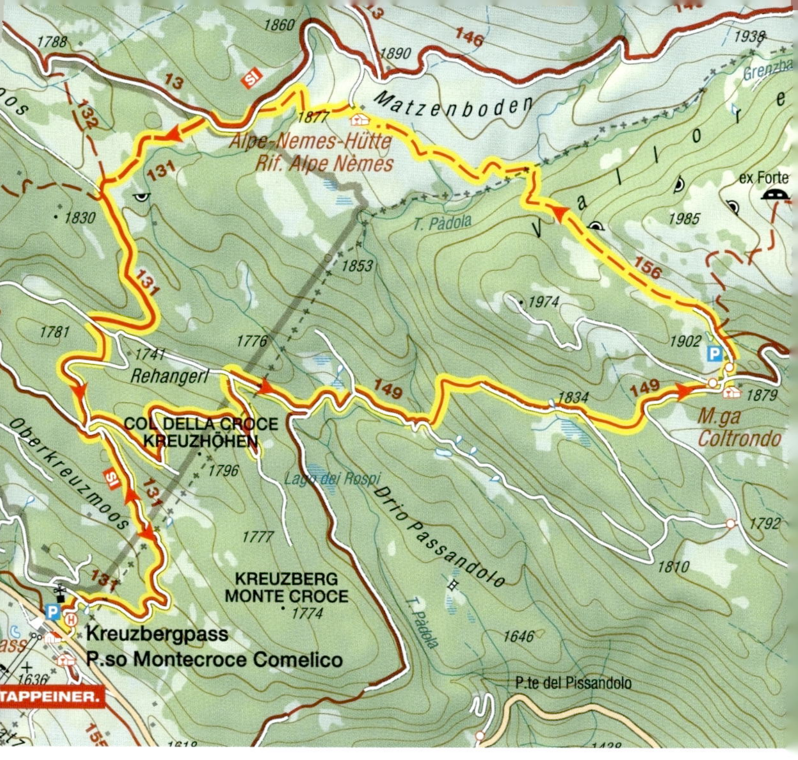

(z. Z. wegen Renovierung geschlossen). Ohne es zu bemerken, haben wir dabei die Grenze zur Provinz Belluno überschritten. Von der Malga Coltrondo geht links ein Wiesen- und Waldweg zur Nemesalm. Der Rückweg führt über Moore mit Holzstegen, durch Wald und Wiesen in gut 40 Minuten zum Kreuzbergpass zurück.

Wer gut zu Fuß ist, kann von der Nemesalm noch zur Klammbachalm in einer langen Hangquerung weiterwandern und von dort nach Moos absteigen. Auch eine Wanderung mit Gipfelbesteigung zum Knieberg ist möglich.

Rundweg 3½ h 10,4 km 650 Hm

INFOS IN KÜRZE

Nemesalm
Klara und Othmar Innerkofler
Sexten-Moos
Tel. 347 0119360
www.alpe-nemes.com

Von Ende Mai bis Anf. Nov. ohne Ruhetag geöffnet, im Winter von Anfang Dez. bis Ostern.

Von Innichen ins Sextner Tal und vom letzten Ort im Tal, Moos, 6,1 km zum Kreuzbergpass.

Südtirols schönste Seiten

Luisa Righi/Stefan Wallisch
Südtirol verstehen
43 Antworten zu einem besonderen Land
96 S., ISBN 978-3-85256-722-8

Luisa Righi/Stefan Wallisch
Überleben in Südtirol
Zwischen Bergen, Knödeln und Dolce Vita
96 S., ISBN 978-3-85256-793-8

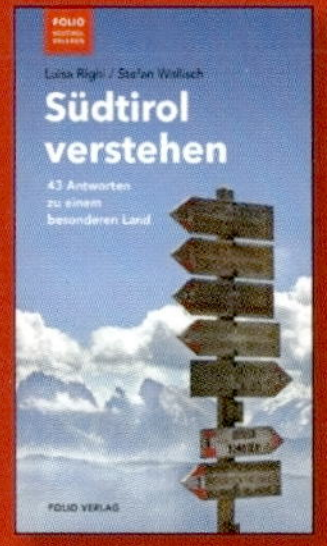

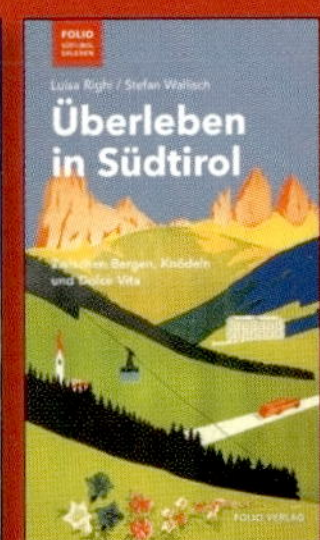

Oswald Stimpfl
Der Meraner Höhenweg
96 S., ISBN 978-3-85256-785-3

Oswald Stimpfl
Südtirols schönste Waalwege
Wanderungen am Wasser für die ganze Familie
128 S., ISBN 978-3-85256-776-1

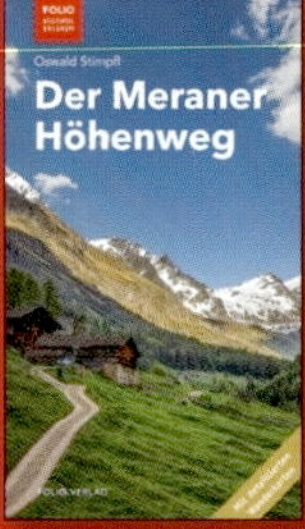

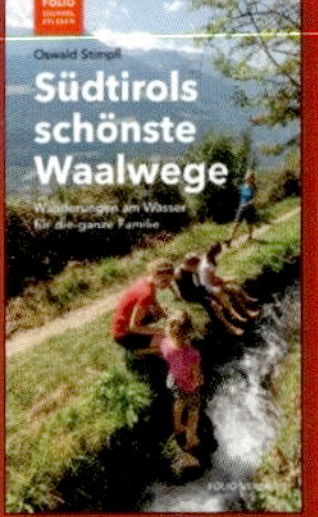

Oswald Stimpfl
Pilgerwege in Südtirol
Wanderungen zu Wallfahrtsorten und Höhenkirchen
176 S., ISBN 978-3-85256-782-2

Anja Eichelsdörfer
Seen und Wasserfälle in Südtirol
Die schönsten Wanderungen
144 S., ISBN 978-3-85256-783-9

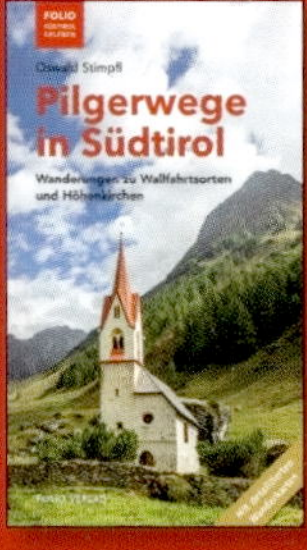

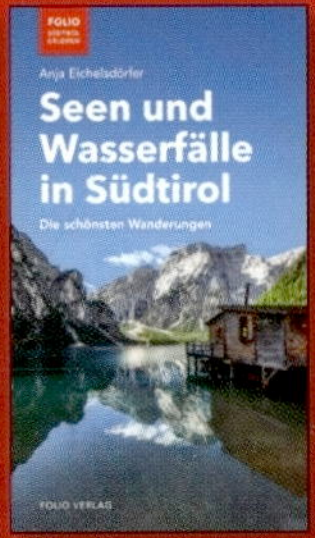

Peter Righi
Zweitagestouren in Südtirol
Die schönsten Bergwanderungen mit Übernachtung in Schutzhütten
168 S., ISBN 978-3-85256-809-6

Christoph Tscholl
Wein erleben in Südtirol
Ausgewählte Weingüter und Kellereien
192 S., ISBN 978-3-85256-794-5

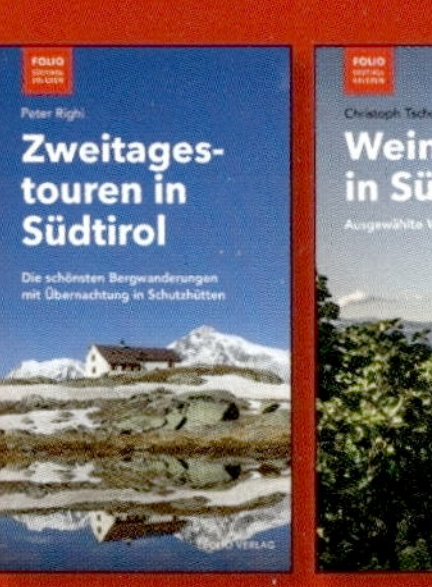

www.folioverlag.com